高职体育与健康教程

（第2版）

主　编　衣洪波　齐艳春
副主编　王　芬　杨国华　何　雨
　　　　刘思研　刘宴维　季长波
　　　　徐国超

北京理工大学出版社
BEIJING INSTITUTE OF TECHNOLOGY PRESS

版权专有 侵权必究

图书在版编目（CIP）数据

高职体育与健康教程 / 衣洪波，齐艳春主编. —2 版. --北京：北京理工大学出版社，2021.11
ISBN 978-7-5763-0752-8

Ⅰ. ①高⋯ Ⅱ. ①衣⋯ ②齐⋯ Ⅲ. ①体育-高等职业教育-教材②健康教育-高等职业教育-教材 Ⅳ. ①G807.4②G717.9

中国版本图书馆 CIP 数据核字（2021）第 261113 号

出版发行 / 北京理工大学出版社有限责任公司	
社　　址 / 北京市海淀区中关村南大街 5 号	
邮　　编 / 100081	
电　　话 /（010）68914775（总编室）	
（010）82562903（教材售后服务热线）	
（010）68944723（其他图书服务热线）	
网　　址 / http：//www.bitpress.com.cn	
经　　销 / 全国各地新华书店	
印　　刷 / 三河市天利华印刷装订有限公司	
开　　本 / 787 毫米×1092 毫米　1/16	
印　　张 / 17.25	责任编辑 / 江　立
字　　数 / 406 千字	文案编辑 / 江　立
版　　次 / 2021 年 11 月第 2 版　2021 年 11 月第 1 次印刷	责任校对 / 周瑞红
定　　价 / 48.00 元	责任印制 / 施胜娟

图书出现印装质量问题，请拨打售后服务热线，本社负责调换

前言

随着我国高等职业教育和体育教学改革的不断发展，更新教学内容，编写适合高职高专体育课程教学特点的教材是高职院校体育课程建设与发展的需要。为了更好地落实中央的指示精神，加强高职院校体育教材建设，我们在实践教学基础上，结合高职院校体育教学特点，编写了这本《高职体育与健康教程（第2版）》。

本教材由理论篇、基本技术篇、职业技能篇三个部分组成，结构合理，内容与专业特点有机结合，贯彻素质教育原则，创新人才培养模式，使学生掌握科学锻炼的基础知识、基本技能和有效方法，至少学会两项终身受益的体育锻炼项目，养成良好锻炼习惯。有计划、有制度、有保障地促进学校体育与德育、智育、美育有机融合，提高学生综合素质。

本教材结构如下：

第一篇理论篇：第一章体育与健康概述；第二章高职学生体质与健康测定；第三章高职学生的体育锻炼；第四章职业损伤与实用性体育锻炼。

第二篇基本技术篇：第一章足球；第二章篮球；第三章排球；第四章乒乓球；第五章羽毛球；第六章游泳。

第三篇职业技能篇：第一章大众体育舞蹈；第二章瑜伽；第三章健美操；第四章台球；第五章技击运动；第六章滑冰；第七章滑雪；第八章户外运动。

本教材在编写的过程中，参考了有关的教材和资料，在此向著作者表示感谢。

由于编写人员水平有限，不尽如人意之处在所难免，敬请广大读者对本教材提出宝贵意见。

编 者
2021年11月

目 录

第一篇 理论篇

第一章 体育与健康概述 ... 003

第一节 体育的概念 ... 003
第二节 高职学校体育 ... 006
第三节 高职体育的特点及培养目标 ... 007

第二章 高职学生体质与健康测定 ... 010

第一节 体质与健康的概念 ... 010
第二节 影响健康的因素 ... 011
第三节 体质健康标准规定 ... 013

第三章 高职学生的体育锻炼 ... 015

第一节 体育锻炼的原则 ... 015
第二节 体育锻炼的方法 ... 016
第三节 体育锻炼的效果评价 ... 018
第四节 体育运动卫生 ... 020

第四章 职业损伤与实用性体育锻炼 ... 026

第一节 职业损伤 ... 026
第二节 实用性体育锻炼 ... 026

第二篇 基本技术篇

第一章 足球 ... 031

第一节 足球运动概述 ... 031
第二节 足球基本技术 ... 033

第三节　足球基本战术 …………………………………………………… 042
第四节　足球的主要练习方法 …………………………………………… 045
第五节　足球运动竞赛规则简介 ………………………………………… 048

第二章　篮球 …………………………………………………………………… 053

第一节　篮球运动的起源与发展 ………………………………………… 053
第二节　篮球基本技术 …………………………………………………… 055
第三节　篮球基本战术 …………………………………………………… 064
第四节　篮球基本技术及战术练习方法 ………………………………… 068
第五节　篮球竞赛规则 …………………………………………………… 070

第三章　排球 …………………………………………………………………… 072

第一节　排球运动概述 …………………………………………………… 072
第二节　排球基本技术 …………………………………………………… 073
第三节　排球基本战术 …………………………………………………… 085
第四节　排球竞赛规则 …………………………………………………… 087

第四章　乒乓球 ………………………………………………………………… 090

第一节　乒乓球运动概述 ………………………………………………… 090
第二节　乒乓球基本技术 ………………………………………………… 090
第三节　乒乓球基本战术 ………………………………………………… 096
第四节　乒乓球竞赛规则 ………………………………………………… 098

第五章　羽毛球 ………………………………………………………………… 103

第一节　羽毛球运动概述 ………………………………………………… 103
第二节　羽毛球基本技术 ………………………………………………… 104
第三节　羽毛球基本战术和练习方法 …………………………………… 113
第四节　羽毛球竞赛规则 ………………………………………………… 116

第六章　游泳 …………………………………………………………………… 119

第一节　游泳运动概述 …………………………………………………… 119
第二节　游泳技术 ………………………………………………………… 122
第三节　游泳竞赛及竞赛规则简介 ……………………………………… 126

第三篇　职业技能篇

第一章　大众体育舞蹈 ………………………………………………………… 131

第一节　大众体育舞蹈概述 ……………………………………………… 131

目 录

第二节　大众体育舞蹈基本舞步介绍 ································· 134

第二章　瑜伽 ··· 138

第一节　瑜伽体位 ·· 138
第二节　瑜伽的主要功效及注意事项 ································· 142

第三章　健美操 ·· 145

第一节　健美操概述 ·· 145
第二节　健美操基本动作 ·· 146
第三节　形体训练与职业体能相关的练习方法 ····················· 153
第四节　健美操运动竞赛规则简介 ··································· 158

第四章　台球 ··· 163

第一节　台球概述 ·· 163
第二节　台球基本技术 ··· 164
第三节　斯诺克台球竞赛规则简介 ··································· 167

第五章　技击运动 ·· 169

第一节　初级长拳第三路 ·· 169
第二节　简化太极拳（二十四式） ··································· 187
第三节　柔道 ··· 192
第四节　跆拳道 ·· 200
第五节　裁判执裁原则与步骤 ·· 213

第六章　滑冰 ··· 215

第一节　速度滑冰运动概述 ··· 215
第二节　速度滑冰直道技术 ··· 216
第三节　速度滑冰弯道技术 ··· 219
第四节　速度滑冰起跑、冲刺、停止技术 ·························· 222
第五节　速度滑冰规则简介 ··· 222

第七章　滑雪 ··· 224

第一节　滑雪运动概述 ··· 224
第二节　滑雪运动的分类 ·· 225
第三节　滑雪基本技术 ··· 226
第四节　滑雪装备器材 ··· 230

第八章　户外运动 ·· 231

第一节　爬山 ··· 231

第二节　野外生存 235
　　第三节　攀岩运动 239
　　第四节　定向越野 245
　　第五节　徒步 249
　　第六节　拓展训练 251

附表一　男生身高标准体重 255

附表二　女生身高标准体重 257

附表三　大学男生体质评分标准 259

附表四　大学女生体质评分标准 260

附件　《国家学生体质健康标准（2014年修订）》大学部分 261

第一篇

理论篇

第一章 体育与健康概述

第一节 体育的概念

一、体育的由来

"体育"一词，其英文是 physical education，指的是以身体活动为手段的教育，译为"身体的教育"，简称为体育。

在古希腊，游戏、角力、体操等曾被列为教育内容。17—18世纪，在西方的教育中也加进了打猎、游泳、爬山、赛跑、跳跃等项活动，只是尚无统一的名称。18世纪末，德国的 J.C.F. 古茨穆茨曾把这些活动分类、综合，统称为"体操"。进入19世纪，德国形成了新的体操体系，广泛传播于欧美各国，并相继出现了多种新的项目；在学校也逐渐开展了超出原来体操范围的更多的运动项目，建立起"体育是以身体活动为手段的教育"这一新概念。于是，在相当长的一段时间里，"体操"和"体育"两词并存，相互混用。

1762年，卢梭在法国出版了《爱弥儿》一书，主张"教育要遵循自然规律，要发展儿童的天性"，书中卢梭首次使用"体育"一词来描述对爱弥儿进行身体的养护、培养和训练等身体教育过程。由于这本书激烈地批判了当时的教会教育，在世界引起很大反响，因此"体育"一词同时也在世界各国流传开来。从这里我们可以清楚地看到，"体育"一词的最初产生是缘于"教育"一词，它最早的含义是指教育体系中的一个专门领域。到19世纪，世界上教育发达的国家都已普遍使用"体育"一词。

我国体育历史悠久，"体育"一词最早于1904年由日本留学生将其引入中国。我国最早创办的体育团体是1906年上海的"沪西士商体育会"。1907年我国著名女革命家秋瑾在绍兴也创办了体育会。同年，清朝学部的奏折中也开始有"体育"这个词。辛亥革命以后，"体育"一词就逐渐运用开来。随着西方文化不断涌入我国，学校体育的内容也从单一的体操向多元化发展，课堂上出现了篮球、田径、足球等运动项目。

二、体育的内涵

近年来，很多学者对"体育"的概念提出了如下解释：

一些学者认为"体育"是以身体活动为媒介，以谋求个体身心健康、全面发展为直接目的，并以培养完善的社会公民为终极目标的一种社会文化现象或教育过程。还有一些学者认为,"体育"是根据人类社会生活的需要,依据人体生长发育、动作技能形成和机体机能提高的规律,以身体练习为基本手段,达到发展身体、增强体质、提高运动技术水平、丰富社会文化生活的一种有意识、有目的、有组织的社会活动,及其在人类社会发展中形成的全部财富。

国际体育联合会1970年制定的《世界体育宣言》认为:"体育"是教育的一个组成部分,它要求按一定的规律,以系统的方式,借助身体运动和自然力的影响作用于人体,完成发展身体的任务,空气、阳光和水等在这里作为特殊的手段。因此,可以认为体育是教育的一个组成部分,它的本质就是以身体练习为手段,发展身体,增强体质,促进人的全面发展,为社会发展服务。它在社会发展过程中,受一定的政治、经济制约,并为一定的政治、经济服务。体育具有自然的和社会的两重属性。自然属性如体育的方法、手段等,社会属性如体育的思想、制度等。

《中国大百科全书·体育卷》把体育概念分为广义的体育和狭义的体育。体育(广义)是根据人类生存和社会生活需要,依据人体生长发育、动作形成和机体机能提高规律,以各项运动为基本手段,以达到发展身体、增强体质、提高运动技术水平、丰富社会文化生活、为发展经济和政治服务为目的的身体运动,通常我们将其称为体育运动。体育(狭义)教育的组成部分,是全面发展身体,增强体质,传授体育知识、技术、技能,培养品质的有目的、有计划、有组织的教育过程,通常我们将其称为体育教育。

但是,体育的概念并非是一成不变的,随着社会的发展和进步,对体育的认识也在不断发展。

三、体育的组成

体育一经产生就含有丰富的科学内容,它的发展并非孤立。人类的需要、社会的需要、生产力的发展和提高、科学技术的进步和应用,为体育的发展提供了良好的条件。

现代体育由以下三个方面组成:

- 大众体育:大众体育也称"社会体育""群众体育",是为了娱乐身心、增强体质、防治疾病和培养体育后备人才,在社会上广泛开展的健身、健美、娱乐体育、保健体育、医疗、康复体育等内容丰富、形式多样的体育活动的总称。包括职工体育、农民体育、社区体育、老年人体育等。主要形式有锻炼小组、运动队、体育之家、体育活动中心、俱乐部以及个人自由体育锻炼等。大众体育是人们文化生活的重要组成部分。
- 竞技体育:竞技体育指为了战胜对手、取得优异运动成绩,最大限度地发挥和提高个人或集体在体格、体能、心理及运动能力等方面的潜力所进行的科学的、系统的训练和竞赛。
- 学校体育:学校体育是学校教育的重要组成部分,是指以学生为对象,通过学校教育进行的、有计划有组织地对受教育者的身体方面施加一定的影响、为培养合格人才服务的一种教育过程。包括各类学校的体育教学和课外体育活动等。

四、体育的功能

体育的功能产生于体育的本质和社会的需要,并在促进社会物质文明和精神文明中表现出来。

主要有以下几个方面：

（一）健身功能

人的身体素质是思想道德素质和科学文化素质的物质基础，也是一个民族和国家强盛的基础。体育是以身体的直接参与来表现的，这是体育的本质功能，也是体育能在人类社会中长盛不衰和持续不断存在的原因。通过体育手段来实现增强人的体质的目的，促进人自由、全面地发展，这正是体育的独特之处，也是体育区别于其他社会活动和事物对人和社会作用的根本点。

体育的健身功能主要表现在：
(1) 体育运动可促进人体骨骼和肌肉的生长。
(2) 体育运动可促进血液循环，增强心脏功能。
(3) 体育运动能够提高神经系统的功能。
(4) 经常从事体育运动可以改善呼吸系统功能。

（二）娱乐功能

体育运动能得到广大社会成员的喜爱，一个重要原因是体育与文化、艺术等活动一样具有较强的娱乐功能。体育运动既可以改善和发展身体，又可以陶冶情操，愉悦身心，增进交往，使人们在繁忙的工作和学习后，获得积极的休息。人们通过参加和欣赏体育运动，不仅能增强体质，还能够愉悦身心，丰富文化生活。体育运动的观赏性，特别是竞技体育的高水平的展现，使身体运动达到健与美、力量与速度的完美统一，让观众得到美的享受。世界上还没有其他任何一种活动能像体育竞赛那样有规律地举行，特别是以奥运会为最高层次的国际体育竞赛，已经成为现代人关注的焦点和欣赏的热点。各种不同形式和类型的体育竞赛，以它独有的形式和方式为人类社会生产出丰富多彩的文化精神食粮，提高人类的生存和生活质量。人们通过参加体育活动，在与同伴的默契配合、与对手的斗智斗勇以及征服自然的过程中获得不同的情感体验，达到娱乐身心的目的。

（三）促进个体社会化

体育运动是一种社会的行为，人们在活动和比赛中互相交往、相互交流，使人们的人际关系变得紧密、社交能力得到提高。体育运动能够教导人基本的生活技能，以学会适应社会生活，这些都是后天通过体育活动获得的。人们在体育运动中，都要遵循运动的规则，都要在教师、教练、裁判的教育监督下有组织地运动，这就逐渐培养了人们对社会规范的遵守。人类社会要健康发展，就要使青少年在生长发育的过程中、中年人在健康保健的过程中、老年人在延年益寿的过程中，获取身体健康和体育运动方面的知识；通过这些知识，指导自己进行健康的体育活动，培养良好的生活习惯。体育促进个体社会化无处不在、无时不在。人类社会是一个充满激烈竞争的场所，需要团结和协作精神。竞赛是体育最鲜明的特点，通过竞赛，优胜劣败，决出名次，可以激发荣誉感，鼓舞上进心，能有效地培养人们的竞争意识和团结协作精神。

（四）社会情感

体育的社会情感主要是指由于体育竞赛的对抗性和竞赛结果的不确定性，引起社会的极大关注，从而使人们产生各种情绪活动。如：历届的奥运会、中国女排的"五连冠"等，这些都能使人们体验各种情感波动，能使人的情绪得到宣泄。好的体育社会情感可以正面地、积极地激励和鼓舞社会向前发展。由于体育运动的群众性、竞技性、观赏性，其他社会活动都无法像体育运动那样催生出巨大的社会情感。体育就像一块巨大的磁铁，将人们吸引到一起，共同欢乐，共同宣泄，共同振奋。

（五）教育功能

体育是教育的一部分，教育是体育的基本功能。人们参与体育的过程，就是一个受教育的过程。从学校、俱乐部、健身中心到训练场等各种活动场所，我们在锻炼中都要接受教师、教练和同伴的传授和指导。体育是学校教育的一个重要组成部分，几乎所有国家都把体育作为教育的内容之一。由于学生正处于生长发育和世界观的形成时期，体育不仅指导和教育学生进行身体锻炼，而且可以对受教育者进行思想政治、意志品质和道德规范的教育。体育是传播价值观的理想载体，这是由它的技艺性、群体性、国际性、礼仪性、竞技性的特点所决定的。体育在培养人们健康合理的生活方式、集体主义精神，以及爱国主义精神、刻苦耐劳、顽强拼搏精神等方面有着重要作用。

（六）政治功能

体育运动过程能增进人与人之间的交流和交往，是促进人们的友谊和增强团结的重要手段；通过体育活动，能够促进人们的情感交流，增进人与人之间的相互了解，改善人际关系，使其共同创造和谐文明的社会环境。客观上讲，体育和政治是相互联系、不可分割的，在任何国家，体育都要服从于政治的需要，为政治服务。体育是一种文化交流的工具，它为本国的外交政策服务，通过国际比赛可以发展国与国之间的关系，促进国家间的友好往来。

（七）经济功能

体育是人的活动，特别是在成为一种很多社会成员参加的经常性活动后，体育总是在一定的物质消费的基础上进行的，必然要消耗一定的人力、物力和财力。体育的发展依赖于经济，受经济的制约，一个国家的体育运动，尤其是竞技运动开展得好坏，反映了这个国家的经济水平；但是体育运动又反作用于经济，体育作为第三产业，越来越多地发挥着对国民经济的促进作用，与商品经济的关系日益密切。

第二节　高职学校体育

一、高职学校体育的地位和功能

学校体育是国民体育的基础，学校体育既是学校教育的重要内容，也是学校教育的重要手段。高职学校体育是全面发展高职教育的重要组成部分。在高职学校教育中，德育是方向，智育是主体，体育是其他教育因素的基础。高职学校体育是丰富学生课余文化生活、建设校园精神文明的需要。

学校体育在全面发展教育中的地位，是由学校体育的功能与社会发展对学校体育的要求所决定的。

（一）身体教育功能

全面锻炼学生的身体，促进身体形态结构生理机能和心理发展，提高身体素质和人体基本活动能力，提高对自然环境的适应能力；使学生掌握体育的基本知识、技术和技能，学会科学锻炼身体的方法，养成经常锻炼身体的习惯，提高自我锻炼的能力，使之终身受益。

（二）德育教育功能

学校体育是培养集体主义感和团结协作精神等优良品德的教育过程。如：竞技体育中，对方犯规时，是毫不计较，还是"以牙还牙"；集体配合不够默契出现失误而最终比赛失利时，是相互鼓励，还是相互抱怨；对裁判员的误判是大方宽容，还是"斤斤计较"；比赛胜利时，是骄横自大，还是认真总结经验，戒骄戒躁；等等。

（三）爱国主义教育功能

在体育教学中，通过让学生欣赏大型体育运动比赛，观看我国运动员为国拼搏、为国争光，以及在赛场上升国旗、奏国歌的动人场面；讲述优秀运动员刻苦训练、顽强拼搏的感人事迹……能够激发他们的爱国热情，增强其民族自尊心和自豪感，对学生是很好的爱国主义教育。

（四）心理品质教育功能

体育运动使人进入一种超凡脱俗的境界，陶冶人的情操，培养人的勇敢、果断、坚毅、自信心、自制力、进取心和坚忍不拔的意志品质。紧张而激烈的竞赛对人的心理品质既是严峻考验，又是锻炼和培养良好心理素质的时机。

（五）智能教育功能

体育是促进智力发展的积极因素和手段，通过体育教学和身体锻炼，学生可以学习和掌握一定的体育知识、技术和技能，并使思维力、记忆力、观察力、想象力、创造力等各种能力得到发展。因此，作为教育组成部分的体育运动，在传授知识、培养技能技巧、增强人的体质过程中，还包含着培养、开发和提高智能的教育因素。

二、高职学校体育的组织形式

高职学校体育的组织形式主要有体育教学、课外体育活动、课余体育的训练和体育竞赛。
- 体育教学：按教学的不同任务可分为体育必修课、体育选修课、体育俱乐部、体育理论课等。
- 课外体育活动：主要有学生体育俱乐部活动，单项体育协会活动及课余体育锻炼等。
- 课余体育的训练：是指利用课余时间，对部分身体素质好并有体育专长的学生进行系统训练的专门教育过程。

第三节　高职体育的特点及培养目标

体育锻炼是一个有目的、有组织的身体活动过程。参与体育锻炼，首先要从自身实际出发，了解自己所处年龄阶段基本的生理和心理特征，合理而科学地安排、调节、控制和评价自身的活动，防止意外事故的发生，这样才能收到良好的效果。

改革开放以来，我国的高等职业教育得到了快速而健康的发展。作为高等教育的重要类型，高等职业教育人才培养模式的基本特点是：以培养高等技术应用型人才为根本任务，以适应社会需要为服务目标，以培养技术为主线，强调学生具有适度的基础理论知识、较强的技术运用能力、较宽的知识面和较高的综合素质。高职体育教育是高等职业教育课程体系的重要组成部分，它围绕人才培养模式，体现鲜明的职业教育特性和高等职业教育的特点。

一、职业的概念

职业是参与社会分工，利用专门的知识和技能为社会创造物质财富和精神财富，以获得合理报酬作为物质生活来源并满足精神需求的工作。

职业是社会分工的产物。在分工体系的每一个环节，劳动对象、劳动工具以及支出形式都各有特殊性，这种特殊性决定了各种职业之间的区别。随着社会分工越来越细，职业更替的周期也越来越短。据统计，我国现有 1 800 多种职业，其中不少是新兴的职业，并有逐年增多的趋势。

二、高职体育教育的本质属性

高职体育教育包括体育课程、运动竞赛、课余活动等，是学校教育的重要内容。高职体育课是必修课程，是学生进行体育锻炼、掌握运动技术与技能的主要途径，对增强学生体质、保证学生健康、促进学生全面和谐发展、培养高素质的技能应用型人才具有极为重要的作用。

随着人们对健康内涵认识的深化，学校体育教学逐步从注重运动技术教学向强调身心愉悦方向发展。高职体育教育有以下两大属性：

（一）健康属性

体育科学的本质属性，是让学生通过体育课程学习，树立"健康第一"的指导思想，掌握管理、促进自身健康的能力，掌握一定的体育运动技能，养成终身体育锻炼的习惯。

（二）职业属性

利用体育锻炼的手段和体育载体，着重发展本专业今后从业和胜任工作岗位所需的身心素质，以增强学生就业与从业的竞争力。通过体能的提高，使学生尽早地适应工作岗位环境。

三、体育教育与职业素质培养

学校对学生实行专门化教育，不同专业要求掌握不同的专业技能，不同的专业技能需要相应的身体能力作为保证。体育教学围绕专业、工种的实际，实行有针对性的身体锻炼，这对强化学生专业体能、提高教学质量具有积极的意义。职业实用性体育锻炼要符合职业活动的要求，预防职业活动对身体状况和姿势所造成的不良影响，职业实用性运动项目在操作方式和身体能力方面，与职业特点相似。

高等职业教育是培养生产、管理、服务一线的技术应用型人才，高职的学生今后的工作特点是脑力劳动和体力劳动相结合，体育教育在职业素质培养中起着至关重要的作用。

（一）增强自学能力

自学能力是一个人独立学习的能力，也是一个人获取知识的能力。它是一个人多种智力因素的结合和多种心理机制参与的综合能力，是现代人应具备的基本能力。高等职业教育是按职业岗位需求来开设课程体系的。在知识的传授过程中，高等职业教育强调"必需、够用"，毕业生能直接上岗位工作，所以特别强调学生的自学能力。

参与体育活动，掌握一定的运动技能，一般要经过观察—模仿—练习—反馈等几个阶段。在这几个阶段中，教师不可能都在现场全程指导，需要学生具有自主学习的能力。如：提高投篮的准确度，就必须不断改进投篮的姿势；当别人帮你纠正动作后，更多的要靠自己多练、多体会、多总结，从尝试错误和失败中不断体会动作要领，提高运动技术水平。从这个意义上说，参与体育实践可以有效地提高参与者的自学能力和独立解决问题的能力。

（二）增强动手能力与身体活动能力

高等职业教育强调学生的动手能力。经常进行体育锻炼，能有效地增强参与者的动手能力。运动技术与技能的提高，不可能通过"纸上谈兵"式的想象来获得，而必须通过活动身体各部位来获得。体育活动每一个动作的完成，都要求参与者手脑并用，运用许多技巧和方法。

体育是以身体运动为基本手段、促进身心发展的文化活动。在职业劳动中，身体的活动能力在许多工种的劳动中显得尤为重要。身体的活动能力，可以通过体育锻炼的方式加以增强。

（三）增强组织表现能力

高职学生工作后一般都成为生产、服务一线的工作人员，在其职业生涯中，良好的组织表现能力是非常重要的一种职业能力。参加体育锻炼，特别是体育竞赛，无论是参赛者还是组织者，都需要对活动过程中的细节进行协调处理，这对学生的组织协调能力是很好的锻炼。另外，体育竞赛一般都是在公众场合进行的，需要个人在活动中克服自卑、胆怯的心理，勇敢地去面对对手，充分地展现自我，完成比赛任务，因此，体育活动是增强学生表现能力的有效方式。

（四）增强社会适应能力

在复杂的社会结构中，每个人在社会中都具有一定的地位，充当特定的角色。体育的社会性功能，在于培养参与者适应社会的角色观念。在体育活动环境中，参与者可以更直接、更主动地以集中的方式接触、体验各种情景，如竞争、冲突、分享、合作、包容、角色和角色的转换、赞扬、批评、成功、失败等，从而不断增强自我调控的意识和能力。从这个意义上说，体育活动是增强高职学生社会适应能力的最佳实践平台。

（五）提高创业素质

创业素质即创业应具备的思想素质、心理素质和能力素质，主要包括创业意识、创业精神和创业能力等。高职学生毕业后，在创业的过程中，会遇到各种困难和障碍。参与体育实践的过程也是成长与历练的过程，激励人们在遇到困难、挫折的时候，勇敢去奋斗，正确对待挫折与失败，在挫折中成长。体育锻炼有助于锻炼学生顽强、刻苦的意志和积极进取的品质，使其克服自身的惰性，培养其组织观念。

第二章 高职学生体质与健康测定

第一节 体质与健康的概念

一、健康概述

健康与人类社会的发展息息相关,健康既是人类生存的保证,同时也是人类社会持续发展的一个重要前提。健康是人类全面发展的一个不可缺少的目标,也是衡量人类生活质量的一个极其重要的指标。

长期以来,人们普遍把健康理解为"无病、无残、无伤",人类对健康概念的理解与认识是一个逐步发展的过程:1948 年《世界卫生组织宪章》中对健康所作的定义为:"健康不仅是免于疾病和衰弱,而且是保持体格方面、精神方面和社会方面的状态。"1978 年,国际卫生保健大会发表的《阿拉木图宣言》又再次重申,"健康不仅是疾病与体弱的匿迹,而且是身心健康、社会幸福的完善状态"。并认为:"健康是基本人权,达到尽可能的健康水平,是世界范围内一项最重要的社会性目标。"一个人只有身体健康、心理健康、社会适应性良好和道德健康都健全,才算是完全健康的人。

二、健康的内容

(一)生理健康

生理健康是指人体的结构完整和生理功能的正常。人体的生理功能是以结构为基础、以维持人体生命活动为目的,协调一致、复杂而高级的运动方式。

(二)心理健康

心理健康是生理健康的发展。评定心理健康的标准主要有:认识能力正常;情绪反应适度;有健康的理想和价值观;个性健全,情绪健康;人际关系融洽;自我评价恰当;对困难和挫折有良好的承受力。

(三)道德健康

道德健康可简单解释为做人的道德和应有的品德。道德健康以生理健康、心理健康为基础,并高于心理健康和生理健康,是生理健康和心理健康的发展。道德健康是指不损害他人的利益来满足自己的需要，能按照社会认可的道德行为规范准则约束自己及支配自己的思维和行为，具有辨别真假、好坏、荣辱的是非观念和能力。

（四）社会适应

社会适应主要指人在社会生活中的角色适应，包括对职业角色、家庭角色，以及对工作、家庭、学习、娱乐、社交中的角色转换以及人际关系等方面的适应。社会适应健康，也是健康的最高境界。缺乏角色意识、发生角色错位，是社会适应不良的表现。

第二节　影响健康的因素

一、行为和生活方式

（一）行为因素

行为是有机体在外界环境刺激下所引起的反应，包括内在的生理和心理变化。人类的行为表现错综复杂，但基本规律是一致的，即它是人类为了维持自身的生存和种族的延续，在适应复杂的、不断变化的环境时所做出的反应。个体的社会性行为是人与周围环境相适应的行为，是通过社会化过程确立的。行为是影响健康的重要因素，几乎所有影响健康因素的作用都与行为有关。例如，吸烟与肺癌、缺血性心脏病及其他心血管疾病密切相关。酗酒、吸毒、不良性行为等也严重危害人类健康。

（二）生活方式

生活方式是一种特定的行为模式，这种行为模式建立在文化继承、社会关系、个性特征和遗传等综合因素基础上，受个性特征和社会关系制约，是在一定的社会经济条件和环境等多种因素之间的相互作用中所形成的；包括饮食习惯、社会生活习惯等。由于受一些不良的社会和文化因素影响，许多人形成了不良的生活方式，导致了慢性非传染性疾病、性病和艾滋病的迅速增加。近年来，我国恶性肿瘤、心血管疾病和脑血管疾病已占总死亡原因的61%。据美国调查，只要有效地控制行为危险因素（不合理饮食、缺乏运动锻炼、吸烟、酗酒和滥用药物等），就能避免40%~70%的早死、1/3的急性残疾和2/3的慢性疾病。

二、环境

（一）自然环境

自然环境是指影响人类生存和发展的、各种天然的和经过人工改造的自然因素的总体。包括大气、水、土地、矿藏、森林、野生生物、各种自然和人工区域（包括自然保护区、风景名胜区、城市和乡村），以及自然和人文遗迹等。这些因素组成了人类的生活环境，它们影响着人类的生存和发展。在自然界中，每一种动植物群体，都需要有一定的生存环境条件，如气候、土壤、地理、生物及人为条件等。这些环境条件与人类的关系是对立统一的。一方面，人类的生存和繁衍依赖于环境；另一方面，当环境作用于人类、服务于人类时，又直接或间接地受人类活动的影响。符合自然和社会发展规律的人类活动，能够改善环境；违反自然和社会发展规律的人类活动，会使环境恶化。

（二）社会环境

社会环境又称文化—社会环境，包括社会制度、法律、经济、文化、教育、民族及职业等。社会制度确定了与健康相关的政策和资源保障；法律、法规确定了对人健康权利的维护；经济决定着与健康密切相关的衣、食、住、行；文化决定着人的健康观及与健康相关的风俗、道德、习惯；人口拥挤会给健康带来负面的影响；民族影响着人们的饮食结构和生活方式；职业决定着人们的劳动强度和方式等。

三、生物学因素

（一）遗传

遗传是先天性因素。种族的差别、父母的健康状况和生存环境等因素都会给下一代的健康带来较大的影响。已知人类的遗传性缺陷和遗传性疾病近 3 000 种（约占人类各种疾病的 1/5）。据调查，目前全国出生婴儿缺陷总发生率为 13.7%，其中严重智力低下者每年有 200 万人。另外，遗传还与高血压、糖尿病、肿瘤等疾病的发生有关。

（二）病原微生物

从古代到 20 世纪中期，威胁人类健康的主要原因是病原微生物引起的感染性疾病。随着科学、经济的高度发展，人们的劳动方式和生活方式发生巨大改变，行为和生活方式逐渐取代生物学因素，成为影响健康的主要因素。

（三）个人的生物学特征

个人的生物学特征包括年龄、性别、形态和健康状况等，不同生物学特征的人处在同样的危险因素下，对健康的影响大不相同。例如，儿童、少年和成年人，男性与女性，体质强和体质弱的人……若处在同样的危险因素下，各自健康所受到的影响是不相同的。

四、健康服务因素

随着社会经济的发展和人们生活水平的提高，维护及促进人群的健康这一课题显得日益重要。在现代社会，健康事业的发展是社会发展的重要方面，健康服务的任务不仅仅是治病救人，还包括被列入社会保障的因素——医疗保健。

世界卫生组织的《渥太华宪章》指出：健康的基本条件和资源是和平、住房、教育、食品、经济收入、稳定的生态环境、可持续的资源及社会的公平与平等。健康服务必须在这些坚实的基础上，建立由国家制定政策、以社区服务为中心、多部门协作的健康服务体系，实现人人享有健康服务的宏伟目标。健康服务体系是国家促进国民健康的主要手段之一，是一个国家综合实力的反映。

五、体育运动

由于劳动方式和生活方式的改变，运动缺乏成为威胁人类健康的一个重要因素。同时，科学运动的健康价值日益凸显、体育竞技的魅力四射，使人们越来越关注体育在其生活中的位置，体育对人类健康的作用和意义也成为学者们的研究热点。

1978年，联合国教科文组织颁布的《体育运动国际宪章》中明确体育是一种人权，确认体育是提高生活质量的手段，认为体育能培养人类的价值观念，说明体育对人类的生存和发展具有重要的影响。从体育的含义中可以明了，体育对促进健康具有广泛的作用，特别是在改善生活方式与提高丰富生活的质量方面，体育展示了其独特的魅力。

六、膳食

合理的营养是保证人体健康的重要因素。营养过多或不足都有损于健康。营养状况包括摄入热量及食物的营养结构。前者是衡量人群摄入的食物是否能维持其基本的生命功能，后者则是分析所摄入食物中各种营养素比例的合理性。

从生理学角度来看，一个中等强度体力劳动的成年人，要维持其身体的基本需要，每日男性需要摄入热量 12 552 kJ（3 000 kcal），女性需要摄入热量 11 715 kJ（2 800 kcal），儿童日平均需要摄入热量 8 368 kJ（2 000 kcal）以上。从世界范围来看，不同国家居民日平均摄入热量与健康状况关系密切。根据食物提供的热量计算，蛋白质以动物蛋白质及植物蛋白质各占50%为宜。这种标准既保证了机体对各种营养的需要，又有利于预防常见的慢性病，如心血管疾病等。目前，发达国家居民膳食中，动物蛋白及脂肪含量偏高；而发展中国家及不发达国家居民膳食中蛋白质及脂肪的比例偏低。

第三节 体质健康标准规定

为贯彻《中共中央国务院关于深化教育改革全面推进素质教育的决定》提出的"学校教育要树立健康第一的指导思想，切实加强体育工作"的精神，促进学生积极参加体育锻炼，使学生养成经常锻炼身体的习惯，增强其自我保健能力，提高其体质健康水平，特制定《学生体质健康标准（试行方案）》（以下简称《标准》）。

一、对象

《标准》适用于全日制小学、初级中学、普通高中、中等职业学校和普通高等学校的在校学生。

二、评定

《标准》从身体形态、身体机能、身体素质等方面综合评定学生的体质健康状况，《标准》按百分制记分。

三、分组

《标准》根据学生的生长发育规律，将测试对象划分为：小学一、二年级为一组，小学三、四年级为一组，小学五、六年级为一组；初中及以上的每年级为一组；大学为一组。

四、《标准》的测试项目

测试项目：测试项目为六项，其中身高、体重、肺活量为必测项目。选测项目为三项：从 50 m 跑、立定跳远中选测一项；男生从台阶试验、1 000 m 跑中选测一项，女生从台阶试验、800 m 跑中选测一项；男生从坐位体前屈、握力中选测一项，女生从坐位体前屈、仰卧起坐和握力中选测一项。

五、测试与评分标准

《标准》中的选测项目由各地（市）级教育行政部门在测试前随机确定。考虑到城乡的不同情况，《标准》中的台阶试验项目，农村学校可选测相应项目，城市学校统一进行台阶试验的测试。

《标准》中的身体形态、身体机能和身体素质的测试方法，按人民教育出版社出版的《学生体质健康标准（试行方案）解读》中的有关要求进行。

六、等级评定与登记

各个测试项目的得分之和为《标准》的最后得分，根据最后得分评定等级：86 分以上为优秀，76~85 分为良好，60~75 分为及格，59 分及以下为不及格。每学年评定一次成绩并记入《学生体质健康标准登记卡片》。学生毕业年级的等级评定，按毕业当年的成绩和其他常年平均成绩（各占 50%）之和评定（见表 1-2-1 和表 1-2-2）。

表 1-2-1　各项评价分数的权重系数

项目	分值
身高标准体重	15 分
台 阶 指 数	20 分
肺活量体重指数	15 分
立 定 跳 远	30 分
握力体重指数	20 分

表 1-2-2　《标准》评价得分与等级对应

得 分	等 级
86 分以上	优 秀
76~85 分	良 好
60~75 分	及 格
59 分及以下	不及格

《标准》由教育部负责解释。

第三章 高职学生的体育锻炼

第一节 体育锻炼的原则

体育锻炼是一个有目的、有组织的身体的活动过程。参与体育锻炼，要从自身的实际出发，合理、科学地安排调节、控制和评价自身的活动，在体育锻炼的过程中，只有正确地理解和运用体育锻炼的原则，才能使体育锻炼获得最佳效果。

一、全面性原则

全面性原则是指体育锻炼应全面发展身体各个部位、各器官系统的机能，以及各项身体素质和活动能力，追求身心的和谐发展。高职学生年龄多处于 17~23 岁，这正是身体发育逐渐成熟的阶段，具有一定的可塑性。因此，在体育锻炼中贯彻全面性原则尤为重要。进行体育锻炼，可以以某一项为主，辅助其他锻炼项目，不要过分注重单一性锻炼。进行全面锻炼，能使身体素质获得全面发展，使个体能更快地掌握运动技术和技能，增强体质。

二、自觉性原则

参加体育锻炼，必须有一个明确的目标，这样才能调动起积极性和自觉性。首先，要提高对体育的认识，树立终身锻炼的思想。其次，要明确锻炼的目的，一个人的动机决定一个人的行动质量。参加体育锻炼，有的人是为了造就健美的形体；有的人是为了丰富文化生活、调节情绪；有的人是为了增进健康，促进身体的正常发育；有的人是为了某项运动技能与成绩的提高；有的人则是为了锻炼意志，防病治病。不管出于哪种目的和需求，都要有目的地去锻炼，这样才更具主动性和自觉性。

三、个别性原则

个别性原则是指每个参加体育锻炼的人，应根据自己的实际情况，从外部环境的实际出发，选定锻炼内容和方法，安排运动负荷。每个参加体育锻炼的人，在年龄、性别、健康状况、身体基础、生活及作息制度等方面可能都会存在差异。因此，锻炼者应根据自身状况加以正确估计，并从实际出发，使锻炼负荷适合自己，以期达到良好的锻炼效果。

四、循序渐进原则

循序渐进原则是指体育锻炼的内容、方法和运动负荷等，必须根据人对事物的认识规律、动作技能形成规律和生理机能的负荷规律，由小到大、由易到难、由简到繁、由低到高逐步开展锻炼。科学研究表明，锻炼效果是一个缓慢的、由量变到质变逐渐积累的复杂过程。如果违反循序渐进的原则，急于求成，不但不能有效地增强体质，而且还会损害健康。所以，进行身体锻炼应有目的、有计划、有步骤地实施，在安排运动负荷时应注意由小到大逐步提高，其原则是：提高—适应—再提高—再适应。

五、持之以恒原则

持之以恒原则是指体育锻炼必须经常进行，使之成为日常生活中的重要内容。每次体育锻炼都会给机体带来一定刺激，每次刺激都会产生一定的作用痕迹，连续不断地刺激作用则产生痕迹的积累。这种积累使机体结构和机能产生新的适应能力，体质就会不断增强，动作技能形成的条件反射也会不断得到强化。因此，体育锻炼贵在坚持，不能期望在短时间内取得显著效果，必须依靠长久的积累。

第二节　体育锻炼的方法

体育锻炼的方法是根据人体发展规律，运用各种身体练习和自然因素来发展身体的途径和方式。体育锻炼的方法是贯彻体育锻炼原则、达到体育锻炼目的的桥梁。在运用过程中，应从实际出发，灵活运用，锻炼的方法可以相互补充，交替进行，但应有主次。

一、重复锻炼法

重复次数的多少，对身体的作用是不同的。重复次数越多，身体对运动反应的负荷越大。如果重复次数不断增加，可能使身体承受的负荷达到极点，甚至破坏有机体的正常状态，对身体造成伤害。

运用重复锻炼法，关键是掌握好负荷的有效价值范围，并据此调节重复次数。在重复锻炼中，对负荷如何控制、如何去重复才能达到理想的锻炼效果，应视实际情况而定。

二、间歇锻炼法

人们认为体质增强的过程是在运动中实现的，其实体质内部增强过程主要是在间歇中实现的，是在休息过程中取得了超量恢复。若没有超量恢复，运动对增强体质而言则是毫无意义的事，甚至起不了作用。间歇对增强体质的作用并不亚于运动本身。自古以来就有"以静练身"的经验；在现代科学的基础上，人类更清楚地认识到有机体在间歇时间内的各种变化，认识到保持同化优势的重要性，所以把间歇作为一种健身的基本方法。

同重复锻炼法一样，间歇的时间也要根据负荷的有效价值标准去调节。一般来说，当负荷反应（心率）指标低于有效价值标准时，应缩短间歇时间；而在高于价值标准时，则可延长间歇时间。通过适当的间歇，把负荷量调节到负荷有效价值范围，以追求良好的锻炼效果。实践中,一般心率在 130 次/min 左右时,应再次开始锻炼。间歇时,不要做静止休息,而应边活动边休息,如慢速走步、放松手脚或做深而慢的呼吸等。轻微活动可使肌肉对血管起到按摩作用,帮助血液回流,排除代谢所产生的废物。

三、连续锻炼法

从增强体质的良好效果出发,若需要间歇就停一会儿,若需要接二连三地进行下去,就不能只讲究间歇,还要讲究连续。连续、间歇、重复都是在同一锻炼过程中实现的。连续、间歇、重复等因素各有其特有的作用,连续的作用在于保持负荷量不下降,将其维持在一定的水平上,使身体充分地受到运动的作用。连续锻炼时间的长短,同样要根据负荷价值有效范围而定。通常认为,心率在 140 次/min 左右时,连续锻炼 20~30 min,可使机体的各个部位都长时间地获得充分的血液和氧的供应,因而能有效地发展有氧代谢能力。

四、循环锻炼法

循环锻炼法由几个不同的练习点组成。当一个点上的练习完成,练习者就迅速转移到下一个点,练习者完成了各个点上的练习,就算完成了一次循环。循环对技术的要求不高,且各项目都采用轻度的负荷练习,因此练起来既简单有趣,又能进行综合锻炼,达到全面发展的良好效果。

五、变换锻炼法

变换锻炼法可以有效地调节生理负荷,提高兴奋性,强化锻炼意向,克服疲劳和厌倦情绪,以提高锻炼效果。

刚参加锻炼时,可多做些诱导性练习和辅助性练习。随着锻炼水平的提高,应加大练习的难度,如用越野跑代替在田径场的长跑等。由于锻炼条件的变化,可使锻炼者的大脑皮层不断地产生新异的刺激,提高兴奋性,激发锻炼的兴趣,从而提高机体的承受能力和锻炼效果。另外,对锻炼的内容、时间、动作速率等不断提出新的要求,可有效地调节生理负荷,使机体不断产生适应性变化,进而达到更好地锻炼身体的目的。

六、游戏锻炼法

游戏锻炼法是指采用游戏的形式锻炼身体的方法。这种方法可以提高兴奋性,激发运动的兴趣,在嬉笑娱乐中锻炼身体、愉悦身心,有助于减轻学习压力,释放激情。游戏锻炼法运动量可以根据锻炼者的实际情况而有所不同。

七、竞赛锻炼法

竞赛锻炼法是指在近似模拟或真实的比赛条件下,按比赛的规则和方式锻炼身体的方法。在竞赛的条件下,可提高锻炼者锻炼的积极性。此外,在比赛中锻炼者能相互交流经验,有助于全面提高技术、战术水平,增强心理承受能力,培养意志品质,形成积极向上、勇于拼搏的生活态度。

第三节 体育锻炼的效果评价

体育锻炼效果是指锻炼者在体育锻炼的影响下，各器官、系统在形态、结构和机能等方面所产生的适应性变化和良好反应。

一、心理感觉

运动量可以靠主观感觉来衡量。体育锻炼与运动员的训练不同，锻炼后要轻松自如，并有一种满足感，这也是锻炼者主观衡量运动量的一项指标。如果锻炼后有一种适宜的疲劳感，而且对运动有浓厚的兴趣，则说明运动量适合机体的机能状况；如果运动时气喘吁吁、呼吸困难，运动后极度疲劳，甚至厌恶运动，则说明运动量过大，应及时调整运动量。

二、心率（或脉搏）的评定

心率是指心脏每分钟跳动的次数，正常成年人的心率为 60~100 次/min。心率可用听诊器在心脏表面直接测定，也可用其他仪器测定。在体育活动中，心率次数也可用脉搏次数表示，脉搏可用手在桡动脉、颈动脉和足背动脉直接测定。用心率监测负荷强度是一项比较灵敏的指标，但用来评定体育锻炼的效果时却不太敏感，短时间内体育锻炼的效果不可能通过心率表现出来。只有长期从事体育锻炼取得较明显的效果时，心率的良好变化才能显示出来；而一旦从心率表现出良好的机能变化，则说明体育锻炼的效果已非常明显。

三、血压的测定

血压是指流动的血液对血管壁的侧压力，一般常指动脉血压。血压值随心动周期的变化而有不同。动脉血压的最高值为收缩压，正常值为 100~200 mmHg；最低值为舒张压，正常值为 60~80 mmHg。血压可用血压计和听诊器测定。

在进行体育锻炼时，血压的变化较大。体育锻炼对血压变化的良好影响要经过长时间的锻炼才能表现出来，用血压这一指标评定锻炼效果时，要考虑到血压变化的这一特点。对于高血压患者和老年人，要经常注意观察其血压的变化；对于一般体育锻炼者，则应多在定量负荷后测定血压，以便对心血管机能作出综合评定。

四、肌肉力量的评定

肌肉力量是指肌肉收缩产生的张力，不同肌肉群、不同关节角度和不同收缩速度产生的肌肉力量不同。但对人体的某一块肌肉来说，在一般情况下肌肉力量相对恒定。以肌肉力量作为评定体育锻炼效果的指标时，多用简单的肌肉力量测定计测定肌肉群的最大肌力，也可测定身体承受一定负荷的重复次数。肌肉力量是一项比较敏感的指标，经过短时间体育锻炼后，特别是进行了针对性的力量练习后，肌肉力量会明显增强。因此，肌肉力量可作为短时间体育锻炼的运动效果指标。应用肌力指标评定锻炼效果，最好在力量对比练习后的几天或一周后测定；因为如果在力量练习后的第二天测定肌力指标，可能会由于身体疲劳或肌肉疼痛而影响评定效果。

五、呼吸频率的测定

体育锻炼后，呼吸频率的变化可以在很大程度上反映肺通气功能的变化。人体在安静时呼吸频率为 12~16 次/min，体育锻炼时呼吸频率明显增加。呼吸频率可以通过胸廓的起伏次数测定。呼吸频率受心理因素的影响较大，如果直接告诉受试者测定呼吸频率，受试者往往会由于注意力过于集中而有意识地控制呼吸频率。所以，在测定呼吸频率时，最好通过转移注意力的方法测定。如在测量心率的同时测定呼吸频率，或在受试者不知道的情况下测定，以免由于心理因素的干扰而影响测定结果。

六、体育锻炼时间的评定

体育锻炼时间一般是指在一次性体育锻炼过程中从活动开始到感到疲劳而停止运动的时间。一般情况下，可通过锻炼者的主观感觉去判断疲劳，终止运动。由于这一指标主要通过锻炼者自己去感受，所以锻炼者在应用时，应做到前后一致，以保证客观性。用运动时间评定体育锻炼效果也是比较敏感的，一般通过短时间（两周左右）的体育锻炼，运动时间就可延长。另外，在应用这一指标时，也可用同样的锻炼时间和身体的不同感觉评定锻炼效果；如果在同样的运动时间内身体的疲劳反应程度小，说明身体机能有所增强。

七、评定体育锻炼效果时应注意的问题

（一）活动项目的特点

不同体育活动项目对身体机能的影响不同。因此，在评定体育锻炼效果时，应考虑到体育锻炼项目的特点。力量性体育活动可以发展肌肉力量和肌肉体积，但对心血管系统的影响不明显；长跑锻炼，可以发展心肺功能，锻炼后安静时可能出现心率下降的现象；而健美操锻炼后，随着身体机能增强，就可能不出现安静时心率下降的现象。在评定锻炼效果时，应选择与体育锻炼形式相适应的、较敏感的生理指标。

（二）体育锻炼时限的特点

有些生理指标，经过短时期体育锻炼后就可能发生较明显的变化，如肌肉力量；另有一些指标，需要经过长期的锻炼才会出现变化，不宜以短时间的运动效果来评定。

（三）评定方法的一致性

在评定锻炼效果时，不同时期测量指标的方法要前后一致，这包括测定时间、运动负荷、测定部位等。因为只有测定方法统一，才能用于前后客观的比较，得出的结果才有意义。

（四）指标的变异特征

一般来讲，在锻炼的初期，任何生理指标提高起来都比较容易；而在提高到一定程度后，再继续提高就比较难。所以，不要误认为只有不断提高生理机能才说明锻炼效果好；保持已提高的生理机能，也是锻炼效果好的表现。

第四节　体育运动卫生

"生命在于运动",而运动必须有一定的规律性,只有掌握体育运动的卫生常识,科学地进行体育锻炼,才能起到健身强体、防病治病的作用。

一、体育锻炼前要做好准备活动

体育锻炼前进行充分的准备活动,对于体育锻炼者来说是非常重要的。有些体育爱好者就是由于不重视锻炼前的准备活动而导致各种运动损伤,不仅影响锻炼效果,而且影响锻炼兴趣,使人对体育活动产生畏惧感。因此,每个体育活动爱好者在每次锻炼前都必须做好充分的准备活动。

(一) 准备活动的主要作用

1. 提高肌肉温度,预防运动损伤

体育运动前,进行一定强度的准备活动,可使肌肉的代谢过程加快。肌肉温度的升高,一方面可使肌肉的黏滞性下降,加快肌肉的收缩和舒张速度,增强肌力;另一方面可以增加肌肉、韧带的弹性和伸展性,减少由于肌肉剧烈收缩造成的运动损伤。

2. 提高内脏器官的机能水平

内脏器官的机能特点之一是生理惰性较大,即当活动开始、肌肉发挥最大功能水平时,内脏器官并不能立即进入"最佳"活动状态。在正式开始体育锻炼前进行适当的准备活动,可以在一定程度上预先动员内脏器官的机能,使内脏器官的活动一开始就达到较高水平。另外,进行适当的准备活动,还可以减轻开始运动时由于内脏器官的不适应而造成的不适感。

3. 调节心理状态

体育运动不仅是身体活动,也是心理活动。现在越来越多的研究认为,心理活动在体育锻炼中起着非常重要的作用。体育运动前的准备活动即可起到这种心理调节作用,接通各运动中枢间的神经联系,使大脑皮层处于最佳的兴奋状态从而投入到体育锻炼之中。

(二) 如何进行准备活动

一般来说,准备活动时主要应考虑准备活动的内容、时间和量,以及时间间隔。

1. 内容

准备活动可分为一般性准备活动和专门性准备活动。一般性准备活动主要是一些全身性身体练习,主要包括跑步、踢腿、弯腰等,其作用是提高整体的代谢水平和大脑皮层的兴奋状态,减少运动损伤的发生。专门性准备活动是指与所要进行的体育项目相适应的运动练习。例如,打篮球前先投篮、运球;跑步前先慢跑等。日常体育锻炼时只需要进行一般性准备活动,即可进行正式的体育活动。

2. 时间和量

准备活动的量和时间随体育锻炼的内容和量而定。由于以健身为目的的体育锻炼量较小,所以准备活动的量也相对较小,时间不宜过长,否则,还未进行体育锻炼身体就疲劳了。半小时的体育锻炼，其准备活动的时间一般为 5 min 左右。气温较低时，准备活动的时间也适当长一些，量可大一些；气温较高时，时间可短一些，量可小一些。

3. 时间间隔

一般人进行准备活动后就可马上从事体育运动。运动员准备活动后适当地休息是为了使身体机能有所恢复，以便在比赛中取得优异成绩；而一般人参加体育活动是为了增强体质，所以准备活动后接着进行体育锻炼即可。

二、体育锻炼的时间选择

参加体育锻炼的时间主要根据个人的生活习惯、身体状况或工作性质而定，一般很难统一。但就多数体育锻炼者来说，体育锻炼的时间多安排在清晨、下午和傍晚。不同的锻炼时间有不同的特点，练习者可根据自己的实际情况选择。

（一）清晨锻炼

许多人喜欢在清晨进行体育锻炼，这首先是由于清晨的空气新鲜，晨练有助于体内的二氧化碳排出，人吸入较多的氧气，有利于体内的新陈代谢加快，增强锻炼的效果。其次，清晨起床后大脑皮层处于抑制状态，通过一定时间的体育锻炼，可适度增加大脑皮层的兴奋度，从而有利于一天的学习与工作。经常参加体育锻炼的人多有这样的体会，如果清晨不进行体育锻炼，一天都觉得无精打采，提不起精神。最后，晨练时，凉爽的空气刺激呼吸道黏膜，可增强机体的抵抗力，以适应外界环境的变化，人不易发生感冒等病症。所以有人说，"早晨动一动，少闹一场病"。由于清晨锻炼多在空腹情况下进行，所以运动量不要太大，时间不宜太长。否则，长时间的运动会造成低血糖，不仅影响锻炼效果，而且会使身体感到不适。另外，对工作学习紧张、习惯于晚起床的人来说，没有必要每天强迫自己进行晨练。

（二）下午锻炼

下午锻炼主要适合有一定空余时间的人进行体育锻炼，特别适合大、中、小学的师生。经过一天紧张的工作或学习后，下午进行一定强度的体育锻炼，不仅可以增强体质，而且可使身心得到调整。下午进行体育锻炼时，运动强度可大一些，青年学生可打球、做游戏，老年人可打门球、跑步。对心血管病人来说，下午运动最安全。医学研究表明，心血管的发病率和心肌梗死的发生率在上午 6 时至 12 时最高。所以，为了避免这一"危险"时间，运动医学工作者认为，适宜心血管病人的锻炼时间应在下午。

（三）傍晚锻炼

晚饭后也是体育锻炼的大好时光，特别是对那些清晨和白天工作、学习十分忙碌的人来说，尤其如此。傍晚进行适当的体育锻炼，既可以健身强体，又可以帮助机体消化吸收。傍晚运动的主要形式为散步，傍晚进行体育活动的时间可长可短，但一般不要超过 1 h，运动强度也不可大，心率应控制在 120 次/min 内。强度过大的运动会影响胃肠道的消化吸收；同时，傍晚锻炼结束与睡觉的间隔时间要在 1 h 以上，否则，会影响夜间的休息。

三、体育锻炼的呼吸方法

体育锻炼时掌握了合理的呼吸,可以有效地增强锻炼效果。对于体育爱好者来说,掌握合理的呼吸方法应注意以下几个方面的问题。

(一) 采用口鼻呼吸法,减小呼吸道阻力

人体在进行体育锻炼时,氧气的需要量明显增加,所以仅靠鼻实现通气已不能满足机体的需要。因此,人们常常采用口鼻同用的呼吸方法,即用鼻吸气、用口呼气。活动量较大时,可同时用口鼻吸气、口鼻呼气。这样一方面可以减小肺通气阻力,增加通气;另一方面,通过口腔增加体内散热。有研究证实,采用口鼻呼吸方式可使人体的肺通气量较单纯用鼻呼吸增加一倍以上。在严冬进行体育锻炼时,开口不要过大,以免冷空气直接刺激口腔黏膜和呼吸道而诱发各种疾病。

(二) 加大呼吸深度,提高换气效率

人体在刚开始进行体育活动时往往有这种体会,即运动中虽然呼吸频率很快,但仍有呼不出、吸不足、胸闷、呼吸困难的感觉。这主要是由于呼吸频率过快,造成呼吸深度明显下降,使得肺实际进行气体交换的量减少,肺换气效率下降。所以,体育锻炼时要有意识地控制呼吸频率,呼吸频率最好不要超过 25~30 次/min,加大呼吸深度,使进入肺内进行有效交换的气体量增加。过快的呼吸频率,还会由于呼吸肌的疲劳而造成全身性的疲劳反应,影响锻炼效果。

(三) 呼吸方式与特殊运动形式相结合

不同的体育锻炼方式对人体的呼吸形式有不同的要求,人体的呼吸形式可分为胸式呼吸、腹式呼吸和混合呼吸。在运动中呼吸的速率、深度以及节奏等,必须随运动技术动作进行自如的调整。这不仅能保证动作质量,同时还能推迟疲劳的出现。在体育锻炼时,切勿忽视呼吸的作用,掌握合理的呼吸方法,可以有效地增强锻炼效果。

四、常见不舒适感的处理方法

人体在体育锻炼中有时会出现一些不舒适感,这主要是活动安排不当造成的,但在个别情况下也可能是某些疾病引起的。所以,锻炼者要能够及时判断运动中出现的各种状况,以便科学地从事体育锻炼,防止意外事故的发生。体育锻炼中的不舒适感以及相应的处理方法,一般有以下几种情况。

(一) 呼吸困难、胸闷

运动量过大,机体短时间内不能适应突然增大的运动量,而出现呼吸困难、胸闷、动作迟缓、肌肉酸痛等症状,甚至不想继续运动,这种现象在运动生理学中被称为"极点"。极点主要是由于运动时呼吸方式不对(呼吸表浅,呼吸频率过快),或运动强度过大,造成机体缺氧,乳酸等物质在体内堆积,引起呼吸循环系统失调,并造成大脑皮层的兴奋性减弱。当出现上述症状时,可适当降低运动强度,一般几分钟后,不适感即可消失。

（二）运动中腹痛

运动中腹痛主要有两种情况：一是胃痉挛，这主要是由于饮食不当，食物刺激胃，引起胃痉挛；或是空腹参加剧烈活动，胃酸刺激引起胃痉挛性疼痛。如果运动中出现这种情况，可暂时停止运动，做一些深呼吸运动；严重者，可作热敷，喝少量温开水，以使症状得到缓解。二是肝脏充血，疼痛主要出现在右上腹，这是由于运动量突然加大，造成肝脏充血、肿大，牵拉肝脏被膜，造成疼痛。出现这种情况，轻者可降低运动强度，再继续锻炼；如果连续几天体育锻炼时均出现右上腹疼痛，则应去医院检查。

（三）肌肉疼痛

体育锻炼中肌肉疼痛有以下几种情况：

（1）运动时肌肉突然疼痛，且肌肉僵硬。这是肌肉痉挛，多出现在骤冷天气和天气炎热人大量排汗时。肌肉痉挛多发生在小腿肌肉或足底。出现肌肉痉挛后，缓慢牵拉痉挛的肌肉，即可使症状缓解。轻者继续运动，重者可放弃当天的运动，第二天仍可继续参加锻炼。

（2）肌肉突然疼痛，而且有明显的压痛点。这主要是由于肌肉用力不当造成肌肉拉伤。肌肉拉伤后应立即停止体育锻炼，并进行冷敷、包扎等应急性措施，到就近医院治疗。

（3）肌肉酸疼，是指在刚开始体育锻炼后的几天连续出现的广泛性肌肉酸疼，无明显的压痛点。这种疼痛是体育锻炼过程中的一个生理反应过程，一般在第一次运动后的第二天出现，2~3天疼痛最明显，一般一周后消失。对于这种情况，一般没有必要停止体育锻炼。

（4）慢性肌肉劳损，是指长时间出现局部肌肉酸疼，而且连续锻炼却不减轻。这主要是由长期不正确的运动动作所造成的。慢性劳损的主要特征是：不活动时，劳损局部疼痛；而当身体进入活动状态后，疼痛状况减轻或消失。慢性劳损的恢复时间较长，一旦发现，就应彻底改变错误动作，形成正确的动作定型，以防劳损的发展。同时，应及时去医院治疗。

五、体育锻炼后应注意的问题

（一）体育锻炼后的进食

体育锻炼后，不要急于进食，要使心肺功能稳定下来，胃肠道机能逐渐恢复后再用餐。这段时间一般为半小时，如果是下午进行较剧烈的体育锻炼，间隔的时间相对应更长。

（二）体育锻炼后的补水

体育锻炼后的补水是可行的，只要口渴，在运动后即刻甚至在运动中也可补水。以往人们担心运动中补水会加重心脏负担，现在看来这种担心是多余的。在天气较热的情况下，大量排汗引起体内缺水，若不及时补水，可能会造成机体脱水、休克等症状。所以，运动中丢失的水必须及时补充。最近的研究发现，中等强度的体育锻炼后，胃的排空能力有所加强，因此，运动后或运动中的补水是可行的。马拉松比赛途中的饮水站，也说明运动中补水是非常必要的。

但补水要注意科学性，不可暴饮。体育锻炼后的补水原则是少量多饮。可以在运动后每20~30 min 补水一次，每次饮水量 250 mL 左右；夏季时水温 10 ℃ 左右，其他季节最好补充温水。饮用不同成分的饮料对人体的影响不同，运动中排汗的同时也伴随着无机盐的流失，因此，运动后最好能补 0.2%~0.3% 的矿泉水，也可选用橙汁、桃汁等原汁稀释饮料。但不要饮含糖量过高（大于 6%）的饮料，尽可能不饮用汽水。

（三）激烈运动后的整理活动

人体在进行体育活动时，心血管机能活动加强，骨骼肌等外周毛细血管开放，骨骼肌血流量增加，以适应身体机能的需要。而运动是骨骼的节律性收缩，又可以对血管产生挤压作用，促进静脉血回流。人体停止运动后，如果停下来不动，或是坐下来休息，静脉血管失去了骨骼肌的节律性收缩作用，血液会由于受重力作用而滞留在下肢静脉血管中，导致回心血量减少，心输出量下降，造成人暂时性脑缺血，出现头晕、眼前发黑等一系列症状，严重者会造成休克。因此，对于体育锻炼者来说，体育锻炼后应做一些整理活动，这样，可以避免头晕等症状的发生，还可以改善血液循环，尽快消除疲劳，增强锻炼效果。在进行整理活动时，应注意以下几个方面的问题：

第一，在任何形式的运动后，都可以做一些放松跑、放松走等形式的下肢运动，促进下肢静脉血的回流，防止体育锻炼后心输出量的过度下降。

第二，通过"转移性活动"，加速疲劳的消除。所谓转移性活动，是指在下肢活动后，进行上肢性整理活动，右臂活动后做左臂的整理活动。通过这种积极性休息，使身体机能尽快恢复。大量研究已经证实，转移性活动确实可起到加速消除疲劳的作用。

第三，整理活动的量不要过大，否则，整理活动又会引起新的疲劳。在进行整理活动时，应当有一种心情舒畅、精神愉快的感觉。如果体育锻炼本身的运动量不大。如散步等，就没有必要进行整理活动。

第四，大强度体育锻炼后，如长距离跑、球类比赛后，应当进行全身性整理活动，必要时，锻炼者之间可进行相互的整理活动和放松活动。

（四）体育锻炼后的营养补充

人体在体育锻炼后，除采用休息和积极性休息手段加快身体机能的恢复外，还可以根据不同形式的体育锻炼特点，补充不同的营养物质，以加快疲劳的消除。以营养因素作为身体机能的恢复手段时，应根据不同的运动形式，补充不同的营养物质。

1. 力量性练习后的营养补充

在进行力量性练习时，如举重、健美、俯卧撑等，运动中消耗的主要是蛋白质，而肌纤维的增粗、肌肉力量的增加，也需要体内蛋白质的合成。所以，为了尽快消除疲劳，提高力量锻炼的效果，在进行力量练习后，应多补充蛋白质类物质。除了要补充猪肉、牛肉、鱼、牛奶等动物性蛋白外，还要补充豆类等植物性蛋白，以保证机体丰富而又多品种的蛋白质供给。

2. 耐力性练习后的营养补充

在耐力性练习过程中，如长跑、游泳、滑雪等，机体主要进行的是糖类物质的有氧代谢，消耗的主要是淀粉类物质，因此，在运动后可适当补充些米、面等淀粉类物质。

3. 较剧烈体育锻炼后的营养补充

在进行较剧烈体育锻炼时，如球类比赛、快速跑、健美操等，机体主要靠糖的无氧代谢提供能量，糖在体内进行无氧代谢时，会产生一种叫作乳酸的酸性物质，这种物质在体内的积累，会造成机体的疲劳，并使恢复时间延长。所以，进行较剧烈的运动，应多补充一些碱性食物，如蔬菜、水果等。而动物性蛋白等肉类物质则偏"酸"，在运动后的当天可适当减少。

4. 运动后维生素类物质的补充

无论机体进行什么形式的运动，运动后都要补充维生素类物质。因为运动时体内的代谢加强，各种维生素都不同程度地参与体内的代谢过程，运动时体内的维生素消耗会增加，需要在运动后补充。体育锻炼后应多吃些含维生素丰富的食物，如绿叶蔬菜、水果、豆类及粗粮等。对于体育活动者来说，运动后一般只需要补充天然维生素，没有必要补充维生素制剂。

第四章 职业损伤与实用性体育锻炼

第一节 职业损伤

一、未来职业劳动的工作特点

高等职业教育是培养生产、管理、服务一线的技术应用型人才，高职学生今后的工作特点是脑力劳动和体力劳动相结合。

- 类型：根据职业特点，身体姿势相对固定。
- 劳动强度：不同类型和工种，劳动强度存在很大的差异。
- 劳动环境：由于劳动环境的关系，往往会受到一些空气或环境污染。
- 重复动作：职业劳动的某些工作，需要经常重复某些身体部位的活动，很容易造成这些部位负担过重，产生过度疲劳，甚至出现职业病。

二、常见的职业损伤

（一）机电、建筑、纺织、医护等以站立为主或行走为主的专业

容易产生下肢淤血、血流不畅、膝关节炎，严重的可能出现驼背等异常体形或心血管疾病。

（二）电子、计算机专业

长时间在键盘上操作，头、眼、手、手指的活动频繁，加上不良的操作体位和很大的工作量，眼睛长时间处于紧张状态，很容易出现骨骼肌劳累、手指疲倦或麻木、腕关节疼痛、脑部供血受限、眼痛、流泪、驼背、颈椎不适、神经衰弱、肥胖等症状。

（三）导游、航空、航海等室外劳动操作专业

这类专业一般劳动强度大，运动系统和心肺功能负担较重，消耗体力较多，容易造成身体过度疲劳、劳动损伤等。

第二节 实用性体育锻炼

实用性体育锻炼是通过使用体育锻炼的形式、手段和方法，保证人适应劳动和生产活动

所必要的机能和运动能力得到发展和完善，使劳动者在职业生产中保持良好的工作能力。体育锻炼对人的机体有着良好的影响，系统地从事身体锻炼的人很少生病，对生产活动的适应也比一般人快，能够态度明确、意志坚定地达到预期的目标。

一、实用性体育锻炼的任务和方法

（一）基本任务

实用性体育锻炼的任务是：充实和完善对职业活动有益的运动技能储备和体育教育知识，强化发展对职业重要的身体能力及其相关能力，在此基础上保障身体活动水平的稳定性，增强机体对不良劳动环境条件的耐受力和适应能力，保持和增进未来劳动者的健康。

（二）锻炼方法

主要采用一般体育运动和竞技运动中的身体练习动作，以及根据职业活动的特点进行改造和专门设计的练习。它不是简单地从形式上对劳动动作进行模仿，而是有针对性地开展对职业非常必要的，直接决定着具体职业活动的效果、身体机能、运动能力以及相关能力的锻炼。

二、实用性锻炼的手段

（一）一般实用性练习

借助一般实用性练习，可以形成在一般职业活动条件下和可能出现的极端情况下的实用性运动技能。

（二）实用性体操和实用性运动项目

实用性体操不仅要符合职业活动的特点和要求，而且必须预防职业活动对身体状况和姿势所造成的不良影响。实用性运动项目则无论在损伤方式还是身体能力方面，均须与职业特点相似。

（三）自然环境的锻炼因素

如专设的高温舱、压力舱、人造紫外线辐射、空气离子疗法、专业化营养等，对提高机体适应水平、抵抗职业活动特殊条件下的不良影响，是十分必要的。

三、不同专业实用性锻炼的主要内容

（一）机电、建筑专业

应具有坚毅精神，且立体感强，灵敏素质好，力量和一般耐力素质好，双手灵活性好，平衡能力强等。在进行体育锻炼时，可以采用徒手体操，如伸展运动、体前屈运动、旋转运动、全身放松运动等；通过健身跑、球类等，可以增强心血管和运动器官的功能；通过健美操、太极拳等锻炼方法，可以促进血液循环，消除血液中乳酸的积累；采用按摩方法或参加娱乐性的体育活动，可以放松心情，消除肌肉紧张和疲劳。

（二）电子、计算机专业

这类专业需要发展一般耐力、手指协调性、动作准确性、触觉敏感性，以及注意力的专注、反应的速度。在进行体育锻炼时，可以采用个人体操运动，如耸肩运动、扩胸运动、转体运动、伸展手腕运动等；通过篮球、排球、羽毛球等球类运动，可以增强手指、手腕、手臂的力量及灵活性、准确性；通过长跑、自行车等健身活动，可以提高循环和呼吸系统功能。

（三）导游、航空、航海专业

这类专业在体育锻炼的时候，在全面发展身体素质的基础上，应重点发展力量、速度与灵活性素质，在进行体育锻炼时，可以采用健美操、器械体操、各种弹跳练习等。也可以开展秋千、花样滑冰、游泳、长跑、球类等活动，以增强心血管系统的功能。

（四）食品专业

这类专业应具备注意分配能力强、一般耐力好、吃苦耐劳等素质，适合进行篮球、乒乓球、长跑、游泳等项目锻炼。

（五）文科和艺术专业

这类专业应具备良好的心理素质、开朗的性格以及对外交往的能力，适合进行网球、乒乓球、体育舞蹈、形体训练、游泳和一般耐力项目的锻炼。

第二篇

基本技术篇

第二章

昆虫社会

第一章 足球

第一节 足球运动概述

一、足球运动的特点、价值和比赛方法

足球运动以脚为主支配球，两队相互对抗，以射球入门多少判定胜负，是竞赛激烈的球类运动项目之一。

（一）足球运动的特点

世界足球运动已发展为一种产业，球员走向职业化，使比赛更加激烈、紧张、精彩，观赏性、刺激性与日俱增。它深受世界人民的喜爱，有"世界第一运动"之称。

（1）参加比赛的人数多，集体性强。
（2）比赛场地大，时间长，运动负荷大。
（3）争夺激烈，对抗性强。
（4）技术复杂，战术多变。
（5）趣味浓厚，容易开展。

（二）足球运动的价值

（1）能有效发展人的身体素质，增强体质，增强人体各器官系统的功能。
（2）有助于培养勇敢顽强、机智果断、坚忍不拔、勇于克服困难的心理素质。
（3）培养团结互助、热爱集体、遵守纪律的优良品质。

（三）足球运动的比赛方法

现代足球运动是世界上开展得最为广泛、影响最大的体育运动项目之一。正式的足球比赛，每队上场 11 人，在平坦的长方形场地上进行。比赛时，除守门员可以在本方罚球区内用手触球之外，其他球员均不能用手及臂部触球，只准用身体其他部位控制球和支配球。比赛中，双方通过传球、跑位、运球、射门和抢截，保护补位、守门等技术、战术方法，相互配合，力争将球射入对方球门，同时，抢截阻止对方的进攻，防止对方把球射入本方球门。

全场比赛时间为 90 min，分上下两个半时进行，每个半时为 45 min，中间休息

15 min，下半场开始双方互换场地。在整个比赛的时间内，破门进球较多的一队为优胜者，如双方均未破门进球或进球数相等时，比赛结果为平。如竞赛规程规定比赛双方必须决出胜负，则进行 30 min 的决胜期，上下半时各 15min；如决胜期仍为平局，则采用踢点球的方法决定胜负。

二、足球运动的发展简况

（一）古代足球运动的起源与发展

足球的起源同篮球、排球等球类项目相比，要早得多。众所周知，足球运动起源于中国，1985 年国际足联在北京举行的首届 16 岁以下世界少年足球锦标赛开幕式上，国际足联主席阿维兰热先生致辞说："我们这项体育运动起源于中国，它在贵国已有千年的历史。"

战国时代（前 475—前 221 年），我国就有了足球运动，人称"蹴鞠"或"踢鞠"。汉代，"蹴鞠"已是一项重要的游戏活动，开展得也较为普遍，当时已有了简单的球场和比赛规则。唐代是中国"蹴鞠"最为盛行的时期。当时这项运动在社会各阶层及女子中已广泛开展，在场地及器材设备等方面也逐渐趋于完善，有了充气的球和球门。到了宋代"蹴鞠"也很盛行，并且出现了民间的球会组织——齐云社。清代，把"蹴鞠"改为冰上"蹴鞠"游戏；而传统的"蹴鞠"运动开始衰落。

（二）现代足球运动的诞生及发展

英国是现代足球运动的诞生地，1857 年英国谢菲尔德成立了第一个足球俱乐部——谢菲尔德足球俱乐部。1863 年 10 月 26 日，英国 11 个足球俱乐部在首都伦敦召开会议，成立了英国足球协会。从此足球运动进入了一个新时期，后来国际足坛把这一天命名为"现代足球运动的诞生日"。

（三）我国现代足球运动的发展

大约在 19 世纪末 20 世纪初，现代足球运动从西方传入中国。1908 年，香港成立了中国现代足球运动的第一个组织"南华足球会"。1910 年第一届全国运动会上，足球运动是竞赛项目之一，南华足球队夺得冠军。

1949 年中华人民共和国成立以后，足球运动被列为重点体育运动项目。1955 年 1 月 3 日，中国足球协会成立，1956 年起，开始实行全国甲、乙级升降的联赛制度。同年开始实行运动员、教练员和裁判员的等级制度。1957 年中国第一次参加了世界足球锦标赛，1987 年中国队参加了第二十四届奥运会足球预选赛。

三、足球奥运小常识

1896 年希腊举行第一届现代奥运会以来，奥运会足球比赛每四年一届。足球被称为"世界第一运动"，在 1900 年第二届现代奥运会上即作为正式比赛项目出现。1996 年，女子足球进入奥运会。奥运会男足参赛成员必须在 23 岁以下，不过每队可以拥有三位超龄选手。中国男足长期以来处在冲出亚洲的阶段；而女足经过一段辉煌之后，目前正处于困难时期。

第二节　足球基本技术

一、无球技术

足球运动员在比赛中无球跑动占全场比赛的绝大多数时间，无球跑动中所设计的动作运用，可大致归为跑、跳、停、起动、晃动和转身。

无球技术对比赛极为重要，尤其是无球技术的质量对运动员的技巧水平具有相当作用。对足球技巧缺乏深刻认识的教练员，往往只关注队员的球技或速度等——因为这些比较容易观察，但无球技术的作用却不易显露——于是使他们忽略了能发展队员的无球动作质量的训练。

（一）跑

足球比赛中的跑，要求运动员必须能随时急停或减速，并通过扭动或转身来及时改变运动方向。

足球跑与田径跑的主要不同点在于：田径跑的腾空时间长而足球跑的腾空时间短，因为足球跑需要随时变向或变速，必须降低重心并使脚接近地面。另一不同之处是，双臂摆动应比正常冲刺跑幅度小，这样有助于维持身体平衡和更敏捷地调整步法。

（二）跳

无论是场上队员还是守门员，跳的形式主要有三种。

双足跳和单足跳是其中的两种，单足跳比双足跳跳得高，两种跳法的高度都需要正确的技术和腿部爆发力，这两种跳法可看作是"跳高"。还有一种跳可称为"跳越"，在多数跳越中，队员需在快速跑中越过障碍物。比赛中的障碍，主要是队员身体的某一部位。

（三）停

足球跑与正常冲刺跑的最大不同点是便于随时因情急停，球技多是在单脚支撑状态下完成的。运动员为保持处理球时的身体稳定，应注意降低身体重心。

（四）起动

最费力和低效的运动姿势是静态直立，足球场上必须绝对避免这一姿势。在静态起动不可回避的时候，运动员应使脚的站立便于向任意方向蹬出，要屈膝且上体适当前倾。头部保持稳定，身体重量应置于一脚的前部，两腿分开以保持平衡。

（五）晃动

晃动是指侧倾和以身体垂直轴为中心的扭转。多数情况下，"晃动"动作用以诱骗对手的重心偏向一侧从而失去平衡。在运动员突破对手时，我们经常可以看到这些动作。

无论是在活动中还是在静止状态下，都可以做假动作使身体重心向某一侧移动。防守者也应充分掌握假动作，在抢截时进行虚晃，扰乱进攻队员的意图。

（六）转身

变向或转身能力与队员的动作速度密切相关，同时也取决于队员做动作时的脚部位置。

低重心的要领，我们在急停与起动中提到过，对转身动作也同样适用。在比赛的许多场合，转身常与急停和起动具有相随关系。

二、踢球技术（传球）

踢球是指运动员有目的地用脚的相应部位把球击向预定的目标。踢球是足球技术最基本的技术动作，也是足球技术中最重要的技术。它在比赛中运用得最多，主要用于传球和射门，有时还用来破坏。

（一）踢球技术动作分析

踢球技术的动作方法有很多，但每一动作过程都是由助跑、支撑脚站位、踢球腿的摆动、脚触球和随前动作等五个环节组成。

（二）踢球技术

在学习和掌握传球技术时，应把握三个要素：助跑、触球和跟随动作。每一种传球技术都涉及这三个要素。如果要寻找传球不准确的原因，只要对这三个要素或者说是三个动作环节进行分析，即可办到。

踢球的方法主要有：脚内侧踢球、脚背内侧踢球、脚背正面踢球、脚背外侧踢球等。

1. 脚内侧推传球（图 2-1-1）

脚内侧推传球，这是传出准确的短距离地面球的最可靠技术。

推传时助跑的方向与出球方向一致。支撑脚应置于球的一侧，脚尖指向传球方向，支撑脚距球约 15 cm，应保证踢球腿的自由摆动。踢球脚在触球时，脚应外转并使脚内侧以正确角度对准传球方向，踝部要紧张并保持坚硬。触球时，头部要稳定，眼睛要看着球，为传低球，击球作用力要通过球的水平中线。

图 2-1-1　脚内侧推传球（动作演示）

完成触球动作后，球已朝向同伴或目标，若踢球腿的跟随动作与传球方向一致，可保证传球的准确性。所以触球后有跟随动作，踢球腿的跟随摆动应与传球方向一致，而不是向身体一侧摆动。

脚内侧传球准确性最高且易于接控。是保持控球权的有效工具；由于该技术难以对球施加很大力量，故不宜做长距离传球和射门；该传球易被对手预测传球方向；同时，在疾跑中完成推传，也是不易之事。

2. 脚内侧传弧线球

该技术不同于脚内侧推传球，脚内侧传弧线球技术无论长短传都可以运用，许多队员利用该技术射门。此外,在定位球进攻时,例如在踢直接任意球或角球时,该技术会有一定效力。

脚内侧传弧线球的助跑方向为30°,这有助于加大踢球腿的摆幅,支撑脚的选位在球的侧方稍后一点,脚尖指向前方。若是右脚踢球,踢球腿应自左向右摆动。触球时,以第一足趾关节部位(即踢球脚内侧的前部)击球的右中部,就会使球自右向左滚动。若是传空中弧线球,触球点在球的中部偏下。击球点若在球的中部,球则会低平飞行。

3. 脚外侧传弧线球

该技术与脚内侧传弧线球相似,不同点在于击球点和不同的脚部位。助跑方向为直线,这可保证踢球腿的外摆。

支撑脚位于球的侧方稍后,脚尖所指方向与助跑同向触球时,仍以右脚踢球为例,踢球腿自右向左摆动,以脚外侧击球的右中部,可传出自左向右旋转的弧线球。踢球后踢球腿的跟随动作是继续向外上方摆动,与触球方向明显不一致。

脚外侧传弧线球是那些高水平球员"军械库"中的必备武器。

脚外侧传弧线球技术可在做长传时运用,并且也是很有威力的射门技术;还有一点好处就是,该技术能在高速跑动中完成。但该技术难度较大,若要熟练掌握,须多加练习。

4. 脚外侧敲传球

在对手防守压力大且人员密集的情况下,脚外侧敲传球是极为有效的技术。其与脚外侧传弧线球技术不同之处在于踢球腿摆动幅度小,几乎是仅靠关节向外的加速抖动来完成的,可以说只是脚的敲击过程。所以该技术极具隐蔽性,可在自然跑动中传球。若要传低球,触球时,应使击球作用力通过球的水平线。该技术因传球力量难以施加,只宜做短传。

5. 脚背传球(图2-1-2)

脚背传球的助跑角度为30°左右,这样有利于增加踢球腿的摆幅,以便加大击球力量。触球前的最后一步要加大,为的是进一步增加摆幅。触球时,踝部应紧张且脚尖指向地面,这样可保证击中球的后中部并使球低平飞行。若脚尖不指向地面,一是容易造成脚尖捅球,二是触球点在球的中部与底部之间,球会飞离地面。击球后,踢球腿应随出球方向向前摆,这样的跟随动作可增加传球的准确性。

1　　　　　2　　　　　3　　　　　4　　　　　5

图 2-1-2　脚背传球(动作演示)

脚背正面颠球　　　脚背正面运球　　　脚弓内侧传接球

6. 脚背大力高吊球（图2-1-3）

该技术最宜做长距离传球。当试图利用防守队员身后空间，且只有把球传过防守者头顶这一重要途径时，脚背大力高吊球技术的掌握便显得尤为重要。

助跑仍是斜线方向，但角度可大可小。支撑脚的选位一定要在球的侧后方，触球时要使踢球脚的踝关节伸展并保持紧张，脚尖外指，击球作用力要通过球的垂直中线，触球的部位在球的中底部之间。要想传高球，击球点必须在球的水平中线以下，越接近底部，传出球的后旋越强，且球速慢，但球会陡然升起。踢球腿在触球后要随触球方向继续上摆。

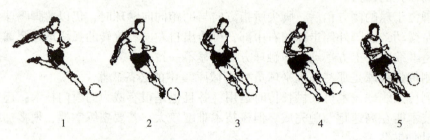

图2-1-3　脚背大力高吊球（动作演示）

7. 脚背传凌空球

在处理球时间紧迫时，如抢点射门或传统防守解围时，凭借该技术就可更早、更迅速地利用控球权。

触球时，踢球脚的踝关节伸展并保持紧张，击球作用力要通过球的垂直中线，触球后，踢球腿要随出球方向跟随摆动。

三、接控球

接控球技术是一名队员和全队掌握控球权的基础，也是继续组织进攻的前提。据统计，在一场90 min的比赛中，一名队员接控球技术的运用次数为20~100次。队员控制好球对实施下一步战术行动是有利的、必需的。一般来说，高水平的球员在接球技巧方面应具备的能力为：能接控来自不同角度和不同速度的球；能在一名或更多名对手的压力下完成接控动作；能即刻决定接球部位、控球于何处和控球后行动；既可看到场上变化，又能注意到球。

（一）接控球的方式

1. 切压式

以这种方式接控球时，一般是在接控部位与地面之间挤压球，如脚底控球。也可以用胸部把球压向地面。切压式接控球的特点是触球部位要紧张并保持坚硬。

2. 缓冲式

触球部位在受到撞击的瞬间应收回，以此来缓冲来球力量。

（二）接控球基本技术方法

1. 脚内侧接控球（图2-1-4）

该部位触球面积大且运用最为频繁。支撑脚正对来球方向，膝关节微屈，重心放在支撑脚上，停球腿屈膝外转前迎，脚内侧对准来球。在脚与球接触前的刹那，踝关节放松后撤，缓冲来球力量，将球控制在便于衔接下一个动作的位置上。

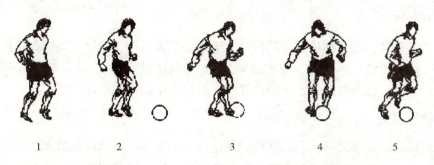

图 2-1-4　脚内侧接控球

2. 脚底控球

在接控身前的高球和反弹球时常用该部位，使脚底与地面之间形成楔形。脚底控球时要触球的后上部，使球同时接触脚底和地面。球一旦停死会有利于防守队员的逼抢，所以应注意迅速连接下一动作。该技术熟练后，可在脚触球同时回拉球（图2-1-5）。

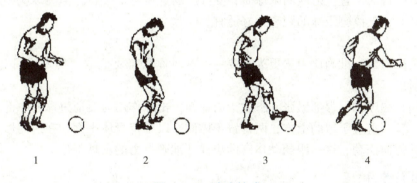

图 2-1-5　脚底控球

3. 脚背接控球

该技术特别适用于接控垂直下落球。正脚背提起至球下，当球接近时，脚和腿下撤；触球瞬间，踝关节要放松。

4. 大腿部接控球

由于该部位的肌肉多，控球时有更多的缓冲作用。控球部位是大腿中部，触球前应屈膝迎球，触球时要下撤并伸直腿，使球弹落在脚前。

5. 胸部接控球

用胸部可更早地完成接控高空球任务。由于胸部的控球面积大，较有弹性，对球的缓冲作用较好。在球触胸一刹那，胸部应向回收，以缓冲来球力量，使球落至身前，以便迅速连接下一个动作。

（三）接控球的跟随动作

接控球只是达到下一目的的手段，应迅速连接射门、传球和运球的动作。所以，为使接控球与下一行动能有机衔接，触球后的跟随动作特别关键。至于接控动作完成后的位置是在身体的哪一方向、多远距离，应预先决策。

四、射门

一个队若要获胜，就必须设法破门得分。无论是个人行动，还是全队配合，最终目的均是射门得分，赢得比赛。尽管这一事实显而易见，但射门技巧的训练时常得不到应有的关注。因为我们看到，在各种级别水平的比赛中，射门不中的概率的确很高。

（一）射地面球

在讲射地面球的要领之前，我们应先记住这样一个事实：射地面球给守门员带来的救球难度远比空中球大得多，尤其是远离守门员身体的地面球。道理很简单，因为守门员必须移动整个身体，才能扑住地面球；而空中球，也许守门员有时只需伸展单臂，就可化险为夷。

1. 支撑脚

支撑脚在射门时极为重要，但许多队员都未能对此引起足够重视。

当射滚远球时，支撑脚的选位应略靠前。这样，在踢球脚触球时，球与支撑脚刚好处于平行位置。射滚近球时，与滚远球恰恰相反，支撑脚应稍靠球后，使踢球脚触球时，球刚好滚至与支撑脚平行的位置。射侧向来球时，支撑脚的选位与球平行，但离球应稍远一些。踢球腿摆动击球时，支撑脚距球的距离正好适宜。

2. 触球

射门队员应清楚：准确比力量更为重要——有时你只需要把球"传入球门"。这里重点讲一下脚背射门。

触球瞬间，踢球脚的踝部紧张，脚尖指向地面，击球作用力要通过球的中部。此外，头应保持稳定，膝部垂直于球的上方，两臂置于体侧，以维持身体平衡。在射门后，踢球腿应继续朝球门的方向摆动，这一跟随动作有助于保证准确有力的击球部位。

（二）射门练习

(1) 射定位球。
(2) 运球射门。
(3) 接传球射门。
(4) 突破射门。

五、头顶球

头顶球是指运动员有目的地用前额将球击向预定目标的技术动作。顶球是足球运动中处理空中球的主要方法。顶球在比赛中主要用于传球、射门和阻截、抢断，破坏对方进攻。头顶球的基本动作过程，都是由判断选位、身体摆动、头击球和随前动作四个环节组成。

头球技术可分为原地顶球和跳起顶球两种。

- 原地前额正面顶球：身体正对来球方向，两眼注视来球，两脚前后开立。膝关节微屈，两臂自然张开，上体后仰。顶球时，两腿用力蹬地，迅速向前摆体，快速甩头，颈部紧张，用前额正面去顶球的后中部。顶球后，上体随球继续前摆。
- 原地前额侧面顶球：与正面顶球相似，上体和头部向出球反方向回旋侧顶。顶球时，两脚用力蹬地，上体迅速向出球方向扭摆，同时快速甩头，颈部紧张，用额侧部击球的侧后中部。

六、运球和运球过人

运球是运动员在跑动中,用脚的推球动作有目的地使球保持在自己控制范围内而做的连续触球动作。运球过人是指运动员以合理的运球动作越过对手。在比赛中,为了变换进攻速度,调节比赛节奏,积极摆脱和突破对方的密集防守,创造传球和射门的时机,就必须熟练地掌握运球技术。

(一)运球技术动作方法

1. 脚背正面运球

【动作方法】跑动时,身体自然放松,上体稍前倾,两臂自然摆动。运球时,膝关节弯曲。脚跟提起,脚尖下指。在迈步前伸脚着地前,用脚背正面向前推球。

2. 脚背外侧运球

【动作方法】跑动时,身体自然放松,上体稍前倾,两臂自然摆动,步幅要小些。运球时,膝关节弯曲,脚跟提起,脚尖稍内转,用脚背外侧向前推拨球。

3. 脚背内侧运球

【动作方法】基本动作同上,运球时脚尖稍外转,用脚背外侧向前侧拨。向前侧曲线或弧线运行。

4. 脚内侧运球

【动作方法】运球时,支持脚稍向前跨,踏在球的前侧方,膝关节稍弯曲,上体前倾并向里转。随着身体的向前移动,运球脚提起,用脚内侧推球的后中部。

【特别提示】运球时如果不是推拨球,而是一味踢球,就会使球离身体太远,失去控制。如果只顾低头看球,而不能随时观察场上情况,就不能及时传球或射门。

(二)运球过人技术动作方法

1. 拨球过人

【动作方法】当对手从正面抢球时,先运球逼近对手,诱使对手伸脚抢球,然后运用脚和踝关节抖拨的动作,用脚背内侧或外侧触球,将球向侧方或侧前方突然拨动,摆脱对手。

2. 扣球过人

【动作方法】当对手从正面或侧面来抢球时,先将球停住或减速运球,诱使对手伸脚抢球,然后运用脚掌将球向前向后或由一侧向另一侧做拖拉球动作,紧接着用脚内侧或其他部位侧前方推球,摆脱对手。

3. 跳球过人

【动作方法】一般是用脚尖上翘或脚背上撩的动作,使球向上改变方向,从对手的身侧或头上越过。

七、抢截球

抢截球是指抢截者有目的地运用身体相应的部位,把对手控制的球或对方传、射的球抢下、截住或破坏掉的技术动作。抢截球是转守为攻的重要手段,是防守技术中的主要技术动作。抢截球技术动作方法主要有以下两种:

1. 正面抢球

为增大抢球面积，应用脚内侧阻抢，支撑脚立于球的一侧，双膝微屈以降低重心和维持身体平衡，这样可以有力地抢球，并缓冲抢球时的冲击力。应在对手运球脚触球后、即将着地或刚着地时实施抢截，抢球动作要用力通过球的中心，触球时上体应前倾且腿部用力。若球夹在双方的两脚之间，可顺势把球提拉过对方的脚面，或是把球拨向一侧；再就是让对手用力推球，而防守队员随机转身贴向对手。正面抢球是比赛中运用最为频繁的抢球技术（图2-1-6）。

图 2-1-6　正面抢球

2. 侧面抢球

侧面抢球是与运球对手并肩跑动或从后面追平对手时采用的抢球方法。在准备抢球前，应尽可能地靠近球，并设法使支撑脚位于球的前方，然后以支撑脚为轴转动身体，用抢球脚的脚内侧封阻球；还可以利用合理冲撞的办法实施侧面抢截球，在对手失去平衡时乘机夺球。侧面抢球的时机把握非常重要，因为控球队员处于跑动状态之中，若离其太远时抢球，重心不稳且力量不大，此外还易造成犯规。

八、假动作

假动作是指进攻者和防守者在比赛中为了隐蔽自己的真正动作意图，迷惑或调动对方所做的一些虚假动作。

假动作的形式很多，按无球、有球分类，可分为无球假动作和有球假动作。

（一）无球假动作

无球假动作包括变速、变向和抢截三种方法。

（1）变速假动作：由慢变快，可先慢跑诱使对手放慢跑速，而后突然快跑，摆脱对手；或由快变慢或突然急停，摆脱对手。

（2）变向假动作：采用变向、转折等方法，摆脱对手。

（3）抢截假动作：抢截球时可先向左（右）侧佯装抢截球，再突然向右（左）侧方向抢截球。

（二）有球假动作

有球假动作是运用有球技术时采用的假动作，如传球前、停球前、运球过人时等假动作。

九、掷界外球

掷界外球是指运动员在比赛中按照规则的规定与要求，有目的地用双手将球掷入场内的动作方法。

- 原地掷界外球：面对出球方向，两脚前后或左右开立，膝关节微屈，上体后仰或背弓，重心移到后脚上（两脚左右开立时，重心在两脚间）；两手自然张开，拇指相对；后脚用力蹬地，摆体收腹，屈腕迅速而有力地将球向出球方向掷出。
- 助跑掷界外球：助跑要轻松自然，速度快慢按掷球远近而定。跑动时，两手持球放在胸前，在最后一步踏地的同时，两手持球上举过头，此时两脚应前后开立。若助跑速度过快，在最后的两步也可采用垫步的方法以控制身体向前的冲力，其掷球方法与原地掷界外球相同。

十、守门员技术

守门员技术是守门员围绕球门安全所采用的有效防御性动作和组织发动进攻时所采用的相应动作方法的总称。

守门员技术包括接球、扑球、拳击球、托球和发球等动作（图 2-1-7）。现就接球和托、击球进行简单讲解。

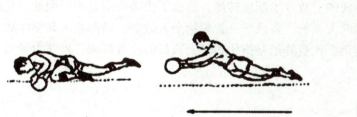

图 2-1-7　守门员技术动作

（一）接　球

接球是守门员技术的重点，是守门员必须熟练掌握的基本能力。接球从手型上可分为下手接球、上手接球两类。

1. 下手接球

手指张开，掌心向上，小拇指靠拢。适用于接地滚球、低平球、低弧度的反弹球和高弧度的落降球。基本姿势有跪式和立式。

【动作方法】身体正对来球。当球接近时，两臂伸出迎球，手型相对稳定，角度合理，当手指触球刹那，曲臂夹肘抱于胸前。

2. 上手接球

掌心应向前稍内倾，手指向上，拇指靠拢。适用于接胸部以上的各种高球。接球的基本姿势有站立接球和跳起接球。

【动作方法】原地接球时，身体正对来球。当球临近时，两臂举起迎球，控制好接球手型；触球刹那掌心要空，手腕手指用力接球，手臂顺势下引缓冲收球，手腕扣紧，前臂旋外夹肘，两手紧贴球体表面翻转滑动，将球牢牢环抱于胸前。

（二）托、击球

托、击球是守门员停、扑球技术在应急情况下的应变运用。

1. 托球

托球一般用于接近球门的防守。对那些力量大、角度刁、贴近球门横梁或立柱的球，可采用托球。

【动作方法】托球时，近球侧手臂伸出迎球；触球刹那，手腕后仰，用掌跟部顶推发力，将球向侧或向上托出。

2. 击球

击球一般用于出击时的防守，在争抢高球无把握的形势下，可利用单、双拳将球击出。

【动作方法】击球时，在跳起上升阶段，击球手臂位于肩侧，屈肘握拳，体稍侧转；至高点时，身体快速回转，以肘带肩挥拳，用拳面将球击出。

第三节　足球基本战术

足球战术是指在足球比赛中，为了战胜对方，根据主客观情况所采取的个人行动和集体配合的方法。比赛实践证明，合理而巧妙地运用战术是夺取比赛胜利的重要因素。足球比赛是由攻与守这对矛盾组成的，攻守不断地转换，组成了比赛的全过程。因此，足球战术可分为进攻战术和防守战术两大系统。各系统又都包括个人战术、局部战术和整体战术。战术原则是指导比赛的基本准则，比赛阵形是指比赛场上队员的位置排列、攻守力量搭配和职责分工的形式。

一、战术原则

足球战术原则是对足球比赛攻守基本规律的反映，是人们在长期的足球比赛中探索出的指导足球比赛的基本准则。

进攻应遵循以下原则：

- 组织发动进攻要制造宽度、保持纵深。
- 突破防线要利用空当、渗透切入。
- 结束进攻要敢于"冒险性"传球，拼抢射门区。
- 临场运用要机动灵活、随机应变。
- 攻中寓守。

防守应遵循以下原则：

- 延缓对方的进攻速度。
- 迅速回位布防。
- 收缩保护，防止突破。
- 封锁射门区，保护球门。
- 守中寓攻。

二、进攻战术

进攻战术是指在比赛中为了战胜对方所采取的个人进攻行动和集体配合的方法。进攻战术包括个人进攻战术、局部进攻战术和整体进攻战术。

(一) 比赛阵形

比赛阵形主要有以下三种：

1. "433" 阵形

"433" 阵形（变化后也有"4123"和"4213"）的中场三名队员有明确分工。根据情况，可一名侧重防守，两名侧重进攻；或者相反。

2. "442" 阵形

"442" 阵形的中场四名队员基本上是一字形横向排开或菱形排列。其分工：一名为进攻型前卫，一名为防守型前卫，另两名为边前卫。

3. "532" 阵形

"532" 阵形的后场由五名后卫组成，侧重防守，一般较适合打防守反击战术。进攻时，边后卫可插上助攻，增强攻击力，但必须迅速回位。如回位不及时，前卫和后卫线之间要相互协调，互相补位。

(二) 个人进攻战术

个人进攻战术配合的基础，是组织进攻、变换战术和创造射门机会的重要手段，也是迅速逼近对方球门最有效的方法。

1. 传球

按传球距离可分为：短传（15 m 以内）、中传（15~25 m）、长传（25 m 以上）；

按传球高度可分为：低球（膝部以下）、平直球（膝部以上，头部以下）、高球（头部以上）；

按传球的方向可分为：直传球、斜传球、横传球和回传球；

按传球的目标可分为：对人传球（或脚下传球）和向空当传球。

2. 跑位

跑位是指比赛中队员在无球情况下，通过有意识的跑动，为自己或同伴创造进攻机会的行动。常用的跑位方法是突然起动、变速跑、突然变向跑等。

3. 运球突破

运球突破是极有威胁性的个人战术，它是突破密集防守、打乱对方防守部署、冲破紧逼盯人、创造射门机会的锐利武器。

4. 射门

射门是一切进攻战术相配合的最终目的，也是进攻得分的唯一手段。射门时应注意以下几点：

(1) 要珍惜射门机会。

(2) 要沉着冷静。

(3) 要力争抢点直接射门。

(4) 要及时跟进补射。

（三）局部进攻战术

局部进攻战术是指进攻中两名或几名队员之间的配合方法。它是集体配合的基础。基本配合形式有交叉掩护配合、传切配合和二过一配合。

1. 交叉掩护配合

交叉掩护配合成功的要素：

（1）运球队员必须以自己的身体挡住防守队员，在交递给同伴球后，要继续向前跑动。

（2）接球队员必须主动迎面跑向同伴，接得球后，要快速向同伴移动，反方向运球。

2. 传切配合

传切配合是指控球队员将球传给切入的进攻队员的配合方法。传切配合的形式有局部一传一切和长传切入。

3. 二过一配合

二过一配合是指在局部区域两名进攻队员通过两次连续传球配合越过一名防守队员的配合方法。二过一配合的形式根据传球和跑位的路线，可分为横传直插斜传二过一、横传斜插直传二过一、横传斜插斜传二过一和回传反切直传二过一等。

二过一配合的成功要素：

（1）控球队员第一传，必须快速准确，且带有隐蔽性，传出球后应立即插入前面的空当。

（2）接应队员第二传要直接传球，并注意传球的方向和力量，使切入空当的队员便于停控球，完成一下个技术动作。

（四）整体进攻战术

整体进攻战术是指为了完成进攻战术任务而采用的全局性的进攻配合方法。

依据进攻发展的场区可分为边路进攻和中路进攻，一次完整的进攻是由发动、发展和结束三个阶段组成的。

1. 边路进攻

边路进攻是指在对方半场两侧地区发展的进攻。边路进攻主要目的在于充分利用场地的宽度，拉开对方的防线，制造中路空隙，创造中路破门得分的有利时机。

2. 中路进攻

中路进攻是指在对方半场中间区域发展与结束的进攻。中路进攻能直接威胁对方球门，因此，守方必然层层布防。防守人员密集，进攻的难度大，这就要求进攻队员必须积极跑位接应和从两侧拉开，以打乱对方的防守布局；并利用中间空隙，从中路进攻突破对方防线，创造射门的机会。

三、防守战术

防守战术是指在比赛中，为了阻止对方的进攻和重新获得球而采取的个人防守行动和集体配合的方法。防守战术包括个人防守战术、局部防守战术和整体防守战术。

（一）个人防守战术

1. 选位与盯人

选位是指防守队员在防守时选择占据合理防守位置的行动。选位是防守的基础，合理的选位不仅能控制防守面和有效地运用防守动作,而且也决定整体防守布局的合理程度,对防线的稳固性起着重要作用。

选位的基本原则是:在本方失球后应快速回位,并站在对手与本方球门中心所构成的连接线上。与对手的距离,要根据场区以及球所处的位置来决定。

2. 盯人

盯人是指防守队员限制进攻队员所采取的行动。盯人分为紧逼盯人和松动盯人两种。

(二) 局部防守战术

局部防守战术是指两个或几个防守队员之间的配合方法。它是集体配合的基础。基本配合形式有保护和补位两种。

(三) 整体防守战术

整体防守战术是指全队所采用的防守战术方法。整体防守战术主要有区域防守、盯人防守和混合防守三种。

第四节　足球的主要练习方法

一、足球运动体能特征

(一) 足球比赛中运动员体能的基本表现形式

(1) 活动距离:距离长,强度大。现代足球运动,运动员活动距离为 9 000~14 000 m。
(2) 活动方式:包括走、慢跑、快跑,后两者的比例随着项目的发展而逐渐增加。
(3) 比赛时段的体能分配。
(4) 足球比赛心率范围:1997 年昆明甲级队春训我国男子足球队 8 场比赛的统计,180 次以上心率占比赛时间 11.3%,150 次以上占 70.4%,平均 156.9 次。

(二) 足球比赛中运动员的主要供能特点

20 世纪 90 年代初一些学者的研究结果比较认可有氧和非乳酸无氧供能,而对糖酵解供能则没有特殊要求。英国里利·托马斯等研究表明,足球运动员每 90 s 内约有 15 m 的冲刺跑,非乳酸无氧供能起重要作用。

二、足球运动的基础体能练习方法

(一) 力量素质

1. 发展颈部、上肢、肩背力量的练习

(1) 两手扶头,在颈部转动时给予抵抗力;
(2) 俯卧撑。(可以双手撑在健身球上做);
(3) 引体向上;
(4) "推小车";

（5）卧推（水平、上斜、下斜；宽握、中握、窄握；正握、反握）；
（6）哑铃/杠铃弯举；
（7）俯立哑铃臂屈伸（宽握、中握、窄握；正握、反握）；
（8）杠铃俯立划船（单臂哑铃划船）；
（9）俯立飞鸟；
（10）坐在健身球上做杠铃颈后推举（宽握、中握、窄握；正握、反握）；
（11）对坐，两腿分开，互抛实心球（先离心后向心）。

2. 发展腰腹力量的练习

（1）仰卧起坐（加转体）、仰卧举腿（斜板）；
（2）侧卧体侧屈、侧卧双腿上举、俯卧体后屈（同时可抬腿）；
（3）跳起空中转体、收腹头顶球；
（4）展腹跳；
（5）肩负杠铃体前屈、转体。

3. 发展腿部力量练习

（1）各种跳跃练习，如立定跳、多级跳、蛙跳、助跑跳、肩负杠铃连续上跳、跨步跳、深蹲跳；
（2）肩负杠铃提踵、半蹲；
（3）快速摆动大、小腿，可绑沙袋，也可利用橡皮筋增加阻力；
（4）远距传球、射门练习；
（5）骑人提踵；
（6）杠铃剪蹲（步子跨得大些：主要锻炼股四头肌、股二头肌和臀大肌；步子跨得小些：主要集中锻炼股四头肌）；
（7）悬垂举腿。

（二）速度素质

速度素质包括：反应速度、位移速度、动作速度。
（1）各种姿势的起跑（10~30 m）；
（2）在快速跑或快速运球中，听、看教师信号，做急停、转身、变向、跳跃、翻滚等动作；
（3）利用快速小步跑、高抬腿跑、顺风跑、下坡跑、牵引跑等练习，突破速度障碍；
（4）全速运球跑、变速变向运球跑；
（5）绕杆跑、运球绕杆；
（6）利用简单的战术配合练习速度。

（三）耐力素质

1. 有氧耐力训练

（1）3 000 m、5 000 m、8 000 m 等不同距离跑；
（2）定时跑，如 12 分钟跑；
（3）穿足球鞋长距跑；
（4）100~200 m 间歇跑、400~800 变速跑；

2. 无氧耐力

（1）30~60 m 重复多次冲刺跑；
（2）100~400 m 高强度反复跑；
（3）各种短距追逐跑；
（4）进行 5 m、10 m、15 m、20 m、25 m 折返跑；
（5）往返冲刺传球；
（6）规定时间内做不同人数抢传练习。

（四）灵敏协调素质

（1）交叉步前进或后退练习，侧向移动练习；
（2）各种跑，如快速后退跑、转身跑，以及快速跑动中看手势变向；
（3）各种翻滚与起动跑；
（4）听掌声、哨声起动跑；
（5）喊号追人；
（6）两人冲撞躲闪；
（7）多种动作过障碍。

（五）柔韧素质

（1）颈前屈、侧屈、后屈并绕环，体前屈、侧屈、后屈并振动；
（2）前弓步和侧弓步压腿，纵劈腿和横劈腿；
（3）前踢腿、后踢腿、侧踢腿和腿绕环；
（4）站立体前屈下压或靠墙站立体前屈下压。背伸、展腹屈体练习及腿肌伸展练习；
（5）模仿内外颠球动作，单双腿连续做内翻和外翻练习；模仿内扣和外扣动作，单腿连续做内转、外转动作；
（6）两腿交叉的各种跨步、转身动作；
（7）踢球、顶球、抢截球等各种技术动作的模仿练习；
（8）跪压正脚背（上体后仰轻轻振压）及全脚背着地的俯卧撑练习（主要拉长脚背韧带和小腿前肌群）；
（9）模仿和结合球的大幅度振摆腿、铲球、侧身踢凌空球及倒勾射门等练习。

三、足球运动的专项体能练习方法

体能训练的方法要适应足球特点，训练内容、跑动距离、跑动类型、力量与耐力……不同队员应有不同要求。下面进一步结合专项特点，主要谈专项力量训练、专项速度训练和专项耐力训练。

（一）专项力量训练

1. 速度力量

练习强度 75%~90%；练习时间 5~10 s 为宜；间歇以完全恢复为宜；重复次数 4~6 次；练习组数 3~4 组。

2. 力量耐力

练习强度 60%~70%；练习时间 15~45 s 为宜；间歇一般为心率恢复到 120 次/min 左右

为宜；重复次数 20~30 次；练习组数 3~5 组。

（二）专项速度训练

速度训练的运动负荷要求：练习强度 95%~100%；练习时间 3~10 s 为宜；间歇时间视训练目的而定，可完全恢复或不完全恢复；练习重复次数 6~8 次；练习组数 3~5 组。

（三）专项耐力训练

1. 有氧耐力训练

分为小强度间歇法和持续训练法两种。

（1）小强度间歇法要求：练习强度以心率 150 次/min 为宜；练习时间 30~40 s；间歇要求不完全恢复，一般脉搏恢复到 120 次/min 即可；练习次数 8~40 次；练习组数 1 组即可。

（2）持续训练法要求：练习强度 40%~60%；练习时间 25 min 以上；距离为 5 000~10 000 m。

2. 无氧耐力训练

无氧耐力训练常采用次大强度间歇法训练。

无氧耐力训练要求：练习强度 80%~90%，脉搏为 180~200 次/min；练习时间为 20~120 s；间歇要求不完全恢复，脉搏一般在 120 次/min 左右；练习次数 12~40 次；练习组数 1~2 组。

第五节　足球运动竞赛规则简介

一、比赛场地的相关规定

（一）场地的大小和要求

足球比赛场地，必须是长方形，地面平整。长不得多于 120 m 或少于 90 m，宽不得多于 90 m 或少于 45 m。世界杯足球赛决赛阶段用的球场为 105 m×68 m。场地的线条必须清晰，各线宽不得超过 12 cm。边线和端线的宽度应包括在场地面积内；构成场内某一区域的各线宽度，应包括在该区域面积内。

（二）场地各线、区、点、圈和弧的规格和作用

足球比赛场地画有"四线""三区""二点""一圈"和"一弧"。

（1）"四线"就是边线、端线、球门线和中线。
（2）"三区"就是球门区、罚球区和角球区。
（3）"二点"就是中点和罚球点。
（4）"一圈"和"一弧"就是中圈和罚球弧。

（三）场内外的设备名称和要求

1. 球场内

（1）球门和球门网：两个球门分别设在两条端线中间的位置，由两根相距 7.32 m（内侧）、与角旗等距离的直立门柱与一根下沿离地面 2.44 m 的水平横木连接组成。球门柱及横

木必须用木材、金属或经国际足联理事会批准的材料制成，其形状可为正方形、长方形、圆形、半圆形或椭圆形。球门立柱与横木的宽度和厚度应相同，均不得超过 12 cm。

（2）角旗：球场的四角各竖一面角旗，它是球场四周界限和球出边线或端线的标志。角旗杆应为平顶，并不得低于 1.50 m。

（3）中线旗：中线旗插在中线延长线上、距边线最少 1 m 处。中线旗不属于必须设备，是中线的辅助标志。

2. 球场外

（1）球场四周不得有妨碍队员活动或可能伤害运动员的障碍物。在边线外至少 2 m、端线外至少 4 m 处，不得有任何障碍物。

（2）替补队员的席位应设在中线附近，距边线至少 5 m。

二、队员人数和队员装备的相关规定

（一）队员人数

（1）比赛时，每一队上场的队员不得多于 11 人，其中必须有一人为守门员。在比赛开始或比赛进行中，某队队员人数不足 7 人时，比赛不能进行。

（2）国际正式比赛，每队每场最多可以替补两名队员。替补队员的名单（一般可以提五名），应在比赛开始前通知裁判员。

（3）场上队员可以和守门员交换位置，但事先必须通知裁判员，并应在比赛成死球时进行。如违反上述规定，裁判员发现时可不停止比赛，待死球时警告有关队员。

（4）队员在比赛中不得擅自离场，否则为不正当行为。裁判员应根据违者的情况予以警告或罚令出场。

（5）在下列情况中，裁判员不应判擅自离场：

①队员由于奔跑冲力过大而跑出场外；

②队员在端线或边线附近运球，企图从界外绕过对方然后回到场内；

③球在场内边线或端线附近，队员从线外助跑踢球；

④处在越位位置的队员，为了避免越位，可临时跑出场外。但防守队员不得为制造对方越位而跑出场外；

（6）比赛开始前，如队员有不遵守纪律的行为或对裁判员无理取闹，裁判员有权取消该队员参加该场比赛的资格。在这种情况下，可由替补队员名单中任何一名队员上场参加比赛，且不算作替补数额。但在中场休息时被取消资格的队员，不得进行替补。

（二）队员装备

（1）队员不得穿戴危害其他队员的物品，如手表、纪念章、别针等。如发现队员有违反上述规定，裁判员令其摘除，否则不得参加比赛。

（2）运动员符合标准的装备应是运动衣、短裤、长袜及球鞋。球衣背后和短裤前面需有明显的同一号码，队长须有臂标。若队员装备不合规定，不准其参加比赛，或在比赛中责令其离场。如再次入场参加比赛，应在比赛成死球时先向裁判员报告，经裁判员检查认为符合规定后，方可入场。

（3）守门员的球衣颜色必须与其他队员及裁判员（黑色）的服装有明显区别。

三、球在比赛中及死球

- 球的整体在地面或空中越出边线或端线，或裁判员鸣哨停止比赛时，比赛即成死球。除此之外，比赛都在进行中。
- 发生下列情况，比赛仍在进行中：

①球触门柱、横木或角旗杆弹回场内。
②球触及在场内的裁判员或助理裁判员后又落于场内。
③队员有犯规行为而裁判员作出判罚前。

四、计分方法

- 球的整体从两根门柱间及横木越过球门线外沿的垂直面，即为胜一球。
- 球是否进门，是由球的位置来决定的，不以守门员接住球时所站的位置为依据。
- 攻方用手掷入（如掷界外球直接掷入球门）、带入，故意用手或臂推入球门，不算胜一球（守门员在本方罚球区内用手掷入对方球门则为胜一球）。
- 球进门前，如被进场的外界人员触及，不论球是否进门，皆应暂停比赛，在触球地点用坠球方式恢复比赛。罚"点球"时，遇此情况则应重罚。

五、越位的相关规定

（一）越位位置

所谓越位位置，就是队员越位球所处的位置。规则规定，队员较球更接近于对方端线者，该队员即处于越位位置。

下列情况例外：

（1）该队员在本方半场内。
（2）对方队员至少有两人较其更接近于对方的端线。

构成越位位置必须是：进攻队员在对方半场内，又位于球的前面，并且在他与对方端线之间的防守队员不足二人时。

（二）判罚越位

处在越位位置的队员，在同队队员触及或踢及球的刹那，裁判员认为有下列情况时，应判罚为越位：

（1）干扰比赛或干扰对方。
（2）企图从越位位置获得利益。

（三）下列情况不应被判越位

（1）仅仅是处在越位位置，没有干扰对方，没有企图得利。
（2）直接得球门球、角球、界外球或裁判员的坠球。

（四）队员被判罚越位，裁判员应判由对方队员在犯规地点踢间接任意球

判断是否越位的关键在于：

(1) 位置：队员必须处于越位位置。
(2) 时间：同队队员将球踢向处于越位位置的同队队员的一刹那。
(3) 行为意图：处于越位位置的队员，在同队队员踢球的刹那是干扰比赛或干扰对方，或企图从越位位置获得利益。

六、法规与不正当行为的相关规定

（一）判罚直接任意球和点球

队员故意踢人、绊人、跳起撞人、猛烈撞人、背后撞人、打人、拉人、推人或手触球，应判罚直接任意球。如果防守队员在本方罚球区故意违反上述规定中的任何一项，应被判罚"点球"。

（二）判罚间接任意球

队员出现危险动作，冲撞、阻挡、冲撞守门员违规时，应判罚间接任意球。

（三）下列情况裁判员出示黄牌警告

(1) 比赛开始后，未经裁判员允许，队员擅自进出场者。
(2) 队员屡次违反规则者。
(3) 队员用言语或行动对裁判员的判决表示不满者。
(4) 队员有不正当行为者。如挥动两臂干扰守门员发球或掷界外球，死球时故意把球踢远，对方罚任意球时不退出 9.15 m 者等。

（四）下列情况裁判员出示红牌罚令出场

(1) 有恶劣行为或严重犯规者。如故意用力踢人、打人致使对方受伤者；守门员拿球猛砸对方队员等。
(2) 使用粗言秽语或辱骂性语言。如用侮辱性语言骂裁判员或运动员。
(3) 经警告后，仍然坚持不正当行为者。

七、任意球和罚"点球"的相关规定

（一）任意球

(1) 直接任意球：踢球队员可以将球直接射入对方球门而胜一球。
(2) 间接任意球：踢球队员不能直接射门得分，只有在踢出的球触及场内任何队员再进入球门，才算胜一球。
(3) 罚任意球时：球必须放定，对方队员都必须离球 9.15 m。但本方队员不受限制，如果守门员在距球门线不足 9.15 m 处被罚任意球时，则允许守方队员站在球门线上。
(4) 队员在本方罚球区内踢任意球时，对方队员应站在罚球区外，并须至少距球 9.15 m。球越出罚球区，比赛方为开始；若球未越出罚球区却触及任何一方队员，应重踢。
(5) 如果攻方认为守方并不影响其踢任意球，没有要求守方必须离开 9.15 m，裁判员可不必等待对方退出规定距离后才令攻方罚球。

（二）罚"点球"

（1）队员在本方罚球区线附近犯规时，犯规动作的接触点在罚球区内，应判罚"点球"。犯规动作接触点若在罚球区外，则应在罚球区外罚直接任意球。

（2）罚"点球"时，除主罚队员和对方守门员外，其他队员均应在场内该罚球区和罚球弧外。球未被踢出前，守门员必须站在球门线上，两脚不得移动。否则，球未踢进，应重罚。主罚队员必须将球向前踢出。

（3）罚"点球"时，裁判员鸣哨后，如守门员犯规，应继续罚球。罚中有效，罚不中应重罚，并向犯规队员提出警告。

（4）罚"点球"时，裁判员鸣哨后主罚队员若有不正当行为，应继续罚球。如球罚中无效，应重罚；如未罚中，球出界成死球，并警告犯规队员。

（5）罚"点球"时，如果双方队员都有犯规，不论球罚中与否，均应重罚，并对犯规队员提出警告。

八、掷界外球、球门球和角球的相关规定

（一）掷界外球

（1）球越出边线时，由出界前最后触球队的对方，在球出界处掷界外球。掷界外球不得直接掷入球门得分。

（2）掷界外球队员必须面向球场，双脚均应有一部分站立在边线上或边线外，不得全部离地；用双手将球从头后经头顶掷入场内。

（3）掷球队员在掷球入场后，若未经其他队员触及前再次触球，则应在犯规地点由对方罚间接任意球。

（二）球门球

（1）踢球门球不得直接射门得分。

（2）当球由攻方队员踢出端线，守方队员将球从离球出界较近球门区的半边的任何地点直接踢出罚球区，恢复比赛。

（3）踢球门球的队员将球踢出罚球区后，在球未经其他队员触及前再次触球，应在犯规地点由对方罚间接任意球。

（4）球门球若未踢出罚球区却被任何队员接触，则应重新踢球门球。

（三）角球

（1）当球由守方队员踢出本方端线，攻方队员应将球放在离球出界较近的角球区内踢角球。

（2）踢角球时，不得移动角旗杆。球的整体必须放在角球区内。

（3）角球可以直接胜一球。

（4）守门员离球不得少于 9.15 m。

（5）踢角球队员踢出球后，若在球未经其他队员触及前再次触球，则应在犯规地点由对方罚间接任意球。

第二章 篮球

第一节 篮球运动的起源与发展

一、篮球运动简述

篮球运动是1891年由美国马萨诸塞州普林菲尔德市（春田市）基督教青年会训练学校体育教师詹姆士·奈史密斯博士发明的。奈史密斯博士从工人和儿童用球向"桃子篮"做投准的游戏中得到启发，将两只桃篮分别钉在健身房看台的栏杆上，桃篮上沿离地面3.05 m，以足球作比赛工具向篮筐内投掷，每投进一次算得一分，最后按得分多少决定胜负。

这项运动最初被称为"筐球"或"奈史密斯球"，后来，奈史密斯与他的同事们商量，将这项运动正式命名为"篮球"。篮球运动发明以后，很快传向世界各地，先是在北美洲，然后传到欧洲。1904年美国青年会男子篮球队在第三届奥运会上进行了表演赛，此后，这项运动在各大洲逐步开展起来。1908年美国全国高等院校体育协会制定了篮球竞赛规则，并以30种文字向全世界出版发行。1932年在瑞士日内瓦成立了国际业余篮球联合会，并正式出版了第一本国际篮球规则。1936年第十一届奥运会将男子篮球列入正式比赛项目，篮球运动从此登上国际舞台，成为一项世界性的运动项目。1951年、1953年分别举行了第一届世界男、女篮球锦标赛。女子篮球运动略晚于男子篮球运动。

二、现代篮球运动的发展

20世纪三四十年代，从篮球技、战术来看，变化还是比较小的，进攻速度较慢，多原地投篮，防守比较消极被动。直到1936年12月，美国斯坦福大学的篮球队员汉克·卢萨蒂在纽约的一次比赛中运用了单手投篮之后，投篮技术发生了划时代的变化，使篮球运动向前迈进了一大步。而直到20世纪40年代末出现了跳起单手肩上投篮技术以及出现了2 m以上的高大队员之后，比赛才逐步精彩起来。

篮球运动于1895年前后传入我国，开始是在天津中华基督教青年会进行传播，后在上海和北京等地区传播开来。旧中国的篮球运动水平在亚洲和世界看都很低。新中国成立前旧中国参加了10次远东运动会，男子篮球只夺得了第五届的那一次冠军。在1936年、1948年第十一届、十四届奥运会上，我国男子篮球队只取得了第20、第18的名次。

进入20世纪50年代以后，篮球运动开始向高、快发展。世界各国开始出现高大队员，这同时促进了篮球规则的变革；促使各国在重视高度的同时，开始重视速度的提高。我国篮球运动真正的发展是在新中国成立以后，无论城市还是农村，兴建了很多篮球场馆，篮球成为我国普及最快、开展面最广的运动项目。

到了 20 世纪 60 年代，篮球运动除了继续重视身高与速度的发展外，篮球技术也得到了很大的提高，使高度、速度、技术得到了很好的结合。60 年代前期，我国篮球运动水平有了很大的提高，男女篮球队均能与欧洲强队抗衡，达到了一定水平。但 1966—1972 年，我国篮球运动的发展基本停滞。

进入 20 世纪 70 年代，篮球运动向着攻守平衡方向发展，各个方面都有明显的进步。这一阶段，我国篮球处于恢复和发展阶段。

20 世纪 80 年代，篮球运动向高水平的全面对抗发展。这一时期，我国篮球运动获得了突破性的发展。

20 世纪 90 年代后，篮球运动发展达到了一个很高的水平，进攻防守均衡发展，技、战术更加全面，给人们带来了高层次的视觉享受。我国的篮球运动在这一阶段，由于姚明等一些新生代球员的出现，使我国的篮球运动在各个方面充满了生机，达到了一个新的水准。

三、篮球运动的特点

篮球运动是一项集体对抗项目，在世界各国开展得极为普遍。目前有 100 多个国家和地区参加国际业余篮球联合会，国际赛事频繁，最令人瞩目的是奥运会篮球赛和世界篮球锦标赛。而在各个国家和地区的联赛中，美国职业篮球联赛（NBA）特别受到世界各国人民的喜爱。

由于篮球运动趣味性强，简单易行，深受广大人民群众的喜爱，是世界上参加人数较多的运动项目之一。之所以如此，是因为篮球运动有以下特点：

（一）集体性

篮球运动具有较强的集体性。篮球比赛规定一方上场人数为 5 名。因此，在比赛中为了战胜对方，要求每个队员必须在攻守中团结一致、齐心协力、密切配合，这样才能取得比赛的胜利。

（二）对抗性

篮球比赛时攻守直接接触的同场对抗的比赛项目，主要表现为有球队员、无球队员的攻守，以及争夺篮板球的对抗。近年来，随着篮球运动的不断发展，篮球比赛中队员身体的接触更为频繁，冲撞更为激烈，因此，要求队员不仅能适应激烈的冲撞，更能在这种状态中保持技术的正常运用和发挥。

（三）技、战术的多样性和运用的复杂性

篮球运动的技术和战术包括很多种，比赛中，技、战术运用错综复杂、变化多端，这要求队员在场上要随机应变。

（四）游戏性

篮球运动最开始是从游戏而来，因而具有明显的游戏性。篮球运动之所以受到人们的喜

爱，能在世界范围内广泛发展，与它的游戏性是分不开的。

第二节　篮球基本技术

篮球技术是队员在比赛中为了攻守目的而运用的各种动作的总称，是进行比赛的主要手段。

篮球技术分为进攻技术和防守技术。进攻技术包括：传接球、投篮、运球、持球突破、移动、抢篮板球。防守技术包括：防守对手、抢球、打球、断球、移动、抢篮板球。

一、脚步动作

（一）起动

【动作方法】从基本站立姿势开始，向前起动时以后脚、向侧起动时以异侧脚的前脚掌短促有力地蹬地，同时上体迅速前倾或侧转，向跑的方向移动重心。手臂协调地摆动，充分利用蹬地的反作用力，迅速向跑的方向迈出。

【动作要点】移动重心，起动后的前两三步，前脚掌蹬地要短促有力。

（二）变速跑

【动作方法】变速跑是队员在跑动中利用速度变化完成攻守任务的一种方法。由慢跑变快跑时，上体前倾，用前脚掌短促有力地向后蹬地，同时迅速摆臂。前两三步要小，加快跑的频率；由快变慢时，上体抬起，步幅加大，用前脚掌抵地，减缓冲力，从而降低跑速。

【动作要点】由慢跑变快跑，步频加快；由快跑变慢跑，步幅加大。

（三）变向跑

【动作方法】变向跑是队员在跑动中利用方向上的变化完成攻守任务的一种方法。从右向左变向时，最后一步用右脚前脚掌内侧用力蹬地，同时脚尖稍加内扣，迅速屈膝降低重心；腰部随之左转，上体向左前倾，移动重心，左脚向左前方跨出，加速前进。

【动作要点】变方向的瞬间，屈膝降低重心。移动重心，异侧脚前脚掌内侧迅速蹬地，同侧脚迅速跨出，蹬地脚及时跟上。

（四）侧身跑

【动作方法】侧身跑是队员在向前的跑动中，为观察场上的情况，侧转上体进行攻守行动的一种方法。队员在向前跑动时，头部与上体侧转向球的方向，脚尖则朝向跑动的方向，内侧腿深屈，外侧脚用力蹬地。

【动作要点】面向球转体，切入方向的内侧腿深屈，外侧脚用力蹬地，重心内倾。

（五）后退跑

【动作方法】后退跑是队员为了观察场上的攻守情况而背对前进方向的一种跑动方法。后退跑时，两脚提踵，用前脚掌交替蹬地提膝向后跑动；上体放松直起，两臂屈肘相应摆动，保持身体平衡，两眼平视，注意场上情况。

【动作要点】提踵，脚前掌蹬地，上体放松直起。

（六）双脚起跳

【动作方法】起跳时两脚开立，两膝快速下蹲，两臂相应后摆，上体前倾。两脚同时用力，蹬地，伸膝，提腰，两臂迅速向前上提，使身体向上腾起。上体在空中自然伸展，收腰，下肢放松。落地时用前脚掌着地，屈膝，保持身体平衡。

【动作要点】起跳前屈膝降低重心，掌握好球的落点。起跳时的蹬地、提腰、伸臂动作要突然、协调。

（七）单脚起跳

【动作方法】起跳时，起跳腿屈膝前迈，脚跟先着地，迅速屈膝过渡到前脚掌用力蹬地，同时提腰摆臂，另一腿积极提膝上抬，帮助重心上提。当身体上升到最高点时，摆动腿放膝向下，与起跳腿自然合并。落地时，双脚分开，屈膝缓冲。

【动作要点】移动中起跳腿迅速屈膝蹬地，腰胯用力，把前冲力变为向上起跳的力量。

（八）跨步急停（两步急停）

【动作方法】队员在快速跑动中，急停时，先向前跨出一大步，用脚跟先着地，然后迅速地过渡到全脚掌抵住地面；同时，立即快速屈膝降低重心，身体稍后仰，后移重心，紧接着再跨出第二步。着地时，脚尖稍内转，用脚前掌内侧蹬住地面，两膝弯曲，微前倾，重心落在两脚之间，两臂屈肘自然张开，保持身体平衡（图2-2-1）。

【动作要点】第一步要大，后仰降低重心；第二步要跟得快，用脚前掌内侧蹬住地。

图2-2-1 跨步急停（动作演示）

（九）跳步急停（一步急停）

【动作方法】队员在中速和慢速移动中，用单脚或双脚起跳，上体稍后仰；落地时全脚掌着地，用脚前掌蹬住地面，两膝弯曲，两臂屈肘张开，以保持身体平衡。

【动作要点】重心放在两脚之间，两腿弯曲，两臂屈肘在体侧，保持平衡。

（十）转身

【动作方法】转身时，重心移向中枢脚，另一只脚的前脚掌蹬地，同时中枢脚以前脚掌为轴用力碾地，上体随着移动脚转动，以肩带腰向前后改变身体方向。分前转身和后转身。

【动作要点】保持重心。

（十一）滑步

【动作方法】滑步是防守对手的一种主要步法，分前滑步、后滑步、侧滑步（横滑步）。以侧滑步为例：滑步前，两脚左右开立，膝微屈，上提稍前倾，两臂侧伸，目视对手。向左滑步时，右脚前脚掌用力蹬地，同时左脚尖外展，向左跨出；落地时右脚迅速跟上滑行，然后依次重复上述动作。

【动作要点】重心平稳，脚掌不要高抬。

（十二）后撤步

【动作方法】斜向站立，前脚后撤变为后脚。撤步时前脚掌内侧用力蹬地，同时腰部用力转胯，前脚后撤，后脚的前脚掌碾地。撤步后一般接滑步。

【动作要点】前脚蹬地要用力，腰带胯转。

二、传接球

（一）双手胸前传球

【动作方法】身体成基本站立姿势，双手手指自然分开，拇指相对成八字，用指根以上部位持球两侧，手心空出，双肘自然弯曲于体侧，置球于胸腹之间。传球时，后脚蹬地，身体重心前移，同时双臂迅速向前方用力伸出，拇指下压，手腕向前外侧翻转，食指、中指用力将球拨出（图 2-2-2）。

【动作要点】手腕向前外翻转，食指、中指用力拨球。

图 2-2-2　双手胸前传球（动作演示）

篮球双手胸前传接球教学视频

（二）双手反弹传球

【动作方法】反弹传球的球的落点一般应在距离接球人 1/3 处，动作方法同双手胸前传接球。

【动作要点】手腕手指用力急促。

(三) 双手头上传球

【动作方法】持球手法与双手胸前传球相同，双手举球于头上，两手心向前。近距离时，小臂前摆，手腕前屈，拇指、食指、中指用力拨球；传球距离远时，摆动腰腹带动小臂前摆发力。

【动作要点】用力屈腕。

(四) 双手低手传球

【动作方法】原地传球时，持球于腹前或腰侧，出球时手腕由下而上翻转，同时手指稍用力拨球，柔和地将球传出。

【动作要点】出球时用力要柔和。

(五) 单手肩上传球

【动作方法】双手持球于胸前，两脚平行开立。传球时，右脚向侧后方撤步，同时将球引至右肩上方，肘外展，大臂与躯干、小臂与大臂的夹角均大于90°。右手托球，手腕后仰，左侧肩对传球方向，重心落在右脚上；右脚蹬地，转体，前臂迅速向前挥摆，手腕前屈，通过食指、中指拨球将球传出（图2-2-3）。

图2-2-3　单手肩上传球（动作演示）

【动作要点】转体挥臂，屈腕。

(六) 单手胸前传球

【动作方法】持球手法与双手胸前传球相同。传球手在短促地前伸小臂的同时，手腕稍后屈，又急促向前扣，同时食、中、无名指用力拨球，将球传出。

【动作要点】屈腕，拨球。

(七) 单手体侧传球

【动作方法】双手胸前持球，右手传球时，右脚向右侧跨出一步，右手引球至身体右侧；出球时，持球手的拇指向上，手心向前，手腕后屈，小臂稍向前摆，急促用力向前扣腕，手指用力拨球，将球传出。

【动作要点】手脚配合协调，小臂摆动幅度小，腕指用力急促。

（八）单手背后传球

【动作方法】原地背后传球时，双手持球摆至体侧。如用右手传球时，左手离开球，右手引球继续向背后摆。前臂摆球至臀部的时候，向传球方向急促扣腕，食指、中指、无名指用力拨球。

【动作要点】扣腕，拨球。

三、投篮

（一）双手胸前投篮

【动作方法】双手持球于胸前，肘关节自然下垂，上体稍前倾，双膝微屈，身体重心放在两脚之间。投篮时两脚蹬地，腰腹伸展，两臂用力上伸，拇指向前压送，两手腕同时外翻，指端拨球，用拇指、食指、中指投出。

【动作要点】动作的连贯，屈腕，拨球。

（二）单手肩上投篮

【动作方法】右手五指分开，向后屈腕，屈肘持球于肩上。左手扶球，右脚稍前，重心放在两脚之间，上体稍前倾，两膝微屈，目视投篮目标。投篮时，用力蹬地，伸展腰腹，抬肘，手臂用力上伸，手腕前屈，食指、中指用力拨球（图2-2-4）。

【动作要点】屈腕拨球。

图 2-2-4　单手肩上投篮（动作演示）

（三）行进间单手高手投篮

【动作方法】接球或运球拿起球时的第一步要大，第二步要小、要制动，以便跳得更高。腾空时，上体稍后仰，投篮手把球送到最高点，手腕前屈，食指、中指、无名指用力将球投出。

【动作要点】持球后的第一步要小，同时举球于肩上。

篮球单手肩上投篮
教学视频

（四）行进间单手低手投篮

【动作方法】右手投篮时，持球时的第一步要大，用跨步，第二步要小、要制动，降低重心，左脚起跳。持球手五指分开，托球的下部，手臂向上伸展；接近最高点时，手腕柔和上摆，食指、中指、无名指柔和拨球，碰板或空心投篮。

【动作要点】投篮时手腕、手指要柔和，手脚配合要协调。

（五）原地跳起单手肩上投篮

【动作方法】以右手投篮为例：双手持球于胸前，两脚前后或左右开立，两膝微屈，重心在两脚之间。起跳时两脚迅速屈膝，脚掌用力蹬地向上起跳，双手举球至肩上，右手持球，左手扶球的左侧方；当身体接近最高点时，左手离球，右臂向前上方伸直，手腕前屈，食指、中指用力拨球，通过指端将球投出，落地屈膝缓冲。

【动作要点】向上举球和起跳动作协调一致。

（六）接球急停跳起投篮

【动作方法】在快速移动中接球，用跨步或跳步急停；急停的同时，突然向上起跳，两手持球迅速上举；当身体接近最高点时，手臂向前上方伸直，手腕前屈，食指、中指用力拨球，通过指端将球投出，落地屈膝缓冲。

【动作要点】接球动作与脚步动作要一致，协调自然。

（七）双手胸前投篮

【动作方法】在快速运球中，运用跨步或跳步急停；急停的同时，突然向上起跳，两手持球迅速上举；当身体接近最高点时，手臂向前上方伸直，手腕前屈，食指、中指用力拨球，通过指端将球投出。

【动作要点】运球协调，持球与脚步动作协调一致。

四、运球

（一）高运球

【动作方法】运球时，两膝微屈，目平视，手用力向前下方推按球。球的落点在身体侧前方，应使球的反弹高度在腰腹之间，手脚配合要协调；运球侧的手、脚、球起落要一致，使球有节奏地向前运行。

篮球高运球
教学视频

【动作要点】手脚配合要协调。

（二）低运球

【动作方法】两腿弯曲，重心下降，上体前倾；用上体和腿保护球的同时，手短促地按拍球，使球从地面反弹的高度保持在膝部以下。

【动作要点】降低重心。

（三）运球急起急停

【动作方法】利用脚步中的起动和跨步急停。在快速运球中，突然急停时，手按拍在球的前上方；运球急起时，手按拍球的后上方。注意用身体保护球。

【动作要点】要起动快，停得稳。

（四）体前变向换手运球

【动作方法】运球队员从对手右侧突破时，先向对手的左侧变向运球，然后突然改变方向向右侧运球。变向时，右手按拍球的右后上方，把球从自己的右侧按拍到左侧前方；同时，右脚向左前方跨出，上体左转，用肩保护球，然后换手运球加速前进。

【动作要点】脚步要协调自然。

（五）背后运球

【动作方法】以右手运球、向左侧变向为例：变向时，右脚在前，右手将球拉到身后，迅速转腕按拍球的右后方，将球从身后按拍至身体的左侧前方；然后按左手运球，左脚向前，加速前进。

【动作要点】右手以肩关节为轴，将球拉至右侧身后。

（六）转身运球

【动作方法】以右手为例：变向时，左脚在前为轴；左后转身的同时，右手将球拉至身体的左侧前方，然后换手运球，加速前进。

【动作要点】转身时重心要低，球离身体要近些。

五、突破

（一）交叉步突破

【动作方法】以右脚左中枢脚为例。两脚左右开立，两膝微屈，身体重心降低，持球于胸腹之间。突破时，左脚前脚掌内侧迅速蹬地，上体稍右转，左肩向前下压，重心向前方移动，左脚向右侧前方跨出，将球引于右侧；接着运球，中枢脚蹬地向前跨出，迅速超越对手（图2-2-5）。

图 2-2-5　交叉步突破

【动作要点】转体探肩幅度要大。

(二) 顺步突破

【动作方法】突破前要求与交叉步突破相同。突破时，右脚向右前方跨出一步，向右转体探肩，重心前移，右手运球，左脚迅速向前跨出，突破对手（图2-2-6）。（交叉步、顺步合称体前运球变向突破。）

图 2-2-6 顺步突破

【动作要点】蹬跨积极，幅度大，重心移动要好。

(三) 后转身突破

【动作方法】以左脚做中枢脚为例：以一定的速度向对手左侧运球，突破时，降低重心，右手拉住球的前面，以左脚前脚掌为轴碾地左转，同时右脚向左后方迈出；转体角度要大，右脚落地后，右手迅速放球，换左手运球，左脚迅速蹬地跨出，超越对手（图2-2-7）。

图 2-2-7 后转身突破

【动作要点】重心低稳，球离身体要近。转体角度要大。

(四) 背后运球变向突破

【动作方法】以右手运球，向左侧变向为例：变向时，右脚在前，右手将球拉到身后，迅速转腕按拍球的右后方，将球从身后按拍至身体的左侧前方；然后按左手运球，左脚向前，加速前进，超越对手。

【动作要点】变向突然，身体协调。

六、防守对手

（一）防守无球队员

1. 防守位置的选择

防守队员为了做到人球兼顾，应与球和对手保持一定的角度和距离，站在对手与球篮之间偏向球一侧的位置上。与对手的距离要看对手与持球人的距离而定，一般离球近则近，离球远则远。如果对手离球近又在篮下，要贴近对手防守，还可采用绕前防守。

2. 防守姿势的选择

（1）防守强侧时的防守姿势。

防守距离球较近的对手时，经常采用面向对手侧向球的斜前站立姿势，靠近球侧的脚在前，屈膝，重心在两脚之间，随时起动，堵截对手摆脱移动的接球路线。防守时伸右侧手臂，拇指向下，掌心朝外，封锁传球路线。必要时，在弱侧也可如此。

（2）防守弱侧时的防守姿势。

防守离球较远的对手时，为了人球兼顾、协防，经常采用面向球、侧向对手的站立姿势。

【动作方法】防守时，要根据对手和球的移动，合理运用各种步法，配合身体动作，抢占有利位置，堵截其摆脱移动路线。在与对手对抗时，重心降低，双腿用力，上体与手臂适度紧张，双臂屈肘外展，扩大防守面积。发生身体接触时，提前发力，主动对抗。合理使用手臂，干扰对手。

【动作要点】人球兼顾，内紧外松，近球紧，远球松。

（二）防守有球队员

在防守位置的选择上，应站在对手与球篮之间的位置。一般对手离篮近则应离对手近些，反之则远些。另外，要根据对手的特点选择合适的防守距离。

【动作方法】平步防守时，两脚平行站立，两手臂侧伸，适当挥摆，适合防守运球与突破。斜步防守时，两脚前后斜向站立，适合防对手投篮。

【动作要点】重心要低，防守积极。

七、抢球、打球、断球

（一）抢球

【动作方法】拉抢：防守队员看准对手的持球空隙部位，迅速用两手抓住球突然猛拉，将球抢过来；转抢：拉抢的同时，两手转动。

【动作要点】抢球时机。

（二）打球

【动作方法】防守队员将球从对手的手中打落，对方持球较高时，从下往上打，打球时掌心向上，用手指和指根击球的下部。对方持球低时，打球的上部。打运球队员的球时，要在球从地面反弹但还未回到运球队员的手中时去打，要配合步法。

【动作要点】动作要小，不要犯规，要突然。

（三）断球

【动作方法】横断球时，重心降低，当球刚从传球队员手中传出时，蹬地跃起，身体伸展，单臂或双臂前伸，将球截获。

纵断球时，当防守队员从接球队员右侧断球时，右脚向右侧前方跨出半步，然后侧身跨左脚绕到接球队员的前方，蹬地越出，身体伸展，双臂前伸，将球截获。

【动作要点】注意断球时机，动作突然，步法要灵活。

八、抢篮板球

（一）抢占位置

要设法抢在对手与球篮之间的有利位置上，要注意判断球的落点。抢进攻篮板球，要利用各种假动作去冲抢；抢防守篮板球，要先挡人后抢球。

（二）起跳动作

重心低，在两脚之间，注意观察球的落点，及时起跳；起跳时两脚用力蹬地，同时两臂上摆，手臂上伸，身体充分伸展，掌握好身体平衡。

（三）抢球动作

分双手、单手、点拨球。

双手抢篮板球时，指端触球瞬间，双手用力握球，腰腹用力，迅速将球拉回胸腹之间；双肘外展，保护球。

单手抢篮板球时，跳起达到最高点时，指端触球后，迅速屈指、屈腕、屈肘收臂，将球下拉，另一手迅速扶球，持球于胸腹之间。

点拨球是在跳起到最高点时，用指端点拨球的侧方、侧下方、下方。

（四）抢到球后的动作

进攻抢到篮板球时，可以直接投篮，或者迅速传给同伴，重新组织进攻；抢到防守篮板球时，能及时传出就立即把球传出，否则，要保护好球，再合理处理球。

【动作要点】抢占有利位置。进攻要冲抢，防守要挡抢。

第三节 篮球基本战术

篮球战术是篮球比赛中队员运用攻守方法的总称，是队员个人技术的合理运用和队员之间相互协同配合的组织形式。

战术的种类繁多，这里我们介绍最基本的战术基础配合。

本章图例符号如下：

- ● 球
- ○ 进攻队员

○·进攻队员持球

△ 防守队员

→ 队员移动路线

——→：传球路线

一、进攻战术基础配合

篮球进攻战术基础配合是指进攻时两三人之间有组织有目的的协同行动，它包括传切配合、突分配合、掩护配合和策应配合。全队完整的进攻配合必须建立在基础配合之上。熟练地掌握两三人的传切、策应、突分、掩护等基础战术配合及其变化，是提高全队进攻战术配合质量的重要保证。

（一）传切配合

传切配合是由两三个队员运用传球和切入技术组合而成的配合。

传切配合包括一传一切和空切配合。在配合过程中，切入队员的动作要突然，要利用速度和假动作摆脱防守。持球队员则要有攻击性，能够以投篮和突破动作吸引防守队员的注意力，以便能及时、准确地用不同的传球方式从防守空隙中将球传给切入的同伴。

【配合方法】如图 2-2-8 和图 2-2-9 所示。

图 2-2-8：④传球给⑤后利用速度和假动作摆脱 △4 的防守，切入篮下接⑤的回传球上篮。⑤接球前，用假动作摆脱防守，接球后做投篮或突破的动作吸引 △5 的防守，并及时将球传给切入的④上篮。

图 2-2-9：④传球给上提接球的⑤，⑤接球后以假动作吸引防守 △5，此时另一侧⑥做假动作摆脱 △6，空切篮下接⑤传球上篮，⑤去冲抢篮板球。

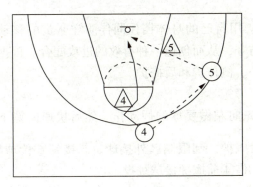
图 2-2-8 传切配合示意图（一）

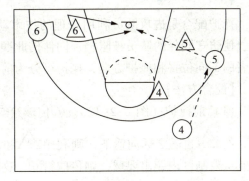
图 2-2-9 传切配合示意图（二）

【配合要点】注意切入时机及回传球时机。

（二）突分配合

进攻队员持球或运球突破，遇到对方协防时，及时将球传给插入防守空隙地带接应的同伴，这种突破中根据情况及时传球的配合叫突分配合。突分配合主要在对方采用缩小盯人和松动盯人防守战术，而已方外围投篮又不准的情况下使用。

【配合方法】如图 2-2-10 和图 2-2-11 所示。

图 2-2-10：④运球突破△4的防守，△5上移补防，④将球传给插入篮下的⑤，⑤立即投篮。如遇△5的回防，由于已抢占篮下有利位置，应该强攻。

图 2-2-11：④传球给⑤，⑤突破△5进入篮下，△6进行补防。⑤可将球传给从不同方向插入的⑥，⑥接到⑤的分球后立即投篮，如遇到△6的回防，争取强攻。

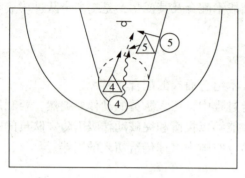
图 2-2-10　突分配合示意图（一）

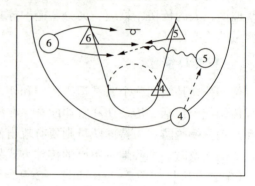
图 2-2-11　突分配合示意图（二）

【配合要点】突破队员在突破过程中，要随时注意观察攻守队员的位置变化，做好投篮或分球的两种准备，上篮动作必须逼真，才能真正吸引防守，便于分类。其他进攻队员则要在持球同伴突破的一刹那，及时摆脱防守，占据有利位置，以便接球投篮；如遇到一般性的防守，要争取篮下强攻，造成杀伤力。

（三）掩护配合

掩护配合是进攻队员利用合理的技术动作，用自己的身体挡住同伴防守队员的移动路线，使防守同伴的队员被阻挡；同伴借此摆脱防守，从而创造一种有效的进攻配合。根据掩护者的不同位置和掩护方向，掩护可分为前掩护、侧掩护和后掩护。

【配合方法】

（1）前掩护（图 2-2-12）。⑥传球给⑤，先向左做要球的假动作，然后快速向篮下插去。如△6也随之插向篮下，则利用△4和④做掩护，到限制区外接球。⑤接到⑥传球后，见⑥从限制区内跑出要球，则传球给⑥，这时⑥借④前掩护接球跳投。

（2）侧掩护（图 2-2-13）。⑥传球给⑤，先向右做假动作，然后向左插去，到△5左侧停住，给⑤做侧掩护；⑤借⑥的掩护快速从△5的左侧运球上篮。

（3）后掩护（图 2-2-14）。⑥传球给⑤，④提上给⑤做后掩护，⑤借④掩护从△5右侧运球上篮。

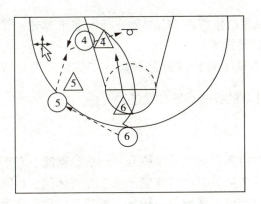

图 2-2-12　前掩护投篮示意图

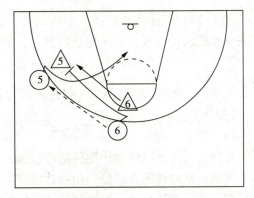

图 2-2-13　侧掩护投篮示意图

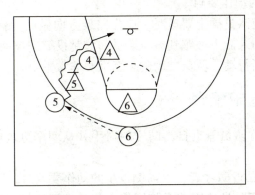

图 2-2-14　后掩护投篮示意图

（四）策应配合

策应配合是指处在内线的队员背对或侧对球篮接球后，以自己为枢纽，通过多种传球方式与其他队员的空切、绕切相结合，借以摆脱防守、创造各种进攻机会的一种配合方法。策应配合实际上是在传切配合的基础上发展而来的一种配合。

【配合方法】如图 2-2-15 和图 2-2-16 所示。

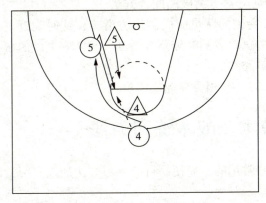

图 2-2-15　策应配合示意图（一）

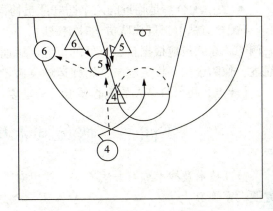

图 2-2-16　策应配合示意图（二）

图 2-2-15：④传球给插上策应的⑤，④用假动作摆脱 △₄ 的防守插入篮下要球；⑤可视情况将球回传④或自己运球进攻篮下，或转身跳投。

图 2-2-16：④传球给插上策应的⑤后切入篮下要球或抢篮板球，⑤接球后准备进攻 △₅，△₆，此时去补防④，⑤将球传给出现更好机会的⑥进攻投篮。

【配合要点】

（1）策应队员的动作要点。

策应前要注意以假动作摆脱防守，抢占有利位置。接球后两脚开立，双膝微屈，双手置球于腹前，背对或侧对球篮，用身体保护球；高大队员也可将球置于头上方或体侧。当同伴获得较好的进攻机会时，要及时传球给同伴，自己也可做虚晃、转身、投篮等假动作来吸引防守或伺机进攻，增加策应的变化和威胁。

（2）外围配合队员的动作要点。

外围配合队员见策应队员插上要球时，应先向反方向做假动作，在策应队员拿到球时，观察球场上情况，做出切入篮下或跑到策应队员面前跳投等进攻动作。配合队员的关键是注意观察、牵制防守、果断行动，队员之间的相互默契非常重要。

二、防守战术基础配合

- 挤过配合：是防守队员靠近自己防守的对手并从两个进攻队员之间侧身挤过的一种防守配合。

【要点】挤过时，要贴近防守者，上前侧抢步的动作要及时。

- 穿过配合：是防守队员从掩护者与同伴之间的空隙穿过、破坏掩护进攻的一种防守配合。

【要点】防守掩护者的队员要及时提醒同伴，并主动让路。

- 绕过配合：是防守掩护者的队员主动贴近对手，让同伴从自己身后绕过的一种防守配合。

【要点】防守掩护者的队员要及时提醒同伴，并主动让路。

- 交换配合：进攻队员去做掩护时，这两名防守者交换防守对象的一种防守配合。

【要点】防守掩护者的队员要及时提醒同伴，并主动让路。

- 关门配合：是临近的两个防守队员协同防守对方突破的配合方法。

【配合方法】当进攻队员运球突破时，防守突破的队员应向侧后方滑步；这时临近突破一侧的防守队员应根据自己所处的位置，迅速向进攻者的突破路线滑动，与防守突破的队员靠拢，像两扇门一样关起来，堵住运球突破者的路线。

【要点】两名防守人的重心要低，滑动要及时，互相要靠拢或错位。

第四节　篮球基本技术及战术练习方法

篮球技术及战术练习方法繁多，这里对一些常用的、简便易行的练习方法加以介绍，以方便大家练习。

一、脚步练习方法

原地步法可以随着口令,进行按次数分组练习;移动步法可以按人数分组,沿着篮球场的纵向、横向或者三角形等形式,随着口令进行练习。

二、传球练习方法

- 原地传球:原地面对面相距 6 m 左右进行练习,按次数分组练习。
- 三角传球:分三组,三角站位,两组之间距离 6~8 m,每组站成一路纵队。第一人将球传给任何一组的第一人,然后跑到另一组的队尾,依次循环练习。
- 四角传球:半场四角,每个场角一路纵队站好,跑对角:第一人移动到中间接右侧或左侧的传球,然后把球传给对面的第一人,然后跑到对面的队尾,左侧或右侧的传球人又开始移动。依次类推,循环练习。
- 行进间三线推进传球:篮球场端线站成左、中、右三路纵队,中路传给左路,左路传回,中路再传给右路,右路再传回。一个往返为一组,依次练习。

三、运球练习方法

分组,每组若干人,沿着篮球场纵向或横向,随着口令,进行直线或折线运球的各种形式的练习,一个往返为一组,练习若干组。

四、投篮练习方法

- 定点投篮:近距离、中距离、远距离定点投篮。
- 移动后接球投篮:从三分线弧顶两次移动到同侧底线后,接同侧内线队员的传球后,马上投篮;一侧移动到另一侧接后卫位置的传球投篮;前锋位移动到罚球线接球投篮;45°切入篮下接球上篮。
- 运球上篮:不同方向(底线、45°、三分线弧顶位置),运球上篮。

五、战术练习方法

- 传切配合练习方法:纵切:后卫位置,将球传给纵向同侧的前锋位的同伴,然后切入篮下接回传球上篮;横切,前锋线将球传给后卫位置的同伴,然后横向切入篮下接球上篮。
- 掩护配合练习方法:前锋给后卫做掩护练习:前锋摆脱上提,给后卫做掩护;后卫给前锋做掩护:后卫摆脱向下移动给前锋做掩护;中锋给后卫或前锋做掩护;后卫给后卫做掩护。
- 策应配合练习方法:一侧队员移动到另一侧的内线的低位或高位,接同伴的传球,给同伴做策应。
- 突分配合练习方法:任何方向上突破对手,到达一定位置,传给固定位置或移动的接应同伴。
- 防守战术练习方法:按照防守战术的配合方法,反复练习。

第五节　篮球竞赛规则

一、数　据

- 球场：长 28 m，宽 15 m。
- 中圈半径：1.8 m。
- 罚球线：长 3.6 m，其外沿距离端线内沿 5.80 m。
- 限制区宽度：长度为 5.80 m，宽度为 4.9 m。
- 无撞人半圆区：半径为 1.25 m。
- 三分线：6.75 m。
- 球队席区域：从端线内沿计为 8.325 m（端线到三分线弧顶垂直距离），距离边线 2 m。
- 篮圈：距离地面 3.05 m。

二、时　间

比赛时间：比赛分 4 节，每节 10 min；1、2 节和 3、4 节之间，及每一决胜期之前，休息 2 min；中场休息 15 min；如果第 4 节比赛结束时，比分相同，比赛要继续 1 个或几个 5 min 的决胜期来打破平局。

- 3 s：在前场控制活球的队，该队的队员不得停留在对方的限制区内超过持续的 3 秒钟。
- 5 s：罚球、发球、被对方严密防守，超过 5 s 为违例。
- 8 s：从后场获得球后，必须在 8 s 内，把球推进到前场。
- 24 s：获得球后，必须在 24 s 内，出手投篮完成一次进攻。

暂停时间：每次暂停时间为 1 min，上半时的任何时间可以要 2 次暂停，下半时的任何时间可以要 3 次暂停，每一决胜期 1 次暂停；未用过的暂停不能留给下半时或决胜期。

三、需要强调的违例

- 球出界：最后接触球的队员是使球出界的队员。如果球出界时触及了站在界线上或界线外的队员，则该队员是使球出界的队员。
- 带球走：队员在场上持着一个活球，其一脚或双脚超出规则的限制，向任何一个方向的非法移动。
- 两次运球：一次运球结束后，在没有对这个活球失去控制前，不得再次运球。
- 球回后场：当一个控制活球的队员在他的前场最后触及进入前场的球，随后他或他的同队队员又首先触及进入后场的球，则球已经非法回到后场。

拳击球与故意脚踢球为违例。

四、犯规

- 侵人犯规：无论是在活球还是在死球的状态下，攻守双方队员发生身体接触的犯规。

队员不应该通过手、臂、肘、肩、髋、腿、膝、脚或将身体弯曲成不正常的姿势去拉、挡、推、撞、绊对方队员，或阻止对方队员的行进，也不得放纵任何粗野的或猛烈的动作去这样做。

- 圆柱体原则：为一名站在地面上的队员占据一个假想的圆柱体内的空间，包括该队员上面的空间。
- 垂直原则：队员一旦离开他的垂直位置（圆柱体）并与已经建立了他自己的垂直位置（圆柱体）的对方队员发生身体接触，离开他的垂直位置的队员就应对此接触负责。
- 合法防守位置：当一名防守队员面对对方并且双脚着地时，他就占据了最初的合法防守位置。

第三章 排球

第一节 排球运动概述

一、排球运动的起源

排球运动于 19 世纪末始于美国。1895 年，美国马萨诸塞州霍利奥克市基督教男子青年会体育干事威廉·摩根认为当时流行的篮球运动过于激烈，于是创造了一种比较温和的、老少皆宜的室内游戏。最初这种游戏是将网球球网挂在高处，将篮球胆从网上击来击去，不使其落地，很受人欢迎。1896 年此项游戏被定名为 Volleyball，有"空中截击"之意，并一直沿用至今。1896 年在斯普林费尔德体育专科学校举行了世界上最早的排球比赛。1897 年，摩根制定了排球比赛规则，它有力地推动了排球运动的发展。排球运动约在 1900 年传到印度，1905 年传入中国，1906 年一名美国军官约克把排球带到了古巴，1908 年传到日本，1910 年传入菲律宾。亚洲最早的排球比赛是 1913 年在菲律宾马尼拉举行的。1947 年，排球运动世界性组织——国际排球联合会成立。1964 年排球被列为奥运会正式比赛项目。

沙滩排球在 20 世纪 20 年代初在加利福尼亚州圣莫尼卡海滩兴起。在 1930 年，圣莫尼卡举行了第一场双人配合的沙滩排球赛，这种阵形成为现在最普及的打法。1996 年沙滩排球首次成为奥运会的比赛项目。

二、排球运动的特点

（一）具有广泛的群众性

排球运动不需要太多经费，对场地、器材要求不高，主要规则容易掌握，运动量可大可小。它既适宜于青少年，又适宜于中老年人。

（二）具有激烈的对抗性

排球比赛是攻防不断转化的过程。球只要不落地，双方始终在激烈对抗中进行。水平越高的比赛，其对抗性越强。

（三）具有技术的全面性和高度技巧性

比赛规则规定场上队员必须不断轮转，这就要求每个队员必须全面掌握攻防各种基本技术，做到能攻能守，以适应项目的特点和要求。

（四）体现紧密的群体合作精神

排球比赛是一项靠集体配合取胜的球类竞赛项目。除发球外，三次击球环环相扣，互相关联，任一环节出现差错都会影响全队的成绩。

三、排球在我国的发展概况及世界排球大赛简介

排球运动于1905年传入我国，开始是16人制，1919年改为12人制，1927年采用9人制，1950年在全国逐渐发展成6人制排球。1963年，中国排球学习日本女排训练模式，狠抓身体训练和基本技术，提倡走自己发展的道路，并创造了一些独特的技术和战术，如"盖帽"拦网、"平拉开"快球等。20世纪70年代后期，又创造了一些新的进攻战术，如"前飞""背飞""快抹"等。进入20世纪80年代，我国这些独特的打法引起世界排坛的注意，从1981年，我国女排以独特的技、战术风格和顽强的拼搏精神，获得"五连冠"。男排的技、战术水平也有了很大的提高。

当今世界排球大赛较多，主要有：

- 世界排球锦标赛

第一届世界男排锦标赛于1949年在布拉格举行。第一届世界女排锦标赛1952年在莫斯科举行。此项赛事每四年举办一次，与奥运会排球赛穿插进行。中国女排分别在1982年第九届世界锦标赛和1986年第十届世界锦标赛中夺冠。

- 奥运会排球赛

1964年第18届东京奥运会上，排球运动第一次被列为奥运会比赛项目。中国女排于1984年在第23届奥运会上获得冠军。

- 世界杯赛

该赛事的前身是"三大洲"（亚、欧、美）排球赛。1964年国际排联决定，将"三大洲"排球赛更名为"世界杯"排球赛，并决定于1965年9月在波兰举行首届世界杯男子排球赛。1973年在乌拉圭举行了第一届女子世界杯排球赛。并规定每四年举办一次。中国女排分别在1981年第三届世界杯和1985年第四届世界杯排球赛上获得冠军。

第二节　排球基本技术

一、排球技术的概念与分类

排球技术是指运动员在比赛中采用的各种合理击球动作和为完成击球动作而必不可少的其他配合动作的总称。

一种是有球技术，包括传球、垫球、扣球、发球和拦网；另一种是无球技术，包括准备姿势、移动、起跳及各种掩护动作等。排球技术主要由步法和手法组成，同时与视野活动、

躯干活动和意识活动相配合而融合为一体。每项排球技术都是由击球前动作、击球动作和击球后动作组成。从广义上讲，除了身体某一部位击球时的动作外，都称为配合动作；但从狭义上讲，只把准备姿势、移动等称作配合动作，而把击球动作前后较连续的动作也称为有球技术，如扣球技术中的助跑、起跳等。

二、准备姿势和移动技术

准备姿势和移动是排球运动中各项技术的基础。准备姿势的好坏，直接影响到脚步移动，而脚步移动又直接影响其他技术动作的质量。

（一）准备姿势

两脚开立，略比肩宽，两脚稍内转，脚跟提起，两膝稍弯曲和内扣，上体前倾，重心靠前，两臂自然弯曲，置于腹前，眼视来球。

【技术要点】重心低，稍蹲，膝部超过脚尖，思想高度集中，肌肉适当放松。

（二）移动

移动是指运动员从起动到制动之间的位置移动和动作。它是由起动、移步、制动三个环节所组成的。移动的目的在于使身体尽快接近来球，将球最为合理地击出。根据来球的速度和距离，可以采取不同的脚步移动方法。

（1）跨步法。当来球较低、距离身体一到两步之间，可采取此法。移动时一脚蹬地，一脚向来球方向跨出一大步。上体前倾，使重心移至跨步腿上，另一腿适当伸直或随重心移动而跟着上步成击球的准备姿势。

（2）并步法。一脚先迈出一步，同时另一脚用力蹬地。当前脚落地时，另一脚迅速跟上，成击球前的准备姿势。连续并步即为"滑步"。

（3）交叉步。若向右移动，上体稍向右转，左脚从右脚前向右交叉地迈出一步，然后右脚再向右跨出一步，同时身体转向来球方向，迅速成击球前的准备姿势。

（4）跑步法。球的落点距离身体较远时，采用跑步法。跑步时，应迅速起动，跑动的最后阶段要逐渐降低重心，做好击球前的准备姿势。

（三）制动

制动是移动的结束，也是击球动作的开始。

（1）一步制动法。一步制动时，在移动最后跨出一大步，同时降低重心，膝部和脚尖适当内转，全脚掌横向蹬地，以抵住身体重心继续移动的惯性力。并以腰腹力量控制上体，使身体重心的垂直线停落在脚的支撑面以内。

（2）两步制动法。即以最后第二步开始做第一次制动，紧接着跨出最后一步做第二次制动，同时身体后倾，两膝弯曲，降低重心，双脚用力蹬地，使身体处于有利于做下一个动作的状态。

【技术要点】制动步应跨大，膝部脚尖要内转。两膝弯曲，重心降低，上体后倾。

三、传球技术

传球是用全身协调力量，通过手指手腕的弹力，将球传至一定目标的击球动作。它在组织进攻、串联进攻中起纽带作用。传球有正面传球、背传、侧传、跳传等。现只介绍双手正面传球。

（一）双手正面传球技术方法

【准备姿势】稍蹲姿势，但上体稍挺起，抬头看球，两手自然抬起；屈肘仰腕，放松置于额前上方。

【迎球动作】当来球接近额前时，开始蹬地、伸膝、伸臂，手指从额前向前上方迎球，全身各部位动作应协调一致。

【击球点】在前额上方击球。

【手型】手触球时，十指应自然张开成半球状，手腕后仰，以拇指内侧、食指全部和中指的二、三指节处球的后下部触球，无名指和小指在球的两侧控制传球的方向，两拇指相对近似"八"字形，两手间要有一定距离（图2-3-1）。

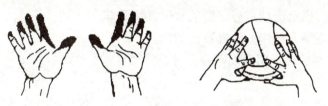

图2-3-1 双手正面传球（手型）

【用力方法】传球动作是由蹬地、伸膝、伸髋使身体重心升高而开始的；紧接着再屈肘、抬臂、伸肘、送肩，在身体重心上升的同时两手迎向来球；在手和球即将接触前，手腕和手指有前屈迎球的动作；手和球接触时，各大关节继续伸展，手指手腕最后用力将球传出。在上述用力顺序中，下肢蹬地和伸臂动作应贯穿整个传球动作的始终，最后通过手指手腕动作将全身协调力量作用于球体（图2-3-2）。

图2-3-2 双手正面传球（动作演示）

排球正面上手传球

【传球后动作】身体重心随即下降，两手自然下收，准备做其他动作。

【技术要点】蹬地伸臂对正球，额前上方迎击球。触球手型呈半球，指腕缓冲反弹球。

（二）双手正面传球技术常见的错误与纠正方法

(1) 传球手型不正确，形不成半球状，影响传球效果。

【纠正方法】

示例一：一抛一接轻实心球，接住时自己检查手型。

示例二：对墙 40 cm 左右连续传球，并不断检查手型。

（2）击球点过高或过低。击球点过高是因为传球时两臂近似伸直；击球点过低主要是肘关节过于外展所致。

【纠正方法】

示例一：反复做原地抛接球练习，逐渐体会正确手型和正确击球点。练习熟练以后，将球抛离身体，通过快速移动，人至球下将球接住。

示例二：多做自传、平传、平传转自传、自传转平传。

（3）上下肢传球时用力不协调。

【纠正方法】

示例一：多做简单抛传动作，体会传球正确动作和全身协调用力。

示例二：传球时固定击球点后，肘关节应自然下垂。

示例三：多观察别人动作，改进自己动作。

（4）传球时臀部后坐，用不上蹬地力量。

【纠正方法】

示例：讲解协调用力的重要性；一人手压球，另一人做传球的模仿练习。

（5）传球时身体后仰。

【纠正方法】

示例：两人对传，球出手后，立即用手触及地面。

（6）传球时有推压或者拍打动作。

【纠正方法】

示例：多做原地自传或对墙传球，增加指腕力量，体会触球感觉。

（三）传球技术的运用

传球技术在比赛中的运用主要体现在二传。所谓二传，是把一传接起来的球传到网前一定的高度，供其他队员扣球进攻。由于来球的方向不定，又对传出球的落点要求较高，因此，二传难度大。

1. 一般正面二传

一般正面二传是二传中最简单、最常用的技术。这种传球的动作与正面传球基本相同，只是传球前身体不要正对来球，也不要正对传球方向；而是要边迎球边转身，将击球点放在靠传球方向一侧，身体随传球动作边传边向传球方向转动。

2. 调整二传

将一传不到位、离网较远的球传给扣球队员进攻，这种传球叫调整二传。调整二传与正面传球动作相同。当传球距离较远时，要充分利用蹬地、伸臂和手指手腕等全身协调力量。调整二传时，应注意选择传球的方向，传球方向与网的夹角越小越有利于扣球，尽量避免垂直向网前传球。调整二传球应比一般传球稍高，不要太拉开，这样有利于扣球队员观察和上步扣球。

3. 背向二传

背向二传能充分利用网的全长，增加进攻点，具有很大的隐蔽性、突然性。传球前要移动插到球下，背对传球方向，要明确身体所处的位置及离标志杆的距离。传球时，要利用向后上方展体、抬臂、伸肘动作将球传出。

4. 传快球

传出的球弧线低，节奏快，这样的传球叫传快球。传快球主要是依靠手指手腕的弹击动作和适当的伸臂动作来控制传球力量。要传好快球，二传队员必须主动与扣球队员配合，要根据一传的弧线、速度和扣球队员的助跑速度、起跳时间、击球点的高度和挥臂速度等情况，来决定传球的速度、高度、距离和出手时间，把球主动送到扣球队员手上。

5. 传短平快球

传出的球速度快、弧线平，落点距二传手 2~3 m 处，这种球叫短平快球。传球时，击球点应保持在脸前或额前，上体前倾，充分利用伸肘和压腕动作，传出快速的平弧线球。

6. 传平拉开球

传出的球速度快、弧线平，落点距二传手 6~7 m 处，这种球叫平拉开球。平拉开传球与短平快传球动作基本相同，但要充分利用蹬地、伸臂、压腕伴随动作将球传出。如果来球低，要稍屈膝，降低重心，使击球点保持在脸前。如来球较高，可采用跳传。传球时，利用伸肘和主动加大屈指、屈腕的力量把传球路线压平。

四、垫球技术

垫球是用手臂从球的下部、利用来球的反弹力向上击球的技术动作。是接发球和接扣球的主要方法，适用于接较低的球。垫球方法有正面双手垫球、背向垫球、体侧垫球和挡球等。

（一）垫球技术方法

1. 正面双手垫球

【准备姿势】面对来球，成半蹲或稍蹲姿势站立。

【垫球手型】两手掌根相靠，手指重叠，手掌互握，两拇指平行前伸，手腕下压。

【垫球动作】当球飞到腹前约一臂距离时，两臂夹紧前伸、插入球下，向前上方蹬地抬肩，以全身协调动作迎向来球，身体重心随击球动作稍向前移。

【击球点】腹前 30 cm。

【击球部位】利用前臂手腕关节上 10 cm 左右的两小臂桡骨内侧所构成的平面去击球的后下部（图 2-3-3）。

【击球后动作】在击球瞬间，两臂要保持稳定，身体重心继续向抬臂方向送球，使整个动作协调自然。动作结束后，立即做好下一个动作的准备。

图 2-3-3　正面双手垫球

【技术要点】插，移动取位，两臂前伸插到球下。夹，两臂夹紧，掌根相靠，手腕下压。提，用蹬地抬臂、提肩顶肘的动作去迎击球。

2. 侧面双手垫球

当球右侧飞时，左脚前脚掌内侧蹬地，右脚向右跨出一步，右膝弯曲，重心随即移至右脚上，两臂夹紧向右伸出；左肩微向下倾斜，用向左转腰和提右踝的动作，使两臂击球面截住球的飞行路线，垫击球的后下部。侧垫

排球正面双手垫球

时，不要随球伸臂，这样会造成球触臂后向侧方飞出。应使两臂先伸向侧方截击来球，还应注意两臂不要弯曲，以保持手臂击球，避免因手臂动作影响垫球效果（图 2-3-4）。

图 2-3-4　侧面双手垫球（动作演示）

排球体侧垫球

3. 背垫球

背垫就是背向垫出球，从体前向背后的垫球。当球飞出较远而又无法进行正面调整传球时，或第三次被动击球过网时，可采用背垫球法。背垫时，判断好球的飞行方向，先要迅速移动到球的落点处，背对出球方向，两臂夹紧伸直，插在球下。击球时，蹬地抬头挺胸，展腹后仰，直臂向后上方摆动。在背垫低球时，也可以有屈肘、翘腕动作，以虎口处将球向后上方垫起（图 2-3-5）。

图 2-3-5　背垫球（动作演示）

4. 跨步垫球

队员向前或向体侧跨一步的垫球称跨步垫球。跨步垫球主要运用在接发球和防守中。

（1）前跨垫球：当来球低而远时，看准来球落点，向前跨出一大步，屈膝深蹲，重心落在跨出腿上，上体前倾，臀部下降，两臂前伸插入球下，用前臂垫击球的后下方（图 2-3-6）。

（2）侧跨垫球：以右侧为例，当来球至右侧时，右脚向右侧跨出一大步，屈膝制动，重心移至跨出腿上；上体前倾，臀部下降，两臂插入球

图 2-3-6　前跨垫球

下，用前臂垫击球的后下部。

5. 单手垫球

当来球低、速度快、距离远、来不及用双手垫球时，可采用单手垫球。这种垫球动作快，手臂伸得远，可扩大控制范围，但由于手臂击球面积小，不容易控制球。当球在右侧，向右跨出一大步，上体向右倾斜，重心移至右腿上，右臂伸直，自右后方向前摆动。用前臂内侧、掌根或虎口处垫击球后下部。

（二）垫球技术常见的错误与纠正方法

（1）击球时屈肘，两臂并不拢。原因是动作概念不清楚。

【纠正方法】

示例一：徒手模仿练习。压其手腕做双臂上抬练习，体会抬臂用力动作。

示例二：多击固定球练习。

示例三：自垫。要求直臂向上抬。

（2）移动慢，对不正来球，击球点不在两臂之间。原因是概念不清，注意力不集中，动作过度紧张。

【纠正方法】

示例一：做移动的模仿练习。做集中注意力、提高起动意识的练习。

示例二：对墙自垫，或向上自垫。

示例三：做好准备姿势，由另一人向他手上抛球，让他向前垫，使其对正来球。

示例四：抛来不同角度、不同距离的球时，要求判断移动，对准球进行击球练习。

（3）两臂用力不当，蹬腿抬臂分解，身体不协调。原因是动作不熟练，身体协调性差。

【纠正方法】

示例一：离墙 4~5 m 的对墙自垫或向前移动的自垫。

示例二：接不同弧度的来球，垫到规定的目标。

示例三：利用固定球进行垫球动作的练习，体会协调用力。

（4）垫击球的时机不准。原因是垫击球的时间过早或过晚。

【纠正方法】

示例一：多做有信号的垫击练习。也可一人在身旁帮助掌握时机，加以体会。

示例二：多做垫固定球找垫击点的练习，两人一组一抛一垫，互相纠正垫球练习。

示例三：结合球对墙有抬臂角度的垫击练习。认真体会击球时机。

（5）侧面垫球时容易使球垫飞。原因是没有形成迎击球的斜面。

【纠正方法】

示例一：多做徒手向左右两侧伸臂的练习，并随时检查迎击球的平面是否合适。

示例二：多做快速平球的截击侧面垫球练习。

（6）背垫球用力不协调，击球不准。原因是下肢没蹬地，全身用力不协调，击球部位不准。

【纠正方法】

示例一：模仿练习。反复体会背垫球技术动作要领。使全身用力协调、连贯。

示例二：击固定球练习。反复体会动作要领，认真对准击球部位，做背垫球击球动作。

示例三：抛球做背垫球练习。要求动作规范，随时指导、纠正。

(三）垫球技术的运用

垫球技术在比赛中主要运用于接发球、接扣球和接拦回球等。

1. 接发球垫球

接发球垫球是比赛的重要环节，是组织进攻的基础。比赛中接发球主要采用正面双手垫球，但根据各种发球的性能不同，接发球的动作方法稍有不同。

（1）接大力发球：大力发球的特点是力量大、速度快、球旋转力强，但球运行轨迹较固定，容易判断。接这种球时，要对准来球，迅速降低身体重心，手臂插入球下保持不动，让球自己弹起。如击球点低时，也可用翘腕动作击球。

（2）接飘球：飘球的特点是飞行速度快、不旋转、飞行轨迹飘忽不定，接发球时很难判断球的落点。接这种球时，首先要判断好来球落点，快速移动取位，对准来球，主动伸臂插入球下击球。击球时，要配合蹬地、提肩、送臂的全身协调力量将球击出。

（3）接侧旋球：侧旋球的特点是球的飞行轨迹呈弧线，落点偏向旋转方向一侧。接这种球时，要快速移动，对正来球，重心要靠向球旋转飞行的一侧，用前臂控制球的旋转方向。如接左侧旋球，要靠向右侧、右臂抬，以便截住球向右侧的飞行路线，控制球的反弹方向。

（4）接高吊球：高吊球的特点是弧线高，球从空中垂直下落，速度快。接这种球时，首先要判断好球的落点，两臂要向前平伸，等球下落到胸腹间再垫击，击球点不要太低。击球时，抬臂动作要适当，主要靠球自己的反弹力量将球击出。

2. 接扣球垫球

接扣球是防守反攻的基础，防守反攻又是得分的主要手段。比赛中接扣球的次数最多，根据来球不同，接扣球防守动作也有所不同。

（1）接重扣球：采用半蹲或低蹲准备姿势，两手臂放在腹前，手型和正面垫球相同，只是击球时的动作有所不同。要利用含胸收腹动作，帮助手臂随球屈肘后撤，并适当放松以缓冲来球力量，以手臂和手腕动作控制垫球的方向和角度。如击球点稍高并靠近身体时，同样可用前臂垫击；如击球点较低，又距离身体较远时，可利用屈肘翘腕的动作把球垫在手腕部位的虎口处。

（2）接轻扣和吊球：已做好接重扣球的准备姿势，当对方突然改用轻扣和吊球时，往往来不及向前移动，这时可采用原地前扑垫球或鱼跃垫球。

（3）接快球：快球因速度快、线路短，一般落点靠前。取位应适当靠前，重心要降低，手臂不要太低，要做好高球挡、低球垫的准备。

（4）接拦网触手的球：拦网触手的球，由于改变了原来的扣球路线、方向，落点变化不定。接这种球时，要做好向各个方向移动的准备，根据来球的高低、远近，采用不同的击球手法。

3. 接拦回球

接拦回球也叫"保护"。拦回球的落点多数在扣球人附近，因此，取位应适当靠前场区，采用低蹲姿势，手臂插入球下，接球的动作要小，以翘腕或屈肘抬臂动作将球垫起。

五、扣球技术

扣球是队员跳起在空中，用一只手臂作鞭甩式挥动，将本方场区上空高于球网上沿的球有力地击入对方场区的一种击球方法。它是排球技术中攻击性最强的一项技术。扣球技术可分为正面扣球、单脚起跳扣球、小轮臂扣球和勾手扣球。基本技术是正面扣球。初学者应从正面扣球学起，技术方法介绍如下。

- 起动姿势：起动时由稍蹲准备姿势开始，两臂下垂，站在离网 3 m 左右，身体稍转向来球方向，以便于观察球，向各个方向助跑起跳。
- 助跑：两步助跑开始时，左脚先向前迈出一步，紧接着右脚再快速跨出一大步，左脚及时跟上，踏在右脚之前，两脚尖稍向右转准备起跳。
- 起跳：在助跑跨出最后一步的同时，两臂绕体侧后引，左脚跟上踏地制动过程中，两臂由后积极向前摆动；随着双腿蹬地向上起跳，两臂配合起跳有力地向上摆动。起跳中，手臂向前上方快速摆动，对起跳的高度有帮助。两臂摆动应根据扣球技术的需要及个人的习惯，采用小划弧摆臂、大划弧摆臂或前后摆臂。在助跑制动后向上摆臂的同时，两腿从弯曲制动的最低点，猛力蹬地向上起跳，双脚弯曲度可依个人腿部、腰部力量和扣球技术的需要而有所差异。但整个动作要协调、连贯，具有爆发力。
- 空中击球：空中击球是扣球的关键，其动作合理与否直接影响着扣球的质量。起跳后，挺胸展腹，上体随右臂向后上方抬起而稍向右转，身体成反弓形。这样可以加大上体和手臂的振幅，增加挥臂的距离及加快手臂挥动的速率。挥臂时，以迅速转体、收腹的动作发力，依次带动肩、肘、腕各关节向前上方呈鞭甩式挥动。击球时，五指微张，以掌心为中心，全手掌包满球体，并保持紧张，在右肩前上方处击球后中部，同时主动用力屈腕、屈指向前推压，使扣出的球呈上旋。
- 落地：因为击球时，空中有向左转体收腹的动作，右肩抬得较高，所以下落时往往是左脚先着地。为了避免左腿负担过重，应力争双脚同时落地，以前脚掌先着地再过渡到全脚掌着地，并顺势屈膝，缓冲下落的力量，做好下一动作的准备。

【技术要点】

①助跑：步幅由小到大，先迈方向步；步速由慢到快，后跨起跳步。

②起跳：看球落点决定起跳，后脚跟上双脚猛力蹬地；看球高度决定起跳时间，向上摆臂，用力协调。

③挥臂击球：屈臂敞肩拉得开，腰腹发力要领先；向上挥臂如甩鞭，全掌包球打得满。

排球扣球

六、发球技术

发球是队员在端线后自行抛球，并用一只手将球直接击入对方场区的技术动作。它是比赛的开始，也是进攻的开始，是排球比赛中的一项重要的进攻性技术。

（一）正面下手发球

这种发球动作简单易学，但球速慢、力量小、攻击性较弱，适用于初学者（图 2-3-7）。

图 2-3-7 正面下手发球（动作演示）

（1）准备姿势：发球前，面对球网，两脚前后开立，左脚在前，两膝微屈，上体前倾，重心偏后，左手持球于腹前，右臂自然下垂。

（2）抛球：左手将球平稳地抛在体前右侧，离手一球多的高度。

（3）挥臂击球：在抛球的同时，右臂伸直，以肩关节为轴向后摆动。击球时，右腿蹬地，身体重心随着右手的向前摆动前移，在腹前用掌根击球的后下部。重心随击球动作前移，迅速进场比赛。

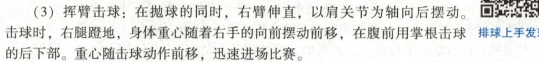
排球上手发球

（二）正面上手发球

这种发球由于面对球网站立，便于观察对方，容易控制球的落点（图2-3-8）。

图2-3-8 正面上手发球（动作演示）

（1）准备姿势：面对球网站立，两脚自然开立，左脚在前，左手持球于体前。

（2）抛球：左手将球平稳地垂直抛于右肩的前上方，高度适中。抛球的同时，右臂抬，并屈肘后引，肘与肩平行；手掌自然张开，上体稍向右侧转动，抬头、挺胸、展腹，身体重心移到右脚上。

（3）挥臂击球：击球时，利用蹬地上体向左转动，迅速收腹带动手臂向前上方挥动，伸直手臂在右肩前上方的最高点，用全手掌击球的后中部。手触球时，手指自然张开与球吻合，手腕要迅速向前做推压动作，使击出的球呈上旋飞行。击球后，随重心前移，迅速进场比赛（图2-3-9）。

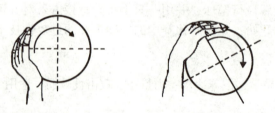

图2-3-9 正面上手发球（击球分析）

排球上手发球

（三）正面上手飘球

这种发球不旋转，但球不规则地向前飘晃飞行，使接发球队员难以判断球的飞行路线和落点。这种发球由于面对球网站立，便于观察对方，控制发球方向。上手发球的成功率高、攻击性强，在各种水平比赛中被普遍采用（图2-3-10）。

图 2-3-10　正面上手飘球（动作演示）

（1）准备姿势：同正面上手发球。
（2）抛球：同正面上手发球。但抛球的高度稍低并靠前。
（3）挥臂击球：击球时，利用蹬地、向左转体和收腹的力量，带动手臂向前做直线运动，身体重心随之从右脚过渡到左脚。手触球时，五指并拢，手腕稍后仰，用掌根击球的后中下部，作用力通过球体重心。击球瞬间，手指手腕保持紧张，手型固定，用力要突然、短促。击球结束，手臂要有突停动作。击球后，迅速进场比赛（图 2-3-11）。

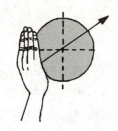

图 2-3-11　正面上手飘球（击球分析）

（四）勾手发飘球

这种发球与正面上手发飘球一样，发出的球不旋转而在空中飘忽不定，给接发球队员造成错觉，同样具有较强的攻击性。发球队员由于侧面站立，可充分利用腰部扭转带动手臂加速挥动。这种发球比较省力，但动作较复杂（图 2-3-12）。

图 2-3-12　勾手发飘球（动作演示）

（1）准备姿势：左肩对网，两脚自然开立，左手持球于体前。
（2）抛球：将球平稳地抛在左肩前上方一臂多高。抛球的同时，上体顺势向右倾，身体重心右移，右臂自然向侧后摆动。
（3）挥臂击球：击球时，右脚蹬地，上体向左转动发力，身体重心向左脚偏移，同时带动伸直的手臂向左上方挥动，手臂做直线运动。手触球时，五指并拢，手腕稍后，并保持紧张，用掌根或半握拳去击球的后中下部。击球用力短促、突然，并通过球的重心。击球后，迅速进场比赛。

（五）勾手大力发球

这种发球力量大、速度快、弧线低（图 2-3-13）。

图 2-3-13　勾手大力发球（动作演示）

（1）准备姿势：左肩对网，两脚自然开立，两膝微屈，左手持球于体前。

（2）抛球：左手将球平稳地抛在左肩前上方约一臂高度，抛球的同时，两腿弯曲，上体向右倾斜，重心移至右脚上，右臂向右侧后方摆动。

（3）挥臂击球：随着右腿用力蹬地，利用转体动作带动手臂做直臂弧形挥动，在右肩前上方手臂的最高点击球。击球时，手指自然张开包住球，利用手腕的推压动作，用力击球的后中下部，使球向前上旋飞行。

（六）跳发球

跳发球是利用助跑起跳在空中击球的一种发球方法。这种发球可提高击球点，加大发球力量，增强发球的攻击性。

队员面对球网，距端线 3~4m 处站立。利用双手或单手将球抛向前上方，抛球的高度可根据自己的弹跳高度而定。抛球的同时向前助跑（两步或三步）起跳，利用收腹转体动作带动手臂挥动，在身体升至最高点时以全手掌击球的中下部。击球时，手腕要有推压动作。

七、拦网技术

拦网是靠近球网的队员，将手伸向高于球网处阻拦对方的来球，并触及球。它是排球技术中一项重要的防守技术。随着排球运动的发展，拦网已由被动的防御性技术转化为具有强烈攻击性的技术。现代拦网技术不仅是能与扣球相抗争的第一道防线，而且已成为得分的重要手段。拦网分为单人拦网和集体拦网。本文仅介绍单人拦网技术（图 2-3-14）。

• 准备姿势：队员面对球网，两脚左右开立，约与肩同宽，距网 30~40 cm。两膝微屈，两臂屈肘置于胸前，随时准备起跳或移动。

• 移动：为了对正对方的扣球点起跳，需要及时移动，常用的移动步法有一步、并步、交叉步和跑步等。移动结束后要做好制动动作，以避免触及冲撞同队队员。

• 起跳：原地起跳时，两腿先屈膝下蹲，随即用力蹬地。两臂以肩发力，大臂为半径，在体侧近身处，做划弧或前后摆动，迅速向上跳起。

• 空中动作：起跳时，两手从额前沿球网向上方伸起。两臂伸直并保持平行，两肩上提，两臂应伸过网去，既不能触网，又要尽量去接近球。两手自然张开，屈指屈腕呈半球状。当手触球时，两手突然紧张，手腕下压盖住球的前上方。

• 落地：拦网后，要做含胸动作，以保持身体平衡。手臂不能放松和随球下拖。要先使手臂后摆或两臂上提，然后再屈肘向下收臂，以免触网。与此同时，屈膝缓冲，双脚落地。

【技术要点】取位对准球，起跳要及时，看清动作拦路线；手臂伸过网，两手接近网，触球手掌压手腕。

图 2-3-14　单人拦网技术

第三节　排球基本战术

一、阵容配备

阵容配备是合理地调动本队队员的一种组织形式。其目的在于把全队的力量有效地组织起来，扬长避短，最大限度地发挥每一个队员的作用和特长。

阵容配备的形式有以下几种。

（一）"三三"配备

由三名进攻队员和三名二传队员组成，站位时，一名进攻队员间隔一名二传队员。目前采用这种配备形式的比较少，一般适于初学者和水平较低的队。

（二）"四二"配备

由四名进攻队员（两名主攻队员与两名副攻队员）和两名二传队员组成，他们分别站在对角的位置上。这样每个轮次前后排都能保持有一名二传队员、两名进攻队员，便于组织和发挥本队的攻击力量。目前在水平一般的球队中，采用这种配备形式的较多（图 2-3-15）。

（三）"五一"配备

由五名进攻队员和一名二传队员组成。这种阵容配备的优点是拦网和进攻力量得到加强，一个二传队员的打法，全队容易建立默契。但二传队员在前排时，只有两点攻。要充分利用两次球、吊球及后排扣球等战术突袭对方，弥补"五一"配备的不足。目前在水平较高的队中普遍采用这种配备形式（图 2-3-16）。

图 2-3-15 "四二"配备　　　　图 2-3-16 "五一"配备

二、进攻形式和进攻打法

(一) 进攻形式即进攻时所采取的组织形式

1. "中一二"进攻形式

由前排中间的 3 号位队员担任二传，其他五名队员将来球垫给二传队员，再由二传队员将球传给 4 号位或 2 号位队员扣球的进攻形式，称为"中一二"进攻形式（图 2-3-17）。

这种形式是排球进攻最基本、最简单的形式。其特点是一传的目标明确，二传队员易于接应，加之战术配合简单，便于组织进攻。缺点是战术方法较少，进攻点不多，突然性不大，战术意图易被对方识破。这种形式适合于技术水平较低的队采用。但有时技术水平较高的队在来不及组织复杂战术进攻的情况下，也采用这种进攻形式。

2. "边一二"进攻形式

由前排边的 2 号位队员担任二传，将球传给 3 号位或 4 号位队员扣球的进攻形式，称为"边一二"进攻形式（图 2-3-18）。

图 2-3-17 "中一二"进攻形式　　　　图 2-3-18 "边一二"进攻形式

这种形式也比较简单，容易掌握。但由于对一传、二传的要求都较高，组织"边一二"进攻形式要比组织"中一二"进攻形式的难度大，其战术配合也比较复杂。"边一二"进攻形式，由于两边进攻队员的位置相邻，便于进行互相掩护的进攻配合，可以组织较多的快变战术。因此，"边一二"的突然性和进攻性要比"中一二"进攻形式大。

3. "插上"进攻形式

由后排的队员插到前排担任二传，将球传给前排 3 名队员扣球的进攻形式。"插上"进攻形式的特点是前排能保持三名队员参加进攻，可以充分利用球网的全长，有利于发挥进攻队员的多种掩护战术配合，突破对方的防线，因此，更具有突然性和攻击性。

(二) 进攻打法

是指排球比赛中，一传队员、二传队员和扣球队员之间所进行的各种进攻战术配合的方法，其目的是为了避开对方的拦网、突破对方的防线，争取主动，扩大战果。进攻打法可以分为强攻、快攻、二次攻、立体攻四大类。

(1) 强攻：是凭借队员个人的身高和弹跳力，利用扣球的力量和个人扣球战术，强行突破对方的防御。

(2) 快攻：是指各种平快扣球及以平快扣球掩护同伴进攻或自我掩护进攻所组成的各种快速多变进攻战术的总称。快攻是我国排球的传统特长打法。由于快攻具有速度快和掩护作用强的特点，能在时间和空间上发挥优势，有效地突破对方的防御。

(3) 二次攻：当一传弧度较高、落地又在网前，前排队员可以直接将球扣或吊入对方场区，或佯扣将球在空中转移传给其他前排队员的进攻，这种有两次机会进攻的方式叫二次攻。

(4) 立体攻：前排队员运用各种快变战术组织进攻，同时也掩护后排队员从进攻线后跳起进攻，形成横向、纵深全方位的进攻。这种打法突然性大、攻击性强，容易突破对方的防线，是今后进攻战术的发展方向。

第四节　排球竞赛规则

一、比赛场地

比赛场地包括比赛场区和无障碍区，其形状为对称的长方形。

比赛场区为 18 m×9 m 的长方形。其四周至少有 3 m 宽的无障碍区。比赛场区上空的无障碍空间从地面量起至少高 7 m，其间不得有任何障碍物。国际排联世界性比赛场地边线外的无障碍区至少宽 5 m，端线外至少宽 8 m，比赛场地上空的无障碍空间至少高 12.5 m。

球网高度：球网架设在中线上空，高度为男子 2.43 m，女子 2.24 m，标志杆高出球网 80 cm。

二、球

球是圆形的，由柔软皮革或合成革制成外壳，内装橡皮或类似质料制成的球胆。颜色：应是一色的浅色或彩色。国际排联世界性比赛中使用的球，必须经国际排联同意并符合其标准。圆周：65~67 cm。重量：260~280 g。气压：0.30~0.325 kg/cm^2。

三、比赛队及队员装备

一个队最多有十二名队员、一名教练员、一名助理教练员和一名医生。

全队队员的上衣、短裤和袜子都必须统一、整洁和颜色一致（后排自由防守队员除外）。

运动鞋必须是没有后跟的柔软轻便的胶底或皮底鞋。

队员上衣必须有号码，序号为1~18号。号码必须在身前和身后的中间位置，并与上衣的颜色明显不同。

禁止佩戴可能造成伤害及有利于人为加力的物品。

四、比赛方法

（一）胜一球

一球是指从发球击球起至该球成死球止。

如果发球队获胜，则得一分，继续发球；如果接发球队获胜，则获得发球权，同时得一分。

（二）胜一局

每局先得25分并同时超出对方2分的队胜一局。当比分为24：24时，比赛继续进行至某队领先2分（26：24、27：25）。

（三）胜一场

胜三局队胜一场。

如果2：2平局时，决胜局（第五局）打至15分并领先对方2分获胜。

（四）队员场上位置

2号位、3号位、4号位为前排；5号位、6号位、1号位为后排。

（五）发球轮转

接发球队获得发球权后，该队发球队员必须按顺时针方向转一个位置，即2号位队员转到1号位发球，1号位队员转到6号位，依次循环。

五、比赛行为

（一）比赛开始

裁判员鸣哨后允许发球，发球队员击球时比赛开始。

（二）比赛的中断

裁判员鸣哨中止比赛。但如果裁判员是由于比赛中出现犯规而鸣哨的，则比赛的中断实际上是由犯规那一刻开始的。

（三）界内球

球触及比赛场区的地面（包括界线）为界内球。

（四）界外球

（1）球接触地面的部分完全在界线以外。
（2）球触及场外物体、天花板或非场上比赛的成员等。
（3）球触及标志杆、网绳、网柱或球网标志杆以外部分。
（4）发球时或进入对方场区时，球的整体或部分从过网区以外过网。

（五）球队的击球

每队最多击球三次（拦网除外）将球从球网上击回对方，超过规定次数的击球，判为"四次击球犯规"。无论是主动击球还是被动触及，均作为该队击球一次。

（六）连续击球

一名队员不得连续击球两次（除拦网外）。

（七）同时触球

两名或三名队员可以同时触球。
（1）同队的两名（三名）队员同时触到球时，被记为两次（三次）击球（拦网除外）。如果只有其中一名队员触球，则只记为一次击球。队员之间发生碰撞不算犯规。
（2）两名不同队的队员在网上同时触球，比赛继续进行，获得球的一方可击球三次。如果球落在某方场区外，则判为对方击球出界。
（3）如果双方队员同时触球造成"持球"，则判为"双方犯规"，该球重新进行。

（八）击球的犯规

（1）"四次击球"：一个队连续触球四次。
（2）"借助击球"：队员在比赛场地以内，借助同伴或任何物体的支持进行击球。
（3）"持球"：没有将球击出，造成接住或抛出。
（4）"连击"：一名队员连续击球两次或球连续触及其身体的不同部位。

（九）发球犯规

发球队发球次序错误，没有遵守以下规定发球的，为发球犯规。
（1）球被抛起或持球手撤离后，必须在球落地前，用一只手或手臂的任何部分将球击出。
（2）球只能被抛起或持球手撤离一次，但拍球或在手中移动球是被允许的。
（3）发球队员在击球时或击球起跳时，不得踏及场区（包括端线）和发球区以外地面。击球后可以踏及或落在场区内或发球区以外。
（4）发球队员必须在第一裁判员鸣哨后 8 s 内将球击出。
（5）裁判员鸣哨前的发球无效，须重新发球。

（十）拦网的犯规

（1）在对方进攻性击球前或击球的同时，在对方场区空间拦网触球。
（2）后排队员或后排自由防守队员完成拦网或参加了完成拦网。
（3）拦对方发球。
（4）从标志杆以外伸入对方空间拦网。

第四章 乒乓球

第一节 乒乓球运动概述

1890年,几位驻守印度的英国海军军官偶然发觉,在一张不大的台子上玩网球颇为刺激。后来他们改用空心小皮球代替弹性不大的实心球,并用木板代替了网拍,在桌子上进行这种新颖的"网球赛",这就是 table tennis 得名的由来。

后来,一位美国制造商以乒乓球撞击时所发出的声音创造出 ping-pong 这个新词,作为他制造的"乒乓球"专利注册商标。ping-pong 后来成了 table tennis 的另一个正式名称。当它传到中国后,人们又创造出"乒乓球"这个新的词语。

乒乓球起源于英国,欧洲人至今把乒乓球称为"桌上的网球",由此可知,乒乓球是由网球发展而来。19世纪末,欧洲盛行网球运动,但由于受到场地和天气的限制,英国有些大学生便把网球移到室内,以餐桌为球台,书作为球网,用羊皮纸做球拍,在餐桌上打来打去。

20世纪初,乒乓球运动在欧洲和亚洲蓬勃开展起来。1926年,在德国柏林举行了国际乒乓球邀请赛,后被认为是第一届世界乒乓球锦标赛,同时成立了国际乒乓球联合会。1988年,乒乓球被列为奥运会正式比赛项目。乒乓球单人比赛原来一般采取三局两胜制或五局三胜制(每局21分),2001年改为七局四胜制或五局三胜制(每局11分)。

现在,乒乓球已发展成为各国人民喜爱的运动项目之一。国际乒联已拥有127个会员协会,是世界上较大的体育组织之一。由国际乒联和各大洲乒联举办的世界锦标赛、世界杯赛、洲际比赛及各种规模的国际比赛,不胜枚举。

乒乓球运动的特点是球小、速度快和变化多,不同身体条件、年龄和性别的人都可参加,场地设备比较简单,运动量可大可小,健身价值较高。虽然乒乓球是英国人发明的,但真正把乒乓球运动推向登峰造极水平的是中国人,我国乒乓球运动在国民中普及程度较广,运动员在世界赛场上为祖国争得了荣誉,为我国外交政策和推动世界乒乓球运动的发展做出了巨大贡献。

第二节 乒乓球基本技术

一、基本站位与准备姿势

(一)基本站位

乒乓球运动的基本站位应与不同类型打法及个人的打法特点相适应,不同类型的打法,基本站位的范围大小也不相同。站位正确，有利于保持稳定的击球姿势，有利于向任何一个方向迅速移动。

【站位动作要点】站位的范围指运动员离球台端线的远近距离和左右距离。应根据不同的打法，选择不同的基本站位。

（1）左推右攻打法：基本站位在中间偏左；
（2）两面攻打法：基本站位在近台中间；
（3）弧圈球为主打法：基本站位在中台偏左；
（4）横拍攻削结合打法：基本站位在中台附近；
（5）削球打法：基本站位在中远台附近。

（二）准备姿势

准备姿势是指击球员准备击球或还击球时身体各部位的姿势。合理的姿势，有利于脚、腿蹬地用力和腰、躯干各部位的协调配合与迅速起动；保持正确的击球姿球，可提高击球的命中率，制造出最大的击球力。

【动作要点】
①下肢：两脚左右开立，约与肩同宽，身体稍向右侧，面向球台；两膝自然弯曲，提踵，重心置身于两脚之间。
②躯干：含胸收腹，上体略前倾，下颌微收，两眼注视来球。

二、握拍法

握拍有直拍握法和横拍握法两种。选择何种握法，应因人而异、左右兼顾，有利于技术运用。

【动作要点】（以右手为例）
①直拍握法：拇指、食指自然弯曲，以拇指第一关节和食指握住拍柄两肩。中指、无名指、小指自然弯曲斜行重叠，以中指第一关节偏左侧部托于球拍背面上1/3处；中指、无名指微曲，同时压拍面（图2-4-1）。

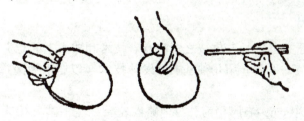

图2-4-1　直拍握法

②横拍握法：以中指、无名指、小指自然握住拍柄，拇指在球拍的正面轻贴在中指旁，食指自然伸直斜放于球拍的背面，虎口微贴拍（图2-4-2）。

图2-4-2　横拍握法

三、基本步法

（一）步法的特点

步法是指击球时选择合适的位置所采用的脚步移动方法。步法是乒乓球运动的生命。没有灵活的步法，就不可能有效地回击来球，无法使用有效的手法。

（二）步法的使用与方法

（1）单步：在来球距离身体一步以内的较小范围、角度不大的情况下，在台内或在还击追身球时采用此种步法。

【动作要点】以一脚前脚掌内侧为轴稍转动、蹬地用力，另一脚向来球方向做前、后、左、右移步。

（2）并步：（亦称滑步或换步）两面攻打法的，从基本站位向左右移动时多采用"换步"。

【动作要点】一脚向来球方向移动，另一脚随即跟着移动一步。

（3）交叉步：在来球较远的情况下，多采用"交叉步"。

【动作要点】以来球反方向左脚向来球方向交叉，并超过另一脚，然后另一脚随即向来球方向移动。

（4）侧身步：当来球逼近身体或者来球至反手位时，多采用"侧身步"。

【动作要点】左脚先向左跨一步，然后右脚即向左后方移动，另一种可以用左脚先向前插上，右脚向左后移动。

四、发球与接球技术

乒乓球比赛是从发球和接发球开始的，两者的好坏都能直接得分或失分，因此要重视发球和接发球技术的练习。

（一）发球的特点

发球在比赛中对于扬己之长、攻彼之短均有着技术和战术上的意义。它是连接整个乒乓球技、战术的重要环节。下面介绍几种基本的发球技术（以右手为例）。

1. 反手平击发球

站位左半台离台 30 cm，右脚稍前，身体略向左转，左手掌心托球，右手持拍于身体左侧。持球手轻轻向上抛球，同时持拍手向后引拍，上臂自然靠近身体右侧，待球下落低于球网时，持拍手以肘关节发力，由左后向右前挥拍击球中部，拍面稍前倾，第一落点在本台中区。

2. 正手平击发球

站位中近台偏右，左脚稍前，身体稍右转，球向上抛起，持拍手由右后向前挥动。其余同反手平击发球。

3. 反手发急球

准备姿势同反手平击发球。抛球的同时，持拍手向左后方引拍，待球下落到网高时，持拍手由左后向右前加速挥拍，拍面稍前倾，以前臂和手腕发力为主击球中上部，第一落点靠近本方端线，第二落点在对方端线附近。

4. 反手发右侧上（下）旋球

站位及准备姿势同反手平击发球。抛球的同时，持拍手向左后引拍，用前臂带动手腕向右前上方挥动，拍面逐渐向左稍前倾，拇指压拍，手腕内转，从球的中部向右侧上摩擦，第一落点本方端线，第二落点对方左角。若发落点短的球时，前臂向前力量减小而增强手腕摩擦力量，第一落点在本方中区；若发下旋球，击球时拇指加力压拍，使拍面略后仰，从球的中部向侧下摩擦。

5. 正手发左侧上（下）旋球

站位左半台，抛球，同时持拍手迅速向右上方引拍，身体随即向右转，手臂自右上方向左下方挥摆，球拍从球的右侧中下部向左侧面摩擦。若发左侧下旋球时，手臂自右上方向左前下方挥摆，拍从球的右侧中部向左侧下部摩擦，第一落点本方端线附近。

6. 正手发奔球

站位近台，左脚稍前，身体略向右转，两膝微屈，上体稍前倾，持拍手自然放于身前。抛球同时，持拍手向右后上方引拍，手腕放松，拍面较垂直。待球下落至与网同高时，上臂带动前臂由右后方向左前方挥摆，腰同时向左扭转。击球刹那，拇指压拍的左侧，手腕同时从后向前使劲抖动，球拍沿球的右侧中部向侧上摩擦，第一落点在本方端线，第二落点在对方右角。

7. 正手发短球

同发奔球，其区别是触球刹那突然减力并向左下切球，第一落点在本方中区，第二落点在对方近网处。

（二）接发球特点

在比赛中，接发球具有被动转主动、技术难度大、判断反应快、心理素质要稳定的特点。第一板回接球是由被动转入主动进攻的第一步。回接球的质量，直接影响自己技、战术的发挥和是否能将对手控制在被动状态。同时也直接影响到自己的心理状态。接发球好，可直接得分，或为抢攻创造有利条件。

采用哪一种方法接发球，应根据对方发球的旋转、落点及双方打法特点等因素而定。首先是站位的选择：站在球台左半台，离球台端线的远近距离视来球的落点而定，便于前后移动接长、短球，离台30~40 cm。其次是对来球的判断：判断是接好发球的前提。如何才能准确无误地判断出对方发球的旋转性质、旋转程度或缓、急、落点变化，主要应依据对方球拍在接触球的瞬间的挥动方向，掌握击球的部位与用力方向，以此来判断球的旋转性能。下面介绍几种基本的接发球技术（以右手为例）。

1. 回接对方左侧下旋球

球触拍后，从自己的右侧下方弹出。接这种球一般采用推挤、搓、削为宜。搓球回接时，拍面稍后仰，并略向左偏斜以抵消来球的左侧旋；若采用攻球方法回接，宜用拉抽（拉攻），拍触球时向上、向前摩擦球。

2. 回接对方左侧上旋球

球触拍后，向自己右侧上方弹出。接这种球一般采用推、攻回接为宜。回接时，拍面触球的中上部，适当下压，拍面所朝方向向左偏斜以抵消来球的左侧旋；要调节好拍面方向和用力方向。采用攻、拉球方法回接时，同样的道理，应向对方挥拍方向相反的方向回接，以抵消来球的侧旋性能；同时，也应调节拍形适当下压，防止球飞出界外。

3. 回接对方右侧下旋球

球触拍后，向自己的左侧下方弹出。回接时，拍面略向右偏斜。可采用搓、拉、点、削等方法。

4. 回接对方右侧上旋球

球触拍后，向自己的左侧上方弹出。拍面也应根据来球旋转程度适当向右偏斜，用推、拨、攻、拉、削等手段回接。触球时，调节拍面，使拍形前倾击球中上部。

5. 回接对方低（高）抛发的急下旋球

采用推、拦、拉方法回接。若用推接，拍面应略后仰，触球瞬间前臂旋外压球；用下旋推挡直接切球中下部，用前臂和手腕力量向前上方力摩擦球。若用搓球、向后移动步法，击来球下降期，引拍比接一般下旋球稍高些，加长球在拍面上的摩擦时间。用攻球回球，应注意适当向上用力提拉，又要调节拍形前倾角度。

五、挡球与推挡球

挡球是初学者首先应学习的一项基本技术。推挡球是我国近台快攻传统打法的独特技术。挡球与推挡球的重、难点是：正确的拍面、身体的协调配合和准确的线路落点（以右手为例）。

- 挡球：近台中偏左站位，左脚稍前，屈膝提踵，含胸收腹，重心在前脚掌上，持拍手置于腹前，上臂靠近身体右侧齐高，球和手腕顺来球路线向前伸出主动迎球。上升期击球中部，拍面与台面几乎垂直，拍触球后立即停止，迅速还原成准备姿势。
- 推挡球：近台中偏左站位，左脚稍前，击球时提起前臂，上臂后收，肘部贴近身体，在上升时期或高点期击球中上部。转腰动作加手腕发力，并用中指顶住拍背向前用力。

六、攻球

攻球从大的动作结构来讲，可分为正手和反手攻球两大类。攻球是快速进攻最重要的一项技术，杀伤力强，是快速结束战斗的有效方法。攻球的关键是挥拍发力和正确恰当的击球点（以右手为例）。

- 正手攻球：近台中偏右站位，左脚稍前，身体斜对球台，持拍手自然放松置于腹前，拍半横状。顺来球路线略向右侧齐高，拍面与台面约成80°，前臂与台面基本平行。当球从台上弹起，持拍手由右侧向左前上方挥动，以前臂快速内转，沿球体做弧线挥动，在上升期击球的中上部，击球位置在身体右前方一前臂距离处。
- 反手攻球：站位近台，右脚稍前，持拍手自然弯曲置于腹前偏左，重心偏于左脚。顺来球线路向后引拍。当球从台左后向右前上加速挥拍，前臂发力为主，手腕外转，拍面前倾，重心移至右脚，胸前上升时期击球的中上部。

七、搓球

搓球是近台还击下旋球的一种基本技术，特点是站位近、动作小，回球多在台内进行；也是初学削球必须掌握的入门技术（以右手为例）。

- 慢搓：近台站位右脚稍前，持拍手臂自然弯曲。击球时，用前臂和手腕向前下方用力，拍面后仰，在下降期击球中下部。
- 快搓：站位及击球方法与慢搓相同，击球时拍面稍横立，避免出界或回球过高。

八、削球

削球是我国乒乓球传统打法之一，也是乒乓球防守技术之一，削球技术正在向转、稳、低、攻方向发展（以右手为例）。

- 正手远削：站位中台，左脚稍前，上体稍向右转，重心落于右脚，持拍手臂自然弯曲于腹前。顺来球方向向右上方引拍与肩同高，拍面后仰。当球从台上弹起时，持拍手上臂带动前臂由右上向左前下方加速切削，手腕向下转动用力，在右侧离身体 40 cm 处击准下降期球的中下部，并顺势前送。
- 反手远削：中台站位，右脚稍前，上体左转，重心落于左脚，持拍手自然弯曲放松置于胸前。顺来球路线向左上方引拍约与肩高，拍柄向下。当球弹起时，持拍手从左上方向右前下方挥动，拍面后仰，用前臂和手腕加速用力切削，球拍在胸前偏左 30 cm 处击准下降期球的中下部，并顺势挥至右侧下。

九、弧圈球技术

（一）正手前冲弧圈球

1. 特点与运用

飞行弧线低、速度快、前冲力强，落点后弹起不高，但急前冲并向下滑落，能起到与扣杀同样的作用。常用于对付发球、推挡球、搓球以及中等力量的攻球。远台相持时，也可以利用它进行反攻。在实际运用，步法移动的速度快、范围广。

2. 动作要点

(1) 引拍的幅度大，尽可能增大挥拍的动作、半径。
(2) 加快挥拍速度，在球拍达到最大速度时触球。
(3) 单纯用上肢发力，前冲力不强，因此腿、髋、腰的配合不可缺少。
(4) 摩擦力大于撞击力。
(5) 球拍与球的吻合面要合适，防止打滑。

（二）正手加转弧圈球

1. 特点与运用

飞行弧线高、上旋很强、速度较慢，但着台后向下滑落较快，对方回击容易出高球，甚至出界，可以直接得分或为扣杀争取机会。它是对付削球、搓球和接出台发球的重要技术。

另外，由于球出手弧线的弯曲度较大，落到对方台面后迅速下滑，还可起到变化击球节奏的作用。

2. 动作要点

(1) 引拍时，球拍必须低于来球，但不要下沉太多。
(2) 拉球时，持拍手臂由下向上发力，前臂快速收缩，触球瞬间，尽量加长摩擦球体的时间。

(3) 身体重心随右脚蹬地，转腰，挥臂提高。

（三）反手拉弧圈球

1. 特点与运用

反手拉弧圈球是横拍握法的优势之一。拉球的速度比正手稍快，但力量和旋转略逊于正手。它可用于发球抢冲、接发球、搓中转拉以及一般的对攻和中台对拉。若运用得当，可以直接得分，而且能为正手的冲杀创造机会。

2. 动作要点

(1) 击球点不宜离身体太近；

(2) 充分利用肘关节的杠杆作用：先支肘，再收肘，借以增加前臂的挥摆幅度和力量；

(3) 近台快拉的击球时间为上升后期或高点期；中远台发力拉的击球时间为下降期，但不可过分低于台面。

第三节 乒乓球基本战术

一、搓攻战术

（一）搓攻战术的特点

搓攻战术是进攻型打法的辅助战术之一，主要利用搓球旋转的变化和落点的变化为抢攻创造机会。这一战术在基层比赛中被普遍采用。搓攻战术也是削球型打法争取主动的主要战术之一。

（二）常用的搓攻战术

(1) 慢搓与快搓结合。
(2) 转与不转结合。
(3) 搓球变线。
(4) 搓球控制落点。
(5) 搓中突击。
(6) 搓中变推或抢攻。

二、对攻战术

（一）对攻战术的特点

对攻战术是进攻型打法在相持阶段常用的一项重要战术。对攻类打法主要依靠反手推挡（或反手攻球）和正手攻球（或正手拉弧圈球）的技术，充分发挥快速多变的特点来调动对方。

（二）常用的对攻战术

(1) 紧逼对方反手，伺机抢攻或侧身抢攻、抢拉。

（2）压左突右。
（3）调右压左。
（4）攻两大角。
（5）攻追身球。
（6）变化击球节奏，加力推和减力挡结合，发力攻、拉与轻打、轻拉结合，也可造成对手的被动局面。
（7）改变球的旋转性质，如加力推后、推下旋；正手攻球后，退至中远台削一板，对方往往来不及反应，可直接得分或创造机会球。

三、拉攻战术

（一）拉攻战术的特点

拉攻战术是以攻为主的选手对付削球的主要战术。为了发挥拉攻的战术效果，首先，要具备连续拉的能力，并有线路、落点、旋转、轻重等变化；其次，要有拉中突击和连续扣杀的能力。

（二）常用的拉攻战术

（1）拉反手后，侧身突击斜线或中路追身球。
（2）拉中路杀两角或拉两角杀中路。
（3）拉一角，杀另一角。
（4）拉吊结合，伺机突击。
（5）拉搓结合。
（6）稳拉为主，伺机突击。

四、削中反攻战术

（一）削中反攻战术的特点

这种战术主要靠稳健的削球，限制对方的进攻能力，为自己的反攻创造有利条件。它不仅增强了削球技术的生命力，也促进了攻防之间的积极转化。

（二）常用的削中反攻战术

（1）削转与不转球，伺机反攻。
（2）削长短球，伺机反攻。
（3）逼两大角，伺机反攻。
（4）交叉削两大角，突击对方弱点。
（5）削、挡、攻结合，伺机强攻。

五、弧圈球战术

（一）弧圈球战术的特点

由于弧圈球战术把速度和旋转有效地结合起来，稳健性好，适应性强，许多著名选手已用它去替代攻球或扣杀。

（二）常用的弧圈球战术

（1）发球抢攻。
（2）接发球果断上手。
（3）相持中的战术运用。

第四节　乒乓球竞赛规则

一、球台

- 球台的上层表面叫作比赛台面，应为与水平面平行的长方形，长 2.74 m，宽 1.525 m，离地面高 76 cm。
- 比赛台面不包括与球台台面垂直的侧面。
- 比赛台面可用任何材料制成，应具有一致的弹性，即当标准球从离台面 30 cm 高处落至台面时，弹起高度约为 23 cm。
- 比赛台面应呈均匀的暗色，无光泽。沿每个 2.74 m 的比赛台面边缘各有一条 2 cm 宽的白色边线，沿每个 1.525 m 的比赛台面边缘各有一条 2 cm 宽的白色端线。
- 比赛台面由一个与端线平行的垂直的球网划分为两个相等的台区，各台区的整个面积应是一个整体。
- 双打时，各台区应由一条 3 mm 宽的白色中线，划分为两个相等的"半区"。中线与边线平行，并应视为右半区的一部分。

二、球网装置

- 球网装置包括球网、悬网绳、网柱，以及将它们固定在球台上的夹钳部分。
- 球网应悬挂在一根绳子上，绳子两端系在高 15.5 cm 的直立网柱上，网柱外缘离开边线外缘的距离为 15.25 cm。
- 整个球网的顶端距离比赛台面 15.25 cm。
- 整个球网的底边应尽量贴近比赛台面，其两端应尽量贴近网柱。

三、球

球应为网球体，直径为 40 mm。球重 2.79 g。球应由赛璐珞或类似的材料制成，呈白色或橙色，且无光泽。

四、球拍

- 球拍的大小、形状和重量不限。但底板应平整、坚硬。
- 底板厚度至少应有 85% 的天然木料。加强底板的黏合层可用诸如碳纤维、玻璃纤维或压缩纸等纤维材料，每层黏合层不超过底板总厚度的 7.5% 或 0.35 mm。

- 用来击球的拍面应用一层颗粒向外的普通颗粒胶覆盖，连同黏合剂，厚度不超过 2 mm；或用颗粒向内或向外的海绵胶覆盖，连同黏合剂，厚度不超过 4 mm。"普通颗粒胶"是一层无泡沫的天然橡胶或合成橡胶，其颗粒必须以每平方厘米不少于 10 颗、不多于 50 颗的平均密度分布整个表面。"海绵胶"即在一层泡沫橡胶上覆盖一层普通颗粒胶，普通颗粒胶的厚度不超过 2 mm。
- 覆盖物应覆盖整个拍面，但不得超过其边缘。靠近拍柄部分以及手指执握部分可不予以覆盖，也可用任何材料覆盖。
- 底板、底板中的任何夹层，以及用来击球一面的任何覆盖物及黏合层，均应为厚度均匀的一个整体。
- 球拍两面不论是否有覆盖物，必须无光泽，且一面为鲜红色，另一面为黑色。
- 由于意外的损坏、磨损或褪色，造成拍面的整体性和颜色上的一致性出现轻微差异的，只要拍面的性能未明显改变，均可允许使用。
- 比赛开始时及比赛过程中运动员需要更换球拍时，必须向对方和裁判员展示他将要使用的球拍，并允许他们检查。

五、定义

- "回合"：球处于比赛状态的一段时间。
- "球处比赛状态"：从有意识发球前球静止在不执拍手掌中的最后瞬间，到该回合被判得分或重发球。
- "重发球"：不予判分的回合。
- "一分"：判分的回合。
- "执拍手"：正握着球拍的手。
- "不执拍手"：未握着球拍的手。
- "击球"：用握在手中的球拍或执拍手手腕以下部分触球。
- "阻挡"：自对方最后一次击球触及本方台区后，如果在台面上方或正向比赛台面方向运动的球，在没有触及本方台区、也未越过端线之前，即触及本方运动员或其穿戴的任何物品。
- "发球员"：在一个回合中，首先击球的运动员。
- "接发球员"：在一个回合中，第二个击球的运动员。
- "裁判员"：被指定管理一场比赛的人。
- "副裁判员"：被指定在某些方面协助裁判员工作的人。
- "穿或戴"的物品：指运动员在一个回合开始时穿或戴的任何物品，但不包括比赛用球。
- "越过或绕过球网装置"：除从球网和比赛台面之间通过以及从球网和网架之间通过的情况外，球均应视作已"越过或绕过"球网装置。
- 球台的"端线"：包括球台端线以及端线两端的无限延长线。

六、合法发球

- 发球时，球应放在不执拍手的手掌上，手掌张开且伸平。球应是静止的，在发球方的端线之后、比赛台面的水平面之上。

- 发球员必须用手把球几乎垂直地向上抛起，不得使球旋转，并使球在离开不执拍手的手掌之后上升不少于 16 cm，球下降到被击出前不能碰到任何物体。
- 当球从抛起的最高点下降时，发球员方可击球，使球首先触及本方台区，然后越过或绕过球网装置，再触及接发球员的台区。在双打中，球应先后触及发球员和接发球员的右半区。
- 从抛球前球静止的最后一瞬间到击球时，球和球拍应在比赛台面的水平面之上。
- 击球时，球应在发球方的端线之后，但不能超过发球员身体（手臂、头或腿除外）离端线最远的部分。
- 运动员发球时，应让裁判员或副裁判员看清他是否是按照合法发球的规定发球。

①如果裁判员怀疑发球员某个发球动作的正确性，并且他或者副裁判员都不能确信该发球动作不合法，一场比赛中此现象第一次出现时，裁判员可以警告发球员而不予判分。

②在同一场比赛中，如果发球员或其双打同伴发球动作的正确性再次受到怀疑时，不管是否出于同样的原因，均判接发球方得一分。

③无论是第一次还是其他任何时候，只要发球员明显没有按照合法发球的规定发球，他将被判失一分，无须警告。

运动员因身体伤病而不能严格遵守合法发球的某些规定时，可由裁判员做出免予执行的决定，但须在赛前向裁判员说明。

七、合法还击

对方发球或还击后，本方运动员必须击球，使球直接越过或绕过球网装置或触及球网装置后，再触及对方台区。

八、比赛次序

- 在单打中，首先由发球员合法发球，再由接发球员合法还击，然后两者交替合法还击。
- 在双打中，首先由发球员合法发球，再由接发球员合法还击，然后由发球员的同伴合法还击，再由接发球员的同伴合法还击。此后，运动员按此次序轮流合法还击。

九、重发球

出现下列情况应判重发球：

- 如果发球员发出的球，在越过或绕过球网装置时，触及球网装置，此后成为合法发球或被接发球员或其同伴阻挡。
- 如果接发球员或接发球方未准备好时，球已发出，而且接发球员或接发球方没有企图击球。
- 由于发生了运动员无法控制的干扰，而使运动员未能合法发球、合法还击或遵守规则。裁判员或副裁判员暂停比赛。

十、一分

除被判重发球的回合，下列情况运动员得一分：
- 对方运动员未能合法发球。
- 对方运动员未能合法还击。
- 运动员在发球或还击后，对方运动员在击球前，球触及了除球网装置以外的任何东西。
- 对方击球后，该球没有触及本方台区而越过本方端线。
- 对方阻挡。
- 对方连击。
- 对方运动员或其穿戴的任何东西使球台移动。
- 对方运动员或其穿戴的任何东西触及球网装置。
- 对方运动员不执拍手触及比赛台面。
- 双打时，对方运动员击球次序错误。

十一、一局比赛

在一局比赛中，先得 11 分的一方为胜方。10 平后，先多得 2 分的一方为胜方。

十二、一场比赛

- 一场比赛由单数局组成。
- 一场比赛应连续进行，除非是经许可的间歇。

十三、发球、接发球和方位的选择

- 选择发球、接发球和这一方、那一方的权力，应由抽签来决定。中签者可以选择先发球或先接发球，或选择先在某一方。
- 当一方运动员选择了先发球或先接发球，或选择先在某一方位后，另一方运动员必须有另一个选择。
- 在获得每两分之后，接发球方即成为发球方，依次类推，直至该局比赛结束。或者直至双方比分都达到 10 分或实行轮换发球法，这时，发球和接发次序仍然不变，但每人只轮发一分球。
- 在双打的第一局比赛中，先发球方确定第一发球员，再由先接发球方确定第一接发球员。在以后的各局比赛中，第一发球员确定后，第一接发球员应是前一局发球给他的运动员。
- 在双打中，每次换发球时，前面的接发球员应成为发球员，前面的发球员的同伴应成为接发球员。
- 一局中首先发球的一方，在该场下一局应首先接发球。在双打决胜局中，当一方先得 5 分时，接发球方应交换接发球次序。
- 一局中，在某一方位比赛的一方，在该场下一局应换到另一方位。在决胜局中，一方先得 5 分时，双方应交换方位。

十四、发球、接发球次序和方位的错误

- 裁判员一旦发现发球、接发球次序错误，应立即暂停比赛，并按该场比赛开始时确立的次序，按场上比分由应该发球或接发球的运动员发球或接发球；在双打中，则按发现错误时那一局中首先有发球权的一方所确立的次序进行纠正，继续比赛。
- 裁判员一旦发现运动员应交换方位而未交换时，应立即暂停比赛，并按该场比赛开始时确立的次序，按场上比分运动员应站的正确方位进行纠正，再继续比赛。
- 在任何情况下，发现错误之前的所有得分均有效。

十五、轮换发球法

- 如果一局比赛已进行 10 分仍未结束（双方都已获得至少 9 分时除外），或者在此之前任何时间，应双方运动员的要求，应实行轮换发球法。当时限到时，球仍处于比赛状态，裁判员应立即暂停比赛，由被暂停回合的发球员发球，继续比赛；当时限到时，球未处于比赛状态，应由前一回合的接发球员发球，继续比赛。
- 此后，每个运动员都轮发一分球，直至该局结束。如果接发球方进行了 13 次合法还击，则判发球方失一分。
- 轮换发球法一经实行，或一局比赛进行了 10 分，该场比赛的剩余的各局必须实行轮换发球法。

第五章 羽毛球

第一节 羽毛球运动概述

一、羽毛球运动的起源及发展

现代羽毛球运动始于英国。19世纪60年代,一批退役的英国军官把印度孟买的"普纳"带回英国。1873年,英国公爵鲍弗特在格拉斯哥郡伯明顿镇的庄园里进行了一次羽毛球游戏表演。从此,羽毛球运动便逐渐开展起来,"伯明顿"成了羽毛球的名字,英文的写法是badminton。

1878年,第一部羽毛球规则在英国出版。1893年,世界上最早的羽毛球协会——英国羽毛球协会成立,并于1899年举办了全英羽毛球锦标赛。1934年,由加拿大、丹麦、英国、法国、爱尔兰、荷兰、新西兰、苏格兰和威尔士等国发起了国际羽毛球联合会,总部设在伦敦。从此,羽毛球国际比赛日渐增多。1978年2月,世界羽毛球联合会于香港成立。1981年5月,国际羽毛球联合会和世界羽毛球联合会正式合并。1992年,羽毛球运动被列为奥运会的正式比赛项目。

目前,国际羽联已拥有一百多个会员国。国际羽联管辖的世界性比赛有:汤姆斯杯赛(世界男子团体锦标赛),从1948年开始,每三年举办一次(1984年起改为每两年举办一次);尤伯杯赛(世界女子团体锦标赛),从1956年开始,每三年举办一次(1984年起改为每两年举办一次);世界锦标赛(单项比赛),从1977年开始;全英锦标赛(非正式传统单项比赛),从1899年开始,每年举办一次。

二、羽毛球运动的特点

羽毛球运动场地、器材简便易行,动作方法较易掌握,运动量可大可小,不同性别、年龄和身体情况的人都可以从事这项活动,因此,羽毛球运动深受广大群众的喜爱,开展得十分普遍。经常参加羽毛球活动,可以增强体质,发展人的灵敏度和协调能力,提高动作速度和上下肢活动能力,增强内脏器官的功能,使身体素质得到全面发展。

第二节 羽毛球基本技术

一、握拍法

握拍法可分正手握拍法和反手握拍法两种。

（一）正手握拍法（图2-5-1）

握拍时，拍面与地面垂直，右手虎口对准拍柄侧面内沿，以握手式握住拍柄，小指、无名指、中指并握。食指稍分开，大拇指与中指相近，拍柄端与近腕部的小鱼际肌齐平。

（二）反手握拍法（图2-5-2）

在正手握拍法的基础上，拍柄稍向外转，食指收回，拇指第一指关节内侧顶贴在拍柄的内侧的宽面上，其余四指并拢，握住拍柄，手心留有空隙。

图2-5-1 正手握拍法

图2-5-2 反手握拍法

二、发球

发球是羽毛球运动的一项重要基本技术。好的发球应是：高质量到位（如发网前球要贴网而过，落点靠近前发球线；发高远球落点要在后发球线附近等）；变幻莫测（做到各种发球前期动作的一致性，符合战术变化的要求）；符合规则要求（不违例）。

（一）正手发球

站位：单打时，一般站在发球区靠近中线距中线约1 m处。双打时可站前一些。

姿势：左脚在前（脚尖对网），右脚在后（脚尖斜向侧方），两脚距离与肩同宽，上身自然伸直，身体重心放在右脚上，成左肩斜对球网之势。右手手握拍向右后侧举起，肘部稍屈。左手用拇指、食指、中指夹持羽毛球的中间部位，举在身前，两眼注视对方准备接球的动向。

1. 正手发高远球（图2-5-3）

左手松开使球下落，右手沿自下而上的弧线朝前上方加速挥摆，拍面后仰，手腕外展。触球时，前臂带动手腕向前上方"闪"动，使击球时产生爆发力。击球点在右侧前下方。击球后，随势向前上方挥摆，重心移至左脚。

羽毛球正手发高远球

图 2-5-3　正手发高远球（动作演示）

2. 正手发网前球

击球时，挥拍幅度较小，力量较轻，拍面稍后仰，触球时利用手腕和手指的力量从右向左横切推送，使球贴网而过，正好落在前发球线附近的发球区内。

3. 正手发平高球

发出球的弧线以比高远球低但对方又不能拦截的高度，飞向后发球线附近的发球区内下落，此为发平高球。

其方法与正手发高远球的方法基本一致。由于平高球飞行弧线比高远球低，所以，挥拍击球时多运用前臂带动手腕发力。球与球拍接触时，球拍后仰的程度比发高远球时小，拍面略微向前推送击球。

（二）反手发球（图 2-5-4）

（1）站位：站在发球区内较靠近前发球线的位置上。

（2）姿势：右脚在前，左脚在后，上身自然伸直，重心放在右脚上，面对球网。左手以拇指、食指和中指捏住羽毛置于腹前腰下。右手反手握拍，肘部略抬起，使拍框下垂于左腰侧。两眼注视对方准备接球的动向，主要靠挥动前臂和伸腕闪动发力；动作小，力量也较小，但速度较快，动作一致性好。

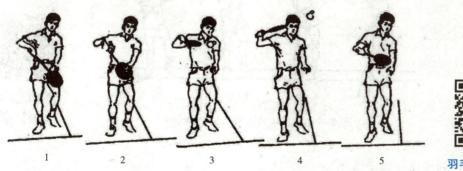

羽毛球反手发球

图 2-5-4　反手发球（动作演示）

三、击球法

羽毛球运动的各种挥拍击球技术，统称为击球法。根据这些技术动作的特点，大致可分为高手击球、低手击球和网前击球三大类。

(一) 高手击球

一般将点高于头部的击球，称为高手击球。高手击球按其技术特点和球飞行弧线的不同，可分为：高远球、平高球、扣杀球和吊球等。它一般在后场用来主动进攻或调动、控制对方。所以，也称后场主动进攻技术。

1. 高远球

击出高弧线飞行的、几乎垂直落到对方端线附近场区内的球，称为高远球。一般在自己处于被动的情况下，为了争取时间，调整上场位置，争取变被动为主动时就打出高远球，以使对方远离中心位置而退到端线附近去回击球。

（1）正手高远球（图2-5-5）。

身体侧面对着球网，左脚在前，重心在后脚的前脚掌上，屈肘将拍举到肩上，拍面对网。当球下落时，引拍至头后，在右腿蹬地和腰腹协调用力下，大臂带动前臂向上。肘关节上升，前臂向前"甩"，触球时手臂伸直，"闪"动手腕，将球击出。击球后，顺势向前下挥拍，重心移左脚。

图 2-5-5 正手高远球（动作演示）

羽毛球正手击高远球

（2）头顶高远球（图2-5-6）。

准备击球时，应右脚在后，上体向左后仰，击球点选择在头顶前上方（或左前上方）。挥拍的路线是右臂的肘关节高举过肩，稍靠近头部，使球拍绕过头后再向前挥摆。在挥拍过程中，前臂稍微内旋带动手腕，后伸，经内旋向前屈腕；同时，肘关节急速制动，以鞭打状产生爆发力，将球击出（击球托的后下底部，成直线球；击球托的左后下底部，成对角线球）。击完球之后，球拍顺势经体前收至右胸前。

第五章 羽毛球

图 2-5-6 头顶高远球（动作演示）（一）

图 2-5-6 头顶高远球（动作演示）（二）

（3）反手高远球（图 2-5-7）。

准备击球时，改成反手握拍，右脚前交叉跨到左侧，背向网，重心在右脚，球拍举起，拍面向上。击球时，利用腿和腰腹的协调用力，以上臂带动前臂挥拍，在肘部上抬至与肩平行时，转为前臂带动腕部的"闪"动，在右侧上方伸直手臂向后击球，并有蹬地力量配合。击球后，迅速转体面对网，向中心位置回动。

图 2-5-7 反手高远球（动作演示）

羽毛球反手击高远球

2. 扣杀球

在尽量高的击球点上把高球用大力挥击下压到对方场区内，称为扣杀球（也称扣球或杀球）。由于扣杀球力量大，击球点高，因而球速快，球飞行的弧线短直，是后场进攻和争取得分的主要手段。

扣杀球有正手扣杀球、头顶扣杀球、反手扣杀球及劈杀球、起跳突击杀球之分。

（1）正手扣杀球（图2-5-8）。

正手扣杀球的准备姿势和击球动作大体同正手高远球，只是击球一刹那需用全力，前臂带动手腕下压；触球时拍面前倾，向前下用力，并配合腿、腰腹的协调用力。

图2-5-8　正手扣杀球（动作演示）

（2）头顶扣杀球（图2-5-9）。

头顶扣杀球与头顶击高远球的方法相似，不同点是：击球的力量比击高远球大，发力方向是向前下方的；击球点稍前些，拍面角度要小些（一般控制在75°～85°为宜，拍面保持前倾）。

图2-5-9　头顶扣杀球（动作演示）

（3）反手扣杀球。

反手扣杀球的方法与反手击高远球的方法基本一致，其不同点是：击球时，拍面角度一般控制在75°~85°为宜；反拍面保持前倾，发力方向是前下方。

（4）起跳突击杀球。

当对方击来弧度较低的平高球时，向侧方（或侧后方）起跳，突然挥拍扣杀球，称为起跳空击球（也称"突击"）。

3. 吊球

在中、后场的高球，运用劈切或拦截的技术动作，使球轻轻地落在对方网前区，称为吊球。吊球是调动对方的较好手段。

（1）正手吊直线球。

击球前动作同正手击高球。击球的一刹那，拍面稍倾斜，手腕快速切击球托的右侧后下部。关键是用力方向朝前下，使球越网后旋即下落。击球后，手臂随惯性自然回收到胸前。

（2）正手吊斜线球（图2-5-10）。

击球前动作同正手击斜线高球。击球的一刹那，用较轻的力量击球（切击），关键是用力方向朝对角线斜下方。击球后，球拍随惯性自然回收到胸前。

图 2-5-10　正手吊斜线球（动作演示）

（3）头顶吊直线球。

击球前动作同头顶击直线高球。击球的一刹那，前臂突然往前下方挥拍，向前轻切球托后下部，使球朝直线方向飞行。球飞越网后即下落。

（4）头顶吊斜线球（图2-5-11）。

击球前动作同头顶击对角线高球。击球的一刹那，前臂突然反腕（内旋）往前下方挥拍，经内旋手臂和手腕的后伸外展带动球拍轻切或轻点球托的左侧后下部，使球向对角方向飞行，球越网后即下落。

图 2-5-11　头顶吊斜线球（动作演示）

（5）轻吊。

轻吊击球前动作和打高球相似（落点离网较近）。击球时，拍面正对来球，在接触球的一刹那，突然减速轻点或轻切来球，使球刚一过网就下落。

（6）反手吊球（图2-5-12）。

在左右场区上空的高球，以反手握拍法用反拍面吊球，称为反手吊球。

反手吊球击球前的动作亦同反手击高远球，不同处在于触球时拍面的掌握和力量的运用。吊直线球时，用球拍反面切削球托的后中部，向对方右网前发力；吊斜线球时，用球拍反面切削球托的左侧，朝对方左网前发力。

图2-5-12　反手吊球（动作演示）

（二）低手击球

击球点低于头部高度的击球，称为低手击球。低手击球技术主要有：半蹲快打（这是介于高手击球与低手击球之间的一种特殊打法，我们暂且将其归到低手击球一类）、接杀球和抽球。

1. 半蹲快打

半蹲快打技术表现出快速、凶狠、紧逼对方、主动进攻的特色，它多用于双打比赛中。

在中场区，两脚平行站或右脚稍前站均可，两膝弯曲成半蹲，屈肘（正手握拍法）举拍于肩上。击球时，以前臂带动手腕快速挥后，争取在身前较高部位上平击过去。要求反应敏捷、果断，控制好拍面角度，挥拍幅度小，快而有力。

2. 接杀球

接杀球一般较多采用挡球、抽后场球等几种回击技术。

（1）挡球。

两脚平行站立比肩稍宽。接杀球时，靠手腕和手指控制球拍。预摆动作小，借来球的速度和力量反弹回击。

（2）抽后场球。

当对方杀球力量较轻时，可用抽后场还击。准备姿势与挡球相似，只在触球刹那要握紧拍子，以腕为主要发力向前稍上方甩腕。

3. 抽球

将低于肩部的球用抽击的方法还击，称为抽球。抽球是反控制的主要技术之一。抽球分正手抽球和反手抽球两种。

(1) 正手抽球。

右脚跨步，侧身对网，重心在右脚上，球拍后引，拍面稍后仰，击球时前臂带动手腕向前上方用力，将球抽向对方。抽球后，即以右脚蹬地，向中心位置回动。

(2) 反手抽球。

右脚向左跨步，背对网，举拍于左肩上方。击球时，以躯干为竖轴，上臂带动前臂沿水平方向手腕挥拍，手腕用力向后方"闪"动。球击出后，即以右脚蹬地，转身向中心位置回动。

（三）网前击球

网前击球技术包括：放网前球、搓球、挑球、扑球、推球和勾球等。

一般讲，后场击球技术动作大，所需力量也大，主要靠力量、速度和控制球的落点取胜。而前场击球技术动作小，所需力量也较小，特别要讲究细腻的技巧，以巧取胜。

1. 放网前球

在网前击球点低时采用。上步要快，右脚跨步向前，重心在前，手臂向前伸，手腕放松。击球时，主要靠手腕控制球拍向前上方轻轻一托，使球越网而过。

羽毛球正手放网　　羽毛球反手放网

2. 搓球

击球前动作与放网前球相同。击球时拍面与网成斜面向前，手腕控制好拍面，向前切削球托的后底部（或侧底部）使球呈下旋翻滚过网。

3. 挑球（图2-5-13）

这是一种处于较被动情况下的回击方法。击球前动作基本同搓球。击球时以肩为轴，自下而上用小臂带动手腕发力，手指快速向前上方挥拍。

图 2-5-13　挑球（动作演示）

4. 推球（图2-5-14）

在网前较高的击球点上，用推击的方法向对方底线击出弧度较平、速度较快的球，称为推球。

图 2-5-14　推球（动作演示）

推球的方法与搓球相仿，在击球一刹那拍面竖得较直，正手推球时，由前臂内旋，用腕部的转动和手指（主要是食指）的力量向前快速推击。反手推球时（用反手握拍法），前臂外旋，用腕部的转动和手指（主要是拇指）的力量向前快速推击。

5. 扑球

对方击来的网前球刚过网，高度仍在网沿上面时，即迅速上网挥击下压过去，称为扑球。

蹬步上网，身体前扑，举拍向前，拍面前倾；击球时，运用前臂和手腕的力量向前下方用力。触球后即回收，以免触网犯规。

四、步法

快速、灵活、正确的步法是技术的基础。羽毛球的步法包括起动、移动、到位击球和回动四个环节。

（一）起动

对来球有反应判断，即从中心位置上的准备接球姿势转为向击球的位置上出发，称为起动。

（二）移动

移动主要是指从中心位置起动后到击球位置的移动方法。影响移动速度的因素有步数的多少、步频的快慢和步幅的大小。移动的方法通常采用垫步、交叉步、小碎步、并步、蹬转步、蹬跨步、腾跳步等。运用这些步法，构成从中心位置到场区不同方位击球的组合步法：上网步法、两侧移动步法和后退步法。

1. 上网步法

无论正手和反手，根据来球的远近，均可采用一步、两步、三步上网。

（1）一步上网：来球距离较近时，右脚跨出一大步即可，正反手相同（图2-5-15）。

（2）两步上网：来球距离稍远时，以左脚先向来球方向迈一小步，然后右脚跨出一大步（图2-5-16）。

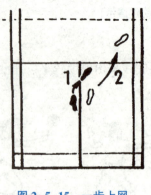
图2-5-15　一步上网

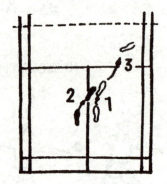
图2-5-16　两步上网

（3）三步上网：来球距离稍远时，右脚向前一小步，左脚向右迈一步，右脚再跨一大步。

2. 两侧移动步法

（1）向右移动：左脚蹬地，右脚向右跨一大步。来球较远时，可用左脚先向右垫一小步，右脚再向右跨一大步。

（2）向左移动：右脚蹬地，左脚向左跨一大步。来球稍远时，左脚先向左移半步，右脚再向左跨一大步。

3. 后退步法

（1）正手后退。

有侧身并步后退和交叉步后退两种。

侧身并步后退：右脚向右手撤一小步，转身侧对网，左脚并步靠近右脚，右脚再向后移至来球位置。

交叉步后退：右脚撤后一小步，左脚从体后交叉后退一步，右脚再后移至来球位置（图2-5-17）。

（2）反手后退。

右脚先后撤一步（或垫一步），身体左转，左脚向左后退一步，右脚再跨出一步。如站位较靠后，可左脚向左后撤一步，上体左后转，右脚再向左后跨一大步。

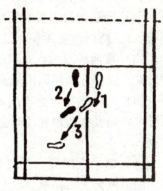

图2-5-17　交叉步后退步法

（三）到位配合击球

移动本身不是目的，它是为击球服务的。所谓"步法到位"，就是指根据不同的击球方式，运动员应站到最适合这种击球的、最有利的位置上。

（四）回动（回中心位置）

击球后，应尽力保持（或尽快恢复）身体平衡，并即刻向中心位置移动，以便在中心位置上做好迎击下一个来球的准备，称为回动。所谓"中心位置"一般是指场区的中心略靠后的位置（单打）。因为这个位置最有利于平衡兼顾，向场区各个方向去迎击球。

第三节　羽毛球基本战术和练习方法

一、基本战术

战术就是指运动员在比赛中根据双方的情况合理运用技术，有针对性地组织自己的技术运用以争取胜利的策略。在双方技术水平相当的情况下，正确运用战术就成了胜败的关键。

（一）发球战术

（1）保持发球技术动作的一致性。做到各种发球技术的前期动作一致，就能使对方无法预先把握发球的时机和意图，迫使接发球队员多方防备而造成回球质量差，使其没有机会发起主动进攻。

（2）要掌握发球的时间差。每次发球，从准备发球到发出去（球从拍面弹出）的时间长短可有差异。这样，往往会造成对方判断错误而被动接球或接球失误（但应注意不要发生发球违例现象)。

(3) 要机动地变换发球点和发球的弧线。将球发向对方接球能力最薄弱的部位。

(4) 要善于发现和把握对方接发球的习惯，重点防备，抓住战机，争取一拍结束战斗。

(二) 接发球战术

在接球时能一拍结束战斗是最理想的，但也不要在条件不许可的情况下进行。接发球要力争不让对方有直接进攻的机会，把球回击到远离对方所站位置的落点上，或者回击到对方移动的方向相反的位置上，或者回击到对方技术薄弱的环节上，迫使对方被动回球。为此，要求在接发球时做到思想高度集中，见机行事。

(1) 发球抢攻战术：一般以发网前球结合发平快球、平高球开始。如果对方接发球质量较差，可第三拍就主动进攻。

(2) 压后场战术：对后场还击能力较差的对手，可以攻对方后场底线两角（尤其是反手场区），待回球质量差时发起进攻，或趁对方注意力只顾及后场时突然吊网前球。

(3) 攻前场战术：对网前技术较差的对手，可多以吊球和放网前球使其在网前的对击中失误，或对方勉强回击成高球时进攻其后场。

(4) 四方球结合突击战术：若对手步法较慢，体力较差，技术又欠全面，可以平高球压对方后场底线两角和吊对方网前两角以调动对手。当对手回球质量差或站位不当时，发动进攻。

(5) 杀吊上网战术：以杀球配合吊球下压，若对方还击网前球时，迅速上网搓、勾、推，创造机会大力扣杀。

二、练习方法

(一) 发展专项力量练习方法

1. 上肢专项力量练习

(1) 挥拍练习：挥网球拍，重点练习前臂、腕、指的各种击球动作，以发展击球爆发力。

(2) 掷垒球练习：对墙掷垒球，以发展击球时的挥臂速度和手腕的闪动爆发力。

(3) 稳腕练习：手持哑铃于体前或体侧做绕 8 字练习，以发展手腕的动作幅度和灵活性。

(4) 转臂练习：手持哑铃于体侧作旋内、旋外练习，以发展臂的灵活性。

(5) 杠铃练习：负重 10~20 kg 杠铃做快速挺举、伸屈前臂、伸屈腕练习，以发展上臂小肌群力量。

2. 躯干专项力量练习

(1) 仰卧起坐：左右体侧起，以发展腰腹肌力量。

(2) 俯卧挺身练习：俯卧于垫上，两手相握放于背后，头部和上体反复做后仰动作，以发展背部力量。

(3) 屈伸负重练习：肩负 20~30 kg 杠铃分腿站立做屈伸练习，以发展腹背肌肉力量。

(4) 负重转体练习：肩负 20~30 kg 杠铃分腿站立身体向左右旋转，以发展躯干两侧肌肉力量。

（5）抛实心球练习：两手持实心球背对抛球方向，两腿分开站立，用力抛出，以发展腹、背肌力量。

3. 下肢专项力量练习

（1）负重跨步走：肩负 30 kg 左右杠铃，做蹬跨步练习，以发展跨步的步幅和大腿力量。

（2）负重半蹲提踵：肩负 50 kg 左右杠铃，两腿分开稍比肩宽，做半蹲提踵动作，以发展踝关节和小腿肌肉力量。

（3）负重半蹲跳：肩负 20 kg 左右杠铃，做半蹲跳动作，以发展下肢爆发力。

（4）负重深蹲起：肩负 70 kg 左右杠铃，做下蹲动作，腰立住，两腿分开稍比肩宽，慢下，快起，以发展大腿肌肉力量。

（5）原地纵跳、单足跳、蛙跳，以发展下肢爆发力。

（6）跳台阶练习，以发展下肢的弹跳力。

（7）跳绳练习——单腿跳、双腿跳、单摇、双摇，以发展踝关节、小腿肌肉力量及下肢的灵活性。

（二）发展速度素质练习

1. 反应速度的练习

（1）听口令，看信号做各种起跑。如站立、蹲式、高抬腿、背向跳，跳起后马上起动。

（2）听哨音变速跑，快速冲跑 10~15 m。

（3）听口令变向跑：在快速移动中听信号后突然变向冲跑 10 m。

（4）听口令快速转身跑，反复几次。

（5）看手势向前、后、左、右各方向起动。

（6）听、看信号后突然作出相应的动作。如教师喊 1、2、3、4 中的某个数字时，学生应及时做出事先规定的相应动作。

2. 动作速度练习

（1）按慢—快—最快—快—慢的速度节奏进行 5 s、3 s、5 s、3 s、5 s 小步跑、高抬腿跑。

（2）高频率跑楼梯台阶。

（3）快速挥羽毛球拍动作。

（4）快速立卧撑。

（5）高频率跨越障碍物。障碍设置可用 10 个羽毛球一字排开，两球间距为 1.2~1.5 m。

（6）单、双摇跳绳，两脚交替跳绳。

3. 移动速度练习

（1）各种距离（30 m、50 m、60 m、100 m、200 m）的快速跑。

（2）10~15 m 往返折回跑（要求快速转身）。

（3）羽毛球场上步法移动（要求速度快）。

（4）前后跑：向前跑 8 m，后退 8 m。

（5）四角跑：边长约 6 m，要求在拐角处变换方向。

（6）接力跑。

（三）发展耐力素质练习

羽毛球运动特点决定了它所需要的耐力素质主要是速度耐力，供能形式主要为无氧供能。其中非乳酸性无氧代谢供能占主要地位,并有适当的乳酸性有氧供能。

1. 一般耐力练习

(1) 中距离跑:400 m、800 m 跑。
(2) 中长距离跑:1 000 m、3 000 m、5 000 m 跑。
(3) 定时跑:6 min 跑,12 min 跑。
(4) 越野跑:距离可根据具体情况而定。
(5) 10~15 min 连续跳绳(要求单、双摇交换跳)。

2. 专项耐力练习

(1) 30 m 冲刺—俯卧撑—原地纵跳 20 次为一个循环,连续做 2~3 个循环。休息 2~3 分钟为一组,做 5~8 组。
(2) 多球练习:采用单项和综合技术,前、后场多球移动接球练习,每轮前后各 20 个球,每 2 轮为一组;全场移动接球练习,60 个球为一组,组间休息 2.5~3 min。全场移动接球 40 个,组间休息 20 s。

(四) 发展柔韧素质的练习

(1) 各种拉长韧带练习(如压腿、后折叠腿、侧拉上臂等)。
(2) 各关节部位的转动、屈、伸练习。
(3) 柔韧体操练习。

第四节 羽毛球竞赛规则

一、计分

除非另有商定,一场比赛以三局两胜定胜负;21 分制,直接得分。

二、交换场区

以下情况运动员应交换场区:第一局结束;第三局开始前;决胜局一方获得 11 分后。

三、发球

- 发球时任何一方都不允许违规延误发球。
- 发球员和接发球员都必须站在斜对角发球区内发球和接发球,脚不能触及发球区的界线;两脚必须都有一部分与地面接触,不得移动,直至球发出。
- 发球员的球拍必须先击中球托,与此同时整个球要低于发球员的腰部。
- 击球瞬间,球拍杆应指向下方,从而使整个拍头明显低于发球员的整个握拍手部。
- 发球开始后,发球员的球拍必须连续向前挥动,直至将球发出。
- 发出的球必须向上飞行过网,如果不受拦截,应落入接发球员的发球区内。
- 一旦双方运动员站好位置,发球员的球拍头第一次向前挥动即为发球开始。
- 发球员须在接发球员准备好后才能发球。如果接发球员已试图接发球,则被认为已做好准备。
- 一旦发球开始,球被发球员的球拍触及或落地即为发球结束。
- 双打比赛,发球员或接发球员的同伴站位不限;但不得阻挡对方发球员或接发球员的视线。

四、单打

- 发球员的分数为 0 或双数时,双方运动员均应在各自的右发球区发球或接发球。
- 发球员的分数为单数时,双方运动员均应在各自的左发球区发球或接发球。
- 如"再赛",发球员应以该局的总得分,按上述规定站位。
- 球发出后,由发球员和接发球员交替对击直至"违例"或"死球"。
- 接发球员违例或因球触及接发球员场区内的地面而成死球,发球员就得一分。随后,发球员再从另一发球区发球。

五、双打

参照单打发球顺序,每球得失分,取消第二发球。

六、违例

- 发球不合规。
- 球员发球时未击中球。
- 发球时,球过网后挂在网上或停在网顶。
- 比赛时,球落在球场界线外;球从网孔或网下穿过;球不过网;球碰屋顶、天花板或四周墙壁;球触及运动员的身体或衣服;球触及场外其他人或物体。
- 比赛时,球拍与球的最初接触点不在击球者网的这一方(击球者击球后,球拍可以随球过网)。
- 比赛进行中,运动员球拍、身体或衣服触及网或网的支撑物;运动员的球拍或身体从网下侵入对方场区,妨碍对方或使对方分散注意力;妨碍对方,如阻挡对方紧靠球网的合法击球。
- 比赛时,运动员故意分散对方注意力的任何举动。如喊叫、故作姿态等。
- 比赛时,击球时,球夹在或停滞在拍上,紧接着又被拖带;同一运动员两次挥拍连续击中球两次;同方两名运动员连续各击中球一次;球触及运动员球拍后继续向其后场飞行。

七、重发球

由裁判员宣判"重发球",用于中断比赛。
- 遇不能预见或意外的情况,应重发球。
- 除发球外,球过网后挂在网上或停在网顶,应重发球。
- 发球时,发球员和接发球员同时违例,应重发球。

- 发球员在接发球员未做好准备时发球,应重发球。
- 比赛进行中,球托与球的其他部分完全分离,应重发球。
- 司线员未看清,裁判员也不能作出决定时,应重发球。
- "重发球"时,最后一次发球无效,原发球员重新发球(发球错误的除外)。

八、死球

下列情况为死球:
- 球撞网并挂在网上,或停在网顶。
- 球撞网或网柱后,开始在击球者这一方落向地面。
- 球触及地面。
- "违例"或"重发球"已被宣报。

第六章 游 泳

第一节 游泳运动概述

一、游泳运动的起源及发展

（一）游泳的起源

游泳的起源与发展是与人类社会的劳动、生产、娱乐与战争等活动紧密联系的，它是人类在征服自然、改造自然的生产劳动中产生的，在满足人们的娱乐、竞争的需要中发展起来的。

随着国家的出现，古代国家之间战争时有发生。利用水作为攻战的手段，利用泅水潜行破坏敌人的防守，用泅泳配合陆上步兵和骑兵作战等，成为战争中攻敌制胜的方法。随着生产力的发展、人类生活的稳定与提高，游泳与娱乐紧密地联系在了一起。古代人多从沐浴开始，继而在水中嬉戏，逐渐形成古代游泳——泅水、泅游、涉、浮、没、潜等多种形式。最初的游泳不仅与沐浴分不开，同时也与划船竞渡有着密切的关系。而划船竞渡具有竞赛和表演双重意义，因此伴随着划船比赛就出现了游泳表演。

（二）游泳竞赛与发展

现代游泳竞赛的历史是与奥运会的发展紧密地联系在一起的。第一届现代奥运会把游泳列为竞赛项目之一，当时只有 100 m、200 m、1 200 m 自由泳 3 个比赛项目。

第一届至第五届奥运会，匈牙利、英国、德国、美国、澳大利亚均获得过游泳比赛的各项冠军。第六届奥运会由于第一次世界大战而停办。第七届至第九届奥运会，美国队成绩比较突出。在第十届和第十一届奥运会上，日本男子出现了几位优秀运动员，这也是日本游泳成绩最好的时候。第二次世界大战期间，奥运会中断了两届，1948 年在英国伦敦举行了第十四届奥运会，美国在男、女 11 个项目中获得 8 项冠军；第十五届奥运会美国继续保持优势。在第十六届奥运会上，澳大利亚游泳运动员成绩相当突出，获得男女 13 个项目的 8 项冠军，一跃成为游泳强国。1988 年，中国队杨文意打破女子 50 m 自由泳世界纪录，中国开始走进游泳强国之列。

二、游泳运动在中国

游泳运动在我国古代的史书上虽早有记载,但在当时的历史环境下,游泳不可能作为一种运动项目发展起来,只能是在生产劳动和娱乐活动中存在。作为一项体育运动项目开展而成为竞技游泳,还是近几十年的事情。

旧中国,由于贫穷落后,游泳运动不可能得到发展。但在沿海一些经济发达的城市,出现了一些游泳爱好者的组织,如香港的南华游泳会、华人游泳会、中华体育会等;还修建游泳池,为游泳活动提供了场地。

新中国成立前的游泳竞赛,除了参加远东运动会外,比较重大的竞赛活动有全国运动会游泳比赛、华北运动会游泳比赛等。1935年举行了第六届全运会游泳比赛,这次比赛首次按照中华体育协会判定的《游泳规则》进行比赛。

新中国成立后,1953年,毛主席题词:"发展体育运动,增强人民体质。"并身体力行地参加游泳活动,游泳运动得到了很好的发展。1952年,举行了新中国成立以来的第一次全国游泳比赛大会,有东北、华北、中南、华东、西南人民解放军,以及来自全国铁路等单位的运动员共计165人参加(男106名,女59名)。比赛共设17个项目,在这次比赛后宣布了全国游泳选手名单,他们中的许多人成为新中国游泳事业发展的骨干,掀开了中国游泳运动史上新的一页。

新中国的游泳运动员参加的第一次国际比赛,是在芬兰赫尔辛基举行的第十五届奥运会游泳比赛。我国游泳运动员因交通受阻,只有吴传玉一人参加了游泳比赛。中国的五星红旗第一次升起在国际泳坛上,是在1953年8月举行的第一届国际青年友谊运动会上,吴传玉以1分6秒4获得了100 m仰泳冠军,但可惜他在1954年10月因飞机失事不幸遇难。1955年,北京、上海、天津开始建立青少年业余体育学校。从此,我国培养优秀运动员的体制开始形成。从1956年开始,我国每年春、秋两次举办全国性游泳比赛,已形成制度。1958年起,每年的全国性比赛均称为"一级健将游泳比赛"。从20世纪60年代起,全国性比赛分为甲级和乙级两部分,达到一级以上的为甲级,其余的为乙级。20世纪80年代中期又将其改为上半年冠军赛、下半年锦标赛,确定当年锦标赛名列各项前20名者,可参加第二年的冠军赛。"文化大革命"后,迎来了中国游泳的黄金时代。不仅中国游泳运动员"走出去",参加亚运会、亚洲游泳锦标赛、泛太平洋游泳锦标赛、世界大学生游泳锦标赛、奥运会等,我们国家还先后承担了第三届亚洲游泳锦标赛、第十一届亚运会游泳比赛、世界杯游泳短池系列赛等国际高水平的游泳比赛组织工作。出色的组织工作、高水平的裁判队伍、高规格的场地器材,都得到了国际泳坛的认可,我国游泳运动整体水平迈上了一个新台阶。

三、游泳运动的分项和比赛项目的设置

游泳运动包括游泳、花样游泳、跳水和水球四个项目,这四个项目统归在国际游泳联合会的管理之下。所以,中国游泳协会也分管这几个运动项目。

(一)游泳

游泳包括多种姿势,如模仿动物动作的蛙泳、海豚泳或蝶泳;按人体浮游水上的姿势有仰泳、侧泳、爬泳。竞技游泳包括蝶泳、仰泳、蛙泳和自由泳四种姿势。

（二）花样游泳

花样游泳又被称为"水上芭蕾"，是集游泳、体操、舞蹈等项目于一体的竞技体育项目。它对运动员的身材、泳装、头饰、音乐及动作编排都有较高的要求。它使运动员肢体在水面上的运动配合以音乐，展现了美与技巧。花样游泳分为单人、双人、集体3个比赛项目，它虽然没有激烈的竞赛场面，但带给观众的美好享受是其他体育运动所无法替代的。

（三）跳水

跳水是从不同高度的跳板和跳台上做各种跳跃、翻腾、转体等入水动作的运动项目。比赛时根据每个人的助跑、起跳、空中技巧、入水动作的正确性和熟练程度评定成绩。这项运动对发展灵敏素质和培养勇敢、果断的意志品质有很大的作用。

（四）水球

水球是在水中进行的一项球类运动，比赛时每队有7人出场，在设有球门的泳池内进行。这项运动要求运动员掌握各项专门游泳技术，以及各种控球技术、战术，并具有良好的身体素质和意志品质。

（五）蹼泳

除以上四项，还有蹼泳运动，它是运动员穿戴特制的装具在游泳池中进行的竞赛，项目有蹼泳、屏气潜泳、器泳、水中狩猎、水下定向、水下橄榄球和水下曲棍球等。蹼泳不归属游泳协会管辖。

四、游泳对健康的促进作用

游泳是在水中进行的，水的密度和导热性都与空气不同。水的密度是空气的800倍，导热能力、压力和阻力都比空气大。因此游泳对人体的新陈代谢、体温调节、心血管系统、呼吸系统、肌肉系统、生长发育、延缓衰老等都有积极的作用。

（一）游泳的健身功能

由于水的浮力，人在水中的体重只有几千克。游泳时的负荷量远比陆地上活动对人体的刺激小，平卧在水中可以减少血液循环系统的阻力和支撑器官的负荷；游泳时人的胸腔和腹部都受到水的压力，给呼吸带来了困难，可以使呼吸深度增加，肺活量提高；游泳时各种姿势都要求脊柱充分伸展，对防止驼背和脊柱侧弯的效果都是很好的。

游泳能有效地消耗体内脂肪，尤其是长时间地游泳。因为水温与体温相差约10℃，这会加速人体热量的散发，消耗加大，很多人都有游泳后胃口大开或饥饿的感觉。

游泳还有"美容"的功效。游泳是在水中进行，长期湿度较高的环境，对皮肤是很好的滋润与保养。当皮肤的水分含量低于10%时，皮肤会呈干燥状态，变得粗糙。游泳不仅可以增湿，水对皮肤还有按摩的作用。

（二）不适宜游泳的人

游泳活动并非对所有人都适宜，以下几种人不宜游泳。

（1）顽固性高血压患者。

(2) 某些心脏病患者。心脏病患者并非都不能游泳,但先天性心脏病、严重冠心病、风湿性心瓣膜病、较严重的心动过速和心律不齐患者,不适宜游泳。

(3) 中耳炎患者。水进入发炎的中耳,可使炎症加重、扩散,使病情加重。

(4) 急性结膜炎患者。

(5) 皮肤病患者。

五、水上救护基本知识

(一) 间接救护技术

间接救护技术,是救护者利用救生器材对较清醒的溺水者施救的一种技术。

1. 救生圈

最好在救生圈上系一条绳子,当发现溺水者时,可将救生圈掷给溺水者。

2. 竹竿

溺水者离岸(船)较近时,可用竹竿拖至岸(船)边。

3. 绳子

在绳索的一头系一漂浮物,救护者握住绳子的一端,然后将绳子掷在溺水者的前方,使溺水者握住绳子上岸。

4. 木板

将木板掷给溺水者,亦可扶木板游向溺水者,然后将溺水者拖带上岸。

(二) 直接救护技术

直接救护技术是救护者不借助任何救生器材,徒手对溺水者施救的一种技术。救护步骤可分为:入水前的观察;入水;游近溺水者;拖运;上岸;抢救。

(三) 自我救护

1. 手指抽筋

将手握拳,然后用力张开,这样迅速反复做几次,直到抽筋状况消除为止。

2. 小腿或脚趾抽筋

先吸一口气浮在水上,用抽筋脚对侧的手握住抽筋的脚趾,并用力向身体方向拉。同时,同侧的手掌压在抽筋脚的膝盖上,帮助抽筋腿伸直。

3. 大腿抽筋

可同样采用拉长抽筋肌肉的方法来自我救护。

第二节 游泳技术

一、熟悉水性

(一) 水中行走

在水中做各种方向的行走或跑的练习,用两手拨水,保持平衡。

（二）呼吸

游泳主要用口吸气；呼气用鼻或口鼻一齐呼。

在水中单人扶边或在同伴帮助下，用口吸气后闭气，慢慢下蹲把头全部浸入水中，停留片刻后起立换气。

（三）浮体与站立

深吸气，在水中闭气的时间应尽可能长，运用抱膝浮体和展体浮体的方法进行浮体练习。站立时，两臂前伸向下按压水并抬头，以脚触池底站立。

（四）滑行

蹬池壁在水中滑行，臂和腿要并拢伸直，头夹于两臂之间，身体成流线型。

（五）踩水

借助两腿向下踩蹬，使人体浮立水中。踩蹬时，两腿可同时也可轮流进行，两手则在胸前做横向"摸水"动作。

二、蛙泳技术

游泳包括蝶泳、仰泳、蛙泳和自由泳四种姿势。这里只介绍蛙泳姿势。

（一）身体姿势

蛙泳技术比较复杂，同时技术也在不断发展。特别是近年来出现的"波浪式"蛙泳，身体位置更不稳定。在一个动作周期（一次蹬腿一次划手）结束后，有一个短暂的相对稳定的滑行瞬间，此时臂腿并拢伸直，身体较水平地俯卧于水面，头略微抬起，身体纵轴与水平面的角度为5°~10°，身体保持一定的紧张度，以保持较好的流线型。当划水和抬头吸气时，头抬出水面，肩部上升，加上开始收腿动作，这时身体与水平面的夹角增大，约为15°。初学蛙泳的人容易吸气时抬头过高而使身体下沉，这样会增大阻力。

（二）腿的技术

蛙泳的腿部动作很重要，可产生较大的推进力。腿的动作可分为四部分，即收腿、翻脚、蹬腿和滑行。

1. 收腿

收腿动作不但不产生推进力，而且会给身体带来阻力，因此要考虑如何减小阻力。开始收腿时同时屈膝屈髋，两膝一边慢慢分开，一边向前收腿；小腿和脚应跟在大腿和臂部的后面，以较慢的速度和较小的力量使脚后跟向臂部靠拢，以减小阻力。收腿结束后，大腿与躯干之间角度为130°~140°，大腿与小腿之间角度为40°~50°。

2. 翻脚

翻脚对蛙泳蹬腿的效果起着重要的作用。但翻脚并不是一个独立的动作阶段，而是在收腿没有完全结束时就开始了。通过向外翻脚，使脚尖朝外，与水的接触面积增大，并使脚和小腿内侧对准蹬水的方向。翻脚结束时，两脚之间的距离要大于两膝之间的距离。

3. 蹬腿

蹬腿也叫"蹬夹水"或"鞭状蹬水"。先伸展髋关节，从大腿发力向后蹬水，小腿和脚掌做向下和向后的鞭水。腿在向后蹬的同时向中间夹紧，蹬腿结束时两腿应并拢伸直，踝关节伸直。由于蹬夹水能够产生较大的推进力，所以应用较大的力量和较快的速度完成。

4. 滑行

蹬腿结束后，由于蹬腿的惯性作用，两腿有一个短暂的滑行阶段。这时两腿应尽量伸直并拢，腿部肌肉和踝关节自然放松，为下一个动作周期做好准备。

常见的错误技术：大腿收得幅度太大（易使身体上下起伏）或太小（易使脚和小腿露出水面而蹬空）；蹬腿过宽或过窄；收腿结束时分膝过大；蹬腿未翻脚及滑行时两腿未并拢等。

（三）手臂技术

蛙泳臂划水技术可以产生较大的推进力，蛙泳的划水从水下看，像一个"倒心形"。
蛙泳臂部动作可分为开始姿势、滑下、划水、收手和移臂等几个部分。

1. 开始姿势

蹬腿结束时，两臂前伸，与水平面平行，掌心向下，身体保持流线形。

2. 滑下

两肩和手臂前伸，手腕向前、向外、向下方勾手；抓水结束时，两臂分开到约成45°。

3. 划水

划水是产生推进力的主要环节。划水开始时，两手继续外分，手臂向外旋转，同时屈肘、屈腕，保持高肘划水。划水的前一部分手臂同时向外、向下和向后运动。划水的整个过程应加速并始终保持高肘姿势完成，肘关节弯曲的角度随划水的进行不断减小。到划水即将结束时，肘关节屈至约90°，手位于肩的前下方。

蛙泳划水常见的错误技术主要有：直臂划水、沉肘、划水过宽或过长等。

4. 收手

划水结束后，手臂向外旋转，手同时向内、向上和向前快速运动，开始收手过程。收手时，两掌心相对。收手结束时，肘的位置低于手，肘关节弯曲成较小的锐角。

5. 移臂

移臂是在收手的基础上完成的。通过向前伸肩和伸肘，两臂前移至开始姿势。移臂时，掌心可以向下，也可以向内，在即将结束时再转为向下。移臂时不产生推进力，但要注意减小阻力。

尽管目前有些运动员为了减小移臂的阻力采用从水面上移臂的方法，但由于这样做容易使腿下沉，所以这种技术并没有被普遍采用。

（四）呼吸及完整配合技术

蛙泳的呼吸一般在一次动作周期中吸一次气。蛙泳呼吸利用抬头吸气，有早吸气和晚吸气两种配合形式。早吸气是在手臂刚开始划水时抬头吸气，吸气相对较长，收手和移臂时低头呼气。这种配合易于掌握，可以利用划水时的下压产生升力，有助于使上身浮起，抬头吸气。晚吸气是指划水结束收手时吸气，吸气时间较短，移臂时低头呼气。这种技术有一定难度，但由于抬头时间短，身体重心和浮心推动平衡的时间短，因而阻力小，被高水平运动员所采用。

蛙泳臂腿配合技术较为复杂。正确的配合技术是：手臂划水时，腿自然放松伸直；收手时腿自然屈膝；开始移臂时收腿，并快速蹬腿。

三、蛙泳的练习方法

（一）腿部动作

腿部动作是掌握蛙泳技术的基础。由收、翻、蹬夹和滑行四个动作组成。在腿的一次动作中，要求收腿正确，翻脚充分，蹬夹连贯，滑行放松。在动作节奏上，强调收腿时要慢而放松，蹬腿时要快而有力。

1. 陆上模仿练习

（1）坐撑模仿蛙泳腿动作：坐在池边或凳上，上体稍后仰，两手后撑。先按口令分解练习，然后再过渡到完整连贯动作。

①收：大腿带小腿，边收边分。

②翻：向外翻脚，脚的蹬水面对准水，膝稍内压。

③蹬夹：向后弧形蹬夹水。

④停：两腿并拢伸直放松停一会儿。

（2）俯卧凳上做收、翻、蹬夹、停的动作：先分解做，再连贯起来做腿的完整动作。

2. 水中练习

（1）固定支撑做蛙泳腿的练习：手扶支撑物，身体平卧浮于水中，做收、翻、蹬夹、停动作。先分解，再连贯起来做。

除陆上模仿的要求外，在水中要强调以下几点：

①躯干：肩浸入水中，腰腹部肌肉稍紧张，臀靠近水面，防止塌腰、挺腹、臀下沉。

②收：放松慢收，小腿和脚步在大腿投影之内。

③翻：向外翻脚要充分，脚和小腿内侧对准水，脚心朝上。

④蹬夹：向后弧形蹬夹要连贯，速度相对要快些。

⑤停：两腿并拢伸直漂一会儿。

（2）滑行做蛙泳腿的练习：蹬边或蹬池底后做蛙泳腿，要求两腿蹬水后漂浮的时间要长一些，注意蹬腿效果和动作节奏。

（3）游动支撑做蛙泳腿：扶住浮板的近端，两臂伸直，面部浸入水中，做蛙泳蹬腿动作。

（4）蛙泳腿和呼吸练习：腿的动作基本掌握后，就做腿和呼吸的配合练习。当蹬夹动作结束、两腿并拢伸直时，抬头吸气，随后低头没入水中闭气，再收腿。

（二）手臂动作和手臂与呼吸配合动作

手臂动作采用小划臂的技术，开始不要强调划臂时的用力，而要着重体会划臂动作的路线。应强调两臂收手前伸的并拢及滑行动作，防止边伸边划。臂的动作是和呼吸动作紧密联系在一起的，应采用"早吸气"，即两手划下时抬头、划水时吸气。

1. 陆上模仿练习

站立，上体前倾，两臂前伸，掌心向下。按口令做以下动作：两手同时向侧后下方划水；屈臂收手至颏下，掌心斜相对；两手向前伸直并拢稍停。要求划水时掌心向外侧下方，内收时，用力压摸水。基本掌握臂的动作后，即可配合早呼吸；开始划水时，抬头吸气；伸臂时，低头闭气及呼气。

2. 水中练习

两脚开立站于齐胸深的水中，两臂按陆上练习要求做划水动作练习、俯卧滑行小划臂练习、由走动到俯卧滑行做臂与呼吸配合动作练习。

（三）臂、腿、呼吸配合动作

明确蛙泳正确的腿、臂配合时间，在任何情况下，都是臂先腿后。腿的动作始终是落后于臂的。对初学者，要求早吸气，且蹬完腿要有滑行，然后再做下一个动作。

技术要点：划了胳臂再收腿，伸了胳臂再蹬腿。

1. 陆上模仿练习

（1）站立，两臂向上伸直并拢。"1"：两臂向两侧划水；"2"：收手同时收腿，收腿即将结束时开始翻脚；"3"：臂将伸直时蹬腿；"4"：臂、腿伸直稍停。然后逐渐连贯做。

（2）同上。练习加呼吸动作。

2. 水中练习

（1）滑行后闭气做臂、腿配合的分解练习：即先结束一次划臂动作后，再做一次蹬腿动作，臂和腿依次交替进行，以建立臂先腿后滑行的配合练习。

（2）闭气滑行练习：划臂腿伸直，收手又收腿，臂将伸直再蹬腿，臂腿伸直后滑行。

（3）同上练习加呼吸配合：由多次蹬腿一次划臂，逐渐过渡到一次臂、一次腿和一次呼吸的完整配合。

（4）逐渐加长游距：在长游中注意改进技术。

第三节 游泳竞赛及竞赛规则简介

一、世界重大游泳比赛

现代的游泳比赛一般分为两种：一种是国际的高水平竞赛，一种是年龄组、俱乐部之间的比赛或邀请赛之类的游泳比赛。

国际游泳比赛的组织者是国际和洲际游泳联合会，他们所组织的重大国际比赛有以下几种：奥运会游泳比赛、世界游泳锦标赛、泛太平洋游泳锦标赛、欧洲游泳锦标赛、世界杯短池系列赛与世界短池锦标赛、亚运会和亚洲游泳锦标赛、亚太地区年龄组游泳锦标赛等。

（一）奥运会游泳比赛

它是最隆重、规模最大、水平最高的国际游泳比赛，奥运会游泳比赛共设有男女34个项目，比赛7天，有固定的竞赛日程。这种固定的竞赛日程对所有的参加者来说，机会是均等的，固定的日程也有利于教练员和运动员采取有针对性的训练，奥运会游泳比赛设有报名标准，只有达到了报名标准的运动员才能够参加比赛。奥运会的游泳比赛分预赛和决赛，预赛一般在上午，决赛在晚上。每项所有参加预赛的运动员按比赛成绩取前16名参加决赛，第1~8名参加A组的比赛，按成绩排出1~8名，前3名发金、银、铜牌；9~16名参加B组决赛，按比赛成绩排出9~16名的名次。

(二) 世界游泳锦标赛

世界游泳锦标赛始于 1973 年，这是由国际泳联组织的单项锦标赛，它吸引了世界各地的高手参加。世界游泳锦标赛每隔两年举行一次，中国从第四届开始参加，从第六届开始（1991 年）中国游泳进入游泳强国之列。在这次比赛中，中国获得 4 枚金牌，比东道主澳大利亚还多了 2 枚。

(三) 世界杯短池系列赛与世界短池锦标赛

游泳运动受天气、温度的限制，在气候寒冷的国家，都要在温水池及游泳馆内进行训练。游泳馆的造价往往高于游泳池的造价，因为它多了许多的附属设备。出于各种原因，25 m 的室内游泳池开始大批出现于世界各地。夏天在室外长池进行训练，冬天在室内短池进行训练，25 m 的短池比赛也就应运而生。首先是欧美各国有短池对抗赛，继而出现了世界短池系列赛，且规模越来越大，参加人数越来越多，最后出现了世界短池锦标赛。

(四) 泛太平洋游泳锦标赛和欧洲游泳锦标赛

环绕太平洋沿岸的国家都可以参加这个比赛，它安排在单数年举行，也就是在奥运会和亚运会双数年的间隙年举行，是长池的重要比赛。它吸引了许多世界级的高手参加，因此和欧洲锦标赛一样，已成为传统游泳赛事。

(五) 亚运会游泳比赛

综合性的运动会中，较为重大的游泳比赛还有亚运会中的游泳比赛。在亚洲，游泳实力较强的是日本，近年来韩国正在崛起，但他们都无法与中国抗衡。其余的国家如新加坡、泰国等，偶尔也会取得出色成绩，但远不是中、日的对手。

中国游泳水平的提高，首先是从第九届亚运会上开始的，从那一届取得 3 金 10 银 8 铜的成绩开始，到第十一届亚运会以 23 金的成绩全面战胜日本，整整用了 8 年的时间。也就是从这时起，中国游泳开始走向世界。

二、游泳竞赛规则简介

(一) 游泳池

游泳竞赛对游泳池有严格的要求。游泳池长 50 m (+0.03 m) ×21 m 或 25 m，短池 25 m (+0.02 m) ×21 m 或 25 m；水深 2 m 以上。第一条泳道和最后一条泳道与两侧池壁的距离不少于 20 cm；安装出发台的池端，从池端至 5 m 的范围内的池水应至少有 1.20 m 深；比赛水温 26 ℃，室外游泳池不低于 25 ℃。比赛时池水必须保持正常水位，水面要平稳；如采用循环换水，池水不得有明显的流动或漩涡；池水要清澈，运动员可看清池底和池壁标志线。游泳池内有 9 条分道线构成 8 条泳道，每条泳道宽 2.50 m。

(二) 裁判员

游泳比赛所需裁判员很多，需 60~70 人，分为以下岗位：总裁判长、副总裁判长、执行总裁判、计时长、转身检查长、终点长、编排记录长、检录长、发令员、宣告员等。

(三) 比赛通则简介

1. 参加办法

参加单位必须按竞赛规程规定,确定每项的参加人数及每人参加的项数,并在规定的时间内报名。报名后不得更替或更改项目。

2. 出发

自由泳、蝶泳、蛙泳在出发台上出发,仰泳项目在水中出发,运动员有两次出发机会。第一次抢跳后被召回,再进行第二次出发;第二次出发如果犯规将不被召回,比赛后犯规运动员被取消比赛资格。在比赛开始前,发令员的短哨音示意运动员脱外衣,长哨音示意上出发台。口令是"各就位",出发信号是枪声或电笛。

3. 计时

人工计时。自动装置计时与半自动计时均被认为是正式的计时方法。人工计时每条泳道应有2~3名计时员。正式成绩的决定方法:三块表计时,两块相同的是正式成绩;三块不相同时,以中间的成绩为正式成绩。如果只有两名计时员时,应以较差的成绩为正式成绩。

4. 比赛和犯规

运动员必须在本泳道内完成比赛。所游姿势必须符合规则规定。比赛中运动员转身时必须使身体的某一部分触及池壁,转身时必须从池壁完成,否则犯规。在比赛中,除自由泳可以在池底站立,其他泳式(包括自由泳),均不得跨越和行走。在比赛中运动员不得使用或穿戴任何有助于或有利于其速度、浮力的器具(如手蹼、脚蹼等,但可戴护目镜),在比赛中不允许陪游、带游,不允许速度诱导或采取任何能起速度诱导的办法。

第三篇

职业技能篇

第三章

東北の被溺

第一章 大众体育舞蹈

第一节 大众体育舞蹈概述

一、大众体育舞蹈的起源和发展

(一) 大众体育舞蹈的概念

体育舞蹈就是竞技体育与艺术表演相结合的舞蹈，是一种在全球范围颇具影响力的竞技舞蹈项目。竞技体育舞蹈，主要指的是国际标准交际舞，分为现代舞和拉丁舞两大类，共10种舞蹈。其中现代舞起源于欧洲，拉丁舞起源于拉丁美洲。

大众体育舞蹈，顾名思义，就是人们把竞技体育舞蹈项目生活化、娱乐化，在舞厅、公园、广场等场所用来健身娱乐的、适合大众跳的交谊舞。通俗地讲，大众体育舞蹈就是生活中的交谊舞。其中大众喜闻乐见的交谊舞有：布鲁斯、福克斯、华尔兹、探戈、伦巴、恰恰恰、吉特巴、北京平四。

现在我国北方大众舞厅中跳的交谊舞主要有布鲁斯（俗称四步）、华尔兹（俗称三步）、"拉花"、北京平四等。布鲁斯采用的步法是平步跳法，没有快慢之分，一拍一步，直进步、直退步加上左、右旋转等变化；华尔兹以"之字步"为主，并加上左、右旋转等变化；"拉花"与北京平四类似，但步法不是平步跳法，而是两慢两快，俗称"两步一颠"；北京平四，由于采用的是平步跳法，富有弹性，造型优美，花样繁多，娱乐性、健身性极强，因而在全国都很流行。

(二) 交谊舞的起源于发展

舞蹈的起源很早，它几乎和人类同时来到这个世界上。人类从诞生的那一刻起，就没有停止过舞动的步伐。在原始社会，人们就以原始舞蹈的形式宣泄内心的情感。原始舞是人类最早的一种思维、情绪的表达方式，它广泛存在于各种田间劳作、求神祭祀、游猎欢庆的活动中。

到了10世纪，民间舞开始兴起，在民间舞中出现了男女青年成对共舞的形式，这与现代的交谊舞形式已经颇为相似了。从13世纪开始，不同形式的民间舞开始进入宫廷，如库兰特舞、西班牙慢三步舞、孔雀舞等，都成为上流社会贵族享用的舞蹈。这时的宫廷舞注重礼仪，讲求环境上的优雅布局，不少王公贵族把舞蹈作为显示贵族风范的一种手段。到了欧洲中世纪晚期，豪华奢靡的宫廷舞已经成为贵族阶层娱乐、交际生活的重要组成部分，已经具有了现代交谊舞的实质。16世纪到17世纪中叶，布雷舞、库兰特舞、伏尔特舞成为欧洲宫廷中最受推崇的舞蹈。

随着时代的发展，产生于民间的舞蹈艺术，不再受欧洲宫廷封建文化的禁锢，在以城市文化为中心的资本主义时代，交谊舞得到了大范围的推广和发展，广泛流行于城市中产阶级阶层。

从18世纪中晚期，华尔兹出现在舞厅中，为交谊舞的发展掀开了崭新的一页，成为人们最迷恋的舞蹈形式，同时，其他舞种也出现了很多，它们的出现也同样推动了交谊舞的发展进程。

（三）交谊舞在我国的兴起

"属舞"是我国最早的交谊舞形式，在汉代和魏晋时期十分盛行。上海是我国第一个接触到国际交谊舞的城市，早在19世纪中叶，上海租界内就举办了第一次舞会，并在1885年出现了第一家舞厅。现代流行的交谊舞形式，是在1925年前后传入我国沿海城市的。

20世纪50年代，正是国际交谊舞空前繁荣的时期，我国北方城市受俄罗斯的影响，某些具有俄罗斯风格的交谊舞被其专家及留学生带入我国。这一时期，一些单位内部舞会盛行。"文化大革命"后，我国才真正迎来了交谊舞的春天，20世纪80年代初期，国家正式将交谊舞列入精神文明活动范畴，一时间，不同形式的舞会大量兴起，人们纷纷涌入舞池，尽情挥洒被压抑太久的热情。各种青年舞会、老年舞会纷纷涌现。随后，各种交谊舞大赛在全国范围逐渐展开，进一步推动了交谊舞在我国的发展。

20世纪80年代中后期，是交谊舞空前发展的时期，国家标准舞正是在这一阶段传入我国的，近年来，各种不同规模的舞厅兴起于大江南北，交谊舞成了人们业余生活的重要组成部分。

（四）交谊舞的作用

1. 交谊舞的健身作用

舞蹈是一种能够充分体现美的艺术，交谊舞同样如此。它不仅具有深厚的美学意义，还有着强身健体的功能。

首先，交谊舞是一种肢体语言，经常练习交谊舞的人会使包括骨骼、关节和肌肉在内的运动系统得到锻炼，使肌肉发达，韧带组织更加灵活。交谊舞在舞动中，可以使腿部力量得到加强，同时上肢力量也得到加强，交谊舞中广泛运用了推力、托力、平衡力以及控制力等，这些力量均源自人体的肌肉力量。人体在舞动过程中，几乎所有的肌肉组织都参与进来，这对于均衡各部位肌肉的能力、改善薄弱部位的肌肉功能有着重要的意义。

此外，交谊舞对于机体的心血管系统、呼吸系统、神经系统都有着良好的调节作用。很多时候，交谊舞被当作是一种消遣、娱乐的方式，很少有人真正了解它的运动强度以及运动后对身体产生的运动负荷。有专家研究表明，对于一些有一定舞蹈基础、能够把每一个舞蹈动作都做到位的人来说，与舞伴在标准舞池中进行100多分钟的激情热舞，对身体的运动负荷，几乎等同于万米长跑。全身进行了这种大运动量的锻炼，会产生大量的汗液，这对于人体的新陈代谢十分有益。同时这种运动可以大大增强人们的心肺功能，从而全面改善人体的循环系统以及呼吸系统，长期坚持，能够使人们受益无穷。

除了幼儿园、小学、中学的学生，其他不同年龄段的人，都可以经常去跳交谊舞。在跳舞的过程中，应根据个人情况，掌握好运动量。

2. 交谊舞对气息的调和作用

长期、持久地跳交谊舞，对于气息的调整有着非常积极的意义。舞者能够很熟练地了解和掌握运动中提气的作用和方法。运动中的提气是颇具技巧性的，它能够使人体的重心在空间上处于平稳的状态，从而使肌肉所具有的瞬间爆发力以及持久力、耐力在短时间内得到增强。

舞蹈中对于气息的运用可以分为蓄气、吐气、运气等过程。蓄气是气息积累的过程，是气息运用的基础；吐气是发泄的过程，能够使胸中郁结的气息有效地疏散开去，使身心得到放松；运气的过程也是身体集中力量、适时爆发的过程。长此以往，跳舞的人气息会更加稳固，气脉会更加畅通。这对于呼吸功能的加强以及气息的调整也有着非常大的益处。

3. 交谊舞有促进心理健康的作用

交谊舞对于人们的心理健康也有着积极的意义，不同年龄、职业、地位的人都可以从交谊舞中体会到乐趣，从而使自己的情绪得到愉悦、身心得到满足。

首先，交谊舞是一种展现美的艺术形式，能够使人的心灵得到熏陶和净化。

交谊舞还能够全面激发人们追求、探索和创造美的热情，增强个人审美能力，培养人们朝气蓬勃、乐观向上、积极进取的品质，唤起人们对生活的热爱。交谊舞所营造出的优雅氛围，能够使人忘掉生活中的烦恼，摆脱负面的压力，让每一个沉浸其中的人彻底从不良情绪中解脱出来。

此外，交谊舞可以使人们的业余生活变得更加丰富多彩，使每个人的精神世界都变得更加多姿和鲜活。现在，越来越多的人已经把交谊舞看成是自己生活的一部分，从中体会到了无限乐趣，让本来十分单调的生活焕发出了别样的色彩。这样的生活方式和生活状态，能够使人比平时更多地感受到快乐，而快乐的情绪对于心理健康是非常重要的。同时，交谊舞有着独特的舞蹈形式，它需要与别人的默契配合才能完成，正是由于这一点，它还有助于培养和提高舞者与他人交往的能力，有助于形成良好的人际关系，这对于人们的身心健康同样大有裨益。

除了上述几点，不同年龄的人还会从交谊舞中获取不同的心理益处。比如对于老年人来说，跳交谊舞会使他们的处世观念得到积极的改变，使他们不再甘心淹没于日常生活的忙碌中，更热衷于追求全新的生活。同时，他们会以比以往更加平和的心态，面对衰老和疾病，增强了延年益寿的信心，内心充满了对幸福的美好体验。舞中的浪漫、温馨，能够唤醒他们对年轻时代的美好回忆。

4. 交谊舞在人际交往中的作用

交谊舞对加强人与人之间的交往、扩大社交范围、增进友谊等有着很重要的作用。特别是对于性格内向、不敢与女生交往的男学生来说，跳交谊舞更是去掉这一不良行为的一个很好方式。同时，对于年轻人来说，通过跳交谊舞，有的人还能寻找到知心爱人，这是一件多么美好的事情啊！

5. 交谊舞的礼仪

交谊舞是一项非常注重礼仪、风度的艺术形式，各种交谊舞会更是一个展现自我魅力的场合。选择服饰要得体，要干净，应该刷牙；请人时要有礼貌，跳舞时要照顾舞伴及他人；言谈举止得体，不粗野，应该彬彬有礼。

总之，跳好交谊舞，并且持之以恒，对人们的身心是一件非常有益的事情，希望更多的人参与到这项活动中来。

（五）跳交谊舞的基本要点

想跳好交谊舞，要注意以下几个基本要点：

1. 跳交谊舞要踏上节奏

通俗地讲就是踩上点。跳舞的每一落步，一定是在一拍上，绝不能在两拍之间。也就是说节奏要好。这就要求平时多听音乐、歌曲，多唱歌，多练习。节奏的好坏与天赋有关，但练习绝对起很大的作用，因为踏不上节奏是没法跳舞的，音乐是舞蹈的灵魂。

2. 跳舞时身体要挺拔

一个人跳舞时，身体必须是挺拔的，挺拔不但能使体态优美，更能使重心上提。身体要挺而不僵。

3. 跳舞时身体重心要上提

身体重心上提，不但能使体态优美，更重要的是使自己的身体在舞蹈时能够变得轻盈，这一点很重要。跳舞不提重心，那么跳舞时是不会轻盈的；而如果跳舞沉重、沉闷，是没人愿意与你一起跳的。

4. 跳舞的步法要熟练

只有步法熟练，跳出的舞才能更具美感，健身效果才能更好，才能使自己和舞伴感到更加快乐。

5. 跳舞时身体要学会放松

初学跳舞的人，跳舞时身体很紧张，这是不对的。跳舞时，身体的很多部位，如脚掌、脚踝、膝关节、腿部等，该发力时要发力，但发力时的肌肉紧张与我们所说的"紧张"是两回事。真正会跳舞的人，跳舞时身心是很放松的。身体放松，跳出的舞才会更美、更快乐。

第二节　大众体育舞蹈基本舞步介绍

跳交谊舞中，一般男士为领舞、女士为跟舞，两人采用标准握持的"架子"，沿着逆时针的"舞程线"的方向去跳舞。舞程线为逆时针的跳舞方向。跳舞时以基本步法为基本骨架，中间加上旋转和各种小花样去跳。

这里主要介绍三种交谊舞：布鲁斯、华尔兹、北京平四。

标准握持：

双脚平行并拢，右脚尖对准舞伴的两脚之间；重心在前脚掌。男士的右手掌心向里，扶在女士的左肩胛骨的下缘，从肘尖到指尖形成一条直线、呈斜角状自然斜垂，五指并拢，手腕不要凸起；大臂基本平肩并呈椭圆形展开。女士左手轻放在男士的右大臂的三角肌处，四指并拢，用虎口定位；整个左臂轻放在男士手臂之上，不可脱离接触。男左手与女右手对握，手掌掌跟与地面垂直，互相顶住，整个手臂呈圆弧状向斜上方展开，犹如轻松自然地合撑一把雨伞。手的高度在齐耳根和齐眉之间的某一固定点。头微向左侧转，视线从同伴的右肩看过去。

一、布鲁斯（采用标准握持，平步跳法，俗称"四步"）

（一）直进步、直退步

1. 直进步：前进平步

一拍：左脚前进一步；
二拍：右脚前进一步；
三拍：左脚前进一步；
四拍：右脚前进一步。
依此循环。（每一曲的开始，领舞先迈左脚，跟舞后退右脚。）

2. 直退步：后退平步

一拍：右脚后退一步；
二拍：左脚后退一步；
三拍：右脚后退一步；
四拍：左脚后退一步。
依此循环。

（二）左转90°及转回

1. 领舞

一拍：左脚尖左转45°，左前上一小步转成90°；
二拍：右脚跟步；
三拍：调整步；
四拍：并步。

2. 跟舞

一拍：右脚右后撤一小步；
二拍：左脚跟步成90°；
三拍：调整步；
四拍：并步。侧移动、跟步即并步。

3. 返回动作

一拍：领舞左后撤半步，跟舞跟进半步；
二拍：领舞右转转正，两人变为舞程线方向。

（三）右转步

1. 领舞

一拍：左脚向跟舞右脚外侧上步；
二拍：右脚向前上步，同时右转体；
三、四拍：左脚、右脚调整到位，右转体180°；
五拍：左脚左后撤小半步；
六拍：右脚右转180°；
七、八拍：调整。

2. 跟舞

一拍：右脚在左脚跟后右转成丁字步；

二拍：左脚原地右转 90°；

三、四拍：两拍调整，完成 180° 转；

五、六拍：右、左脚向前两大步完成 90° 转；

七、八拍：调整完成 180° 转。

（四）左转步（三个四拍完成）

第一个四拍：左转成反向错位平行位；领舞几乎是原地转，跟舞右后退步完成 180° 转。

第二个四拍：领舞直退步，跟舞直进步四拍，完成时两人身体成正对位置。

第三个四拍：领舞第一拍左脚后撤一小步，同时身体左转 90°；第二拍身体再转 90°，右脚跟步，三四拍调成位置，完成 180° 左转。跟舞第一、二拍大步上步绕步；第二拍左脚外展；第三、四拍完成 180° 左转。

二、华尔兹（俗称"三步"）

（一）"之"字步

1. 前进"之"字步

一拍：左脚向右前方跟舞左侧前进；

二拍：右脚前进，左转 90°；

三拍：左脚向右脚靠拢。

四至六拍：动作相同，方向相反。

2. 后退"之"字步

一拍：右脚向自己的左后方后退；

二拍：左脚后退，左转 90°；

三拍：右脚向左脚靠拢。

四至六拍：动作相同，方向相反。（领舞、跟舞间一个做前进"之"字步时，另一人则做后退"之"字步。）

（二）右转步

一拍：右脚向跟舞右外侧上步，脚尖右转，同时身体右转 90°；

二拍：左脚前进一步，脚尖右转，同时身体右转 90°；

三拍：右脚向左脚并步；

四拍：左脚后退一步，脚跟右转，同时身体右转 90°；

五拍：右脚后退一步，脚尖右转，同时身体右转 90°；

六拍：左脚向右脚并步。（一、二、三拍为领舞动作时，则跟舞动作为四、五、六拍动作；领舞为四、五、六拍动作时，则跟舞为一、二、三拍动作。）

（三）左转步

领舞右前方一个"之"字步，跟舞退步；

一个三拍左转180°，成反向错位平行位；
一个三拍领舞对位后退步、跟舞前进步；
一个三拍左转180°，跟舞对应完成脚步。

三、北京平四

（一）原地基本步

一拍：领舞左脚、跟舞右脚前踏；
二拍：领舞右脚、跟舞左脚原地踏；
三拍：领舞左脚、跟舞右脚后踏；
四拍：领舞右脚、跟舞左脚原地踏。

（二）换位基本步

1. 换位左转步

领舞：

左脚前迈一步；右脚上步，同时身体左转90°；左脚后撤步，身体继续左转90°；右脚原地点踏。

跟舞：

右脚前进一步身体左转90°；身体继续左转90°，同时左脚后插步；右脚后撤步；左脚原地点踏。

2. 换位右转步

领舞：

左脚前进一步，同时身体右转90°；右脚后插步，同时身体继续右转90°；左脚后撤步；右脚原地点踏。

跟舞：

右脚前进一步；左脚前进一步，同时身体右转90°；右脚后撤步；左脚原地点踏。

（三）花样

1. 单手拉花

领舞：原地基本步；跟舞：换位左（或右）转步；领舞第一拍分别向右（或左）侧上举，从跟舞头上绕过（以左单拉手为例），脚步适当向左（或右）移动，改变一个角度。

2. 套环（双拉手以右侧为例）

一拍：领舞上步向右侧后方举左手，右手不动；
二拍：完成套环，左手与跟舞右手在体前成半环状，右手拉跟舞左手于对方腰间；
第三、第四拍：完成环抱造型。两人成同向平行位置。

3. 反弹（以左侧为例）

领舞向内轻拧转跟舞的左手，跟舞上步右转，背向领舞，四步完成基本步造型；领舞右手于对方身后拉手；领舞左手向右上领跟舞左手，举于跟舞头部右上方；领舞步法：一个基本步完成。两人成同向平行位置。

第二章 瑜伽

第一节 瑜伽体位

一、瑜伽中的常用坐姿

瑜伽坐姿是练习调息和冥想前非常重要的预备功。由于冥想时必须让脊柱挺得笔直，而且当冥想者的意识集中于固定一点时，不得因任何动作而受到干扰，所以两腿的位置不应该频频移动。此外，练习冥想功往往持续时间较长，这要求身躯及头部需要长时间地保持平稳。于是，各种瑜伽坐姿便应运而生。瑜伽坐姿可细分为七种，即：简易坐、吉祥坐、半莲花坐、莲花坐、雷电坐、至善坐和悉达斯瓦鲁普坐。下面我们介绍较为常见的六种瑜伽坐姿：

（一）简易坐

简易坐（图3-2-1）是一种舒适安逸的坐姿。你可以根据自己的需要来调整坐姿，比如可以两腿盘坐在垫子上。如果膝部有疾病，可以单腿或双腿向前伸直。具体做法：a. 坐在地上，两腿向前伸直。b. 弯右小腿，把右腿放在左大腿根处；再弯左小腿，把左腿放在右大腿之下。c. 可以把双手结个手印，放在两个膝盖上，最好两手相叠，拇指相对放在腿上。

【练习要领】在坐的过程中，头、颈和躯干应保持在一条直线上。

【练习效果】这个坐姿有利于股、踝等关节部位的健康，增强神经系统的功能。

【温馨提示】简易坐会使双腿僵硬的练习者腰椎后弓，给脊椎带来压力。

（二）吉祥坐

因为该坐姿是佛禅定时常用之坐势，故吉祥坐（图3-2-2）亦名"禅定坐"。坐于地面，两腿向前伸直；弯曲左小腿，左脚板顶住右大腿；弯曲右小腿，右脚放在左大腿和左小腿腿肚之间；两脚的脚趾应该楔入另一腿的大腿和小腿腿肚之间；两手放于两腿之间的空位处或放在两膝之上，头、颈和躯干保持在一条直线上。这个姿势除了会阴不被顶住之外，其他各方面完全和至善坐一样。

【练习要领】吉祥坐除了不顶住会阴之外，其余细节和至善坐完全一致。

【练习效果】吉祥坐的效果和至善坐大致相同，但不能引导性冲力向上，在镇定安神方面的作用稍逊于至善坐。

【温馨提示】患有坐骨神经痛或骶骨感染的人不适合做这个姿势。

第二章 瑜 伽

图 3-2-1 简易坐　　　简易坐教学视频

图 3-2-2 吉祥坐　　　吉祥坐教学视频

（三）半莲花坐

坐在地上，垫一个小垫，便于稳定。双腿并拢，挺直腰背，向前伸直双腿，屈左膝，外旋左髋，让左脚的脚跟抵放在会阴处。屈右膝，借助双手的帮助，尽量让右脚跟抵在脐下，脚心向上，放在左大腿上。尽量使双膝贴放在地面上，肩背正直，下颌内收，两手相叠，拇指相对放在腿上，这就是半莲花坐（图3-2-3）。

【练习要领】脊背挺直，下颌内收；使头、颈和躯干保持在一条直线上。

【练习效果】半莲花坐具有与莲花坐相同的效果，只是程度稍逊。

【温馨提示】患坐骨神经痛和骶骨感染的人不适合做这个练习。

（四）莲花坐

首先，坐在地上，垫一个小垫，便于稳定。两腿向前伸直，弯右小腿，把右脚放在左大腿上，脚底朝上；弯左小腿，把左腿放在右大腿上面。脚底朝上，肩背正直，下颌内收，两手相叠，拇指相对放在腿上。以此姿势坐着，时间可以 10 min、20 min 递增（图3-2-4）。

【练习要领】练习这种姿势，切忌膝盖上浮。

【练习效果】莲花坐可增加对头部和胸部区域的血液供应，强化神经系统，祛除紧张与不安状态，使人身心平和、精神专注。

【温馨提示】每次打坐完后，按摩两膝、大腿、两踝和两小腿腿肚。

图 3-2-3 半莲花坐　　　半莲花坐教学视频

图 3-2-4 莲花坐　　　莲花坐教学视频

（五）雷电坐（又称霹雳坐、金刚坐）

雷电坐是其他瑜伽姿势的入门姿势，必须常加练习以达到熟练的程度。两个膝盖跪在地上，两个小腿和脚背贴在地面上；两膝靠拢，两个大脚趾相互交叉，这样便使两个脚跟向外指了。臀部后坐于两脚内侧，同时手掌心向下，置于大腿部位；伸直背部，将臀部放落到两个分离的脚跟之间（见图3-2-5和图3-2-6）。

【练习要领】坐的时候要求放松肩部，挺直脊背，这样会减轻腿部的压力，防止腿部发麻。

【练习效果】雷电坐能柔韧膝关节，祛除全身过多的脂肪。另外，经过全身放松可保持心平气和，有助于治疗神经质及失眠。

【温馨提示】初次练习时会觉得两个脚趾相互交叉有点困难，多练习几次就可以了。

图3-2-5 雷电坐（一）

图3-2-6 雷电坐（二）

金刚坐教学视频

（六）至善坐

顾名思义，这在瑜伽里是一个最好的姿势。瑜伽认为，至善坐有助于清理人体经络，从而利于生命之气的提升。坐在地上，两腿并拢并同时向前伸展；弯曲左小腿，用双手抓住左脚，用左脚的脚跟紧紧顶住会阴部位。然后弯曲右小腿，把右脚放在左脚踝之上；把右脚跟靠近耻骨，右脚底板则放在左腿的大腿与小腿之间（图3-2-7）。注意：背、颈、头保持直立。

【练习要领】在整个过程中，上身躯干始终保持挺直。

【练习效果】至善坐对身心两方面都具有

图3-2-7 至善坐

至善坐教学视频

重要作用。从身体方面说，至善坐促进了下半身的血液循环，增强脊柱下半段和腹部器官功能，而且活化两膝和两踝。从心灵方面说，它有镇定安神和令人警醒的效果，特别适合做呼吸练习和冥想练习时采用。此外，由于它施加压力于会阴部位，能把性冲力引导向上，在提升生命之气的练习中极为有用。

【温馨提示】随意一点儿坐下也可以，但一定要背、颈、头保持直立。

二、瑜伽常用体位

体位法是姿势锻炼，能净化、保护和治疗身心。瑜伽的体位法多达 84 000 种，常用的有近百种。他们分别对肌肉、消化器官、腺体、神经系统和人体的其他组织起着良好作用，不仅提高人的身体素质，还可以提高人的精神素质，使肉体、精神相互协调、彼此平衡。

（一）双角式

【姿势要点】站立，双腿分展，呼气，上半身从髋部前倾；双手支撑地面，背部伸展，抬头，保持姿势进行 3~5 次呼吸。

【功效】伸展背部，促进血液循环，向头部和面部输送血液。

（二）骆驼式

【姿势要点】跪立，双膝打开一肩宽，双手扶腰；吸气打开胸廓，呼气身体向后伸展，髋部前推，保持姿势进行 3~5 次呼吸，吸气带回身体。

【功效】伸展脊柱，促进血液循环。

（三）肩倒立式

【姿势要点】仰卧，在犁式的基础上，吸气双腿离地，向上伸展，保持姿势进行 5~7 次呼吸。呼气先回到犁式，再缓慢落回。

【功效】与犁式相近，使更多的血液流向头部，可有效排除毒素，恢复健康肤色。

（四）半脊柱扭转式

【姿势要点】坐立，曲左膝，左脚跟靠近右侧臀部外缘；脚背落地，曲右膝，右脚脚掌落于左膝外侧；右手在臀后支撑地面，左手肘部抵靠右膝外侧，手扶臀部，伸展脊背，打开胸廓，转头向右，保持姿势进行 5~7 次呼吸。换另一侧重复。

【功效】滋养背部神经，按摩腹内脏器，刺激肠胃蠕动，消除便秘问题。

（五）三角侧伸展式

【姿势要点】同三角式站立，右脚外转，左脚内扣，曲右膝，上身向右侧伸展；右手肘部支撑于右膝上，左臂向头顶的方向伸展，转头向上看，保持姿势进行 3~5 次呼吸。换边重复。

【功效】刺激体侧的淋巴系统，提高免疫力。

（六）犁式

【姿势要点】仰卧，双腿并拢，吸气；双腿伸直向上抬起，逐渐抬起臀部、背部，脚尖在头部后方落地；双手扶住中背部，保持姿势进行 5~7 次呼吸；呼气松开手，缓慢落回。

【功效】血液自然流向头部，滋养面部和头皮，同时对消化系统、内分泌系统有平衡作用。

（七）桥式

【姿势要点】仰卧，曲双腿，脚跟靠近臀部；吸气抬起臀部背部，双手支撑腰部，保持姿势进行 5~7 次呼吸。

【功效】强壮背部和臀部肌肉，伸展脊柱，滋养甲状腺。

（八）眼镜蛇式

【姿势要点】俯卧，吸气同时依次抬起头、肩、上身躯干，眼睛向上翻；做到位后保持正常的呼吸，坚持 30 s；然后呼气返回。
【功效】补养脊柱，解除你便秘的困扰，对于纠正女性的月经失调等毛病也很有效。

（九）增延脊柱伸展式

【姿势要点】挺身直立，呼气同时向前缓慢弯身，逐渐让手掌贴地；到极限后正常呼吸保持 30 s。
【功效】有效地补养和增强脊柱，纠正女性月经失调，且有减轻心脏负担的功能。

（十）猫伸展式

【姿势要点】双手和双膝着地，吸气；抬头下腰保持 6 s，然后呼气垂头拱背 6 s。
【功效】消除腹部多余脂肪，增强消化功能，消除月经痉挛，治疗白带过多和月经失调。

（十一）战士一

【姿势要点】双手合掌，双腿前屈后绷；眼看手，正常地呼吸，保持 20~30 s；换另一侧。
【功效】有效增加肺活量，减少髋部脂肪，同时增强平衡感与注意力。

（十二）战士二

【姿势要点】分腿站立，吸气同时双手侧平举；左脚左转 90°，右脚转 15°，呼气屈左膝；眼看左手，正常呼吸 30 s；吸气回位，换另一边。
【功效】这个姿势可有效锻炼全身，让你成为伟大的战士！

（十三）单腿交换伸展式

【姿势要点】双腿伸直地坐着，收左脚至腹股沟；双手抓右脚趾，吸气挺腰保持 6 s；然后呼气向前伏身保持 10 s。换脚练习。
【功效】有效消除腰部多余脂肪，促进消化，并能根除女性性功能失调的毛病。

第二节 瑜伽的主要功效及注意事项

一、瑜伽的主要功效：

- 保持和促进系统发挥正常的功能。
- 加强内分泌系统的功能。
- 按摩和强化各部分器官，使其机能平衡。
- 促进血液循环、新陈代谢。
- 瑜伽呼吸法，调整心灵，延长生命力。
- 调整脊椎，增强柔韧性。
- 减肥和保养皮肤。
- 提升心理、精神能量，使心灵和平、宁静。

- 排除体内毒素。
- 减缓和消除慢性疾病。

二、练习瑜伽的注意事项

- 练习之前一个半小时和练后半小时内不可进食。
- 手术后半年内和女性生理期期间不宜练高难度动作。
- 高血压、哮喘病患者和孕妇只可做简单动作。
- 以赤脚为好,穿着宽松、舒适,以便身体能自由活动。
- 不宜在过硬的地板或太软的床上进行练习,练习时应在地上铺一条垫子。
- 如果在保持某一姿势时,感到体力不支或发生痉挛,应立即收功,加以按摩。
- 练习场地应保持空气流通,并有足够的活动空间。
- 做练习时,睁着眼闭着眼都可以,应把注意力集中在体内所产生的感觉上。
- 可能的话,排除大小便,减轻负担。
- 量力而行,不可逞强;动作缓慢,不可骤然用力,不要刻意追求"标准"。当你伸展到自己能承受的最大程度时,就是做正确了。

早晨瑜伽:做一个"活力"超人

早上起床后,懒懒地伸个懒腰,深深地呼吸一下,感觉棒极了!如果有时间的话,你还可以做几个瑜伽动作,以保持一整天的充沛活力与平和心境。如果你能够持之以恒、每天都做的话,你一定可以锻炼成为青春健康的"活力"超人。

A. 第一步:唤醒肌肉

做两天三分钟的深呼吸。吸入时,使腹部收缩;呼出时则会有一种鼻息被带到脊梁椎的感觉。对身体的益处:在准备练习的过程中,能推动氧气在肌肉中的流动。对精神的好处:可以获得平静安宁的精神状态。

B. 第二步:增加警觉

平躺在床上,把双腿并拢起来,胳膊伸至两边,屈起右腿,膝盖置于左腿上。转动头部,注视右臂。保持此种状态约 10 min。然后换个方向再做一次。对身体的益处:伸展胸部、臀部和脖子,刺激消化。对精神的好处:活神经系统,提高警觉性。

C. 第三步:增加自信

平躺在床上,把双脚并拢起来,脚趾向前,伸展双臂,保持距离与肩同宽。顺着指尖伸展双臂,肘部挺直;顺着足尖伸展双腿。保持此种状态 10 s,正常呼吸。对身体的益处:刺激循环和呼吸,塑造优雅的姿势。对精神的好处:提高自信,建立对内在力量的感觉。

D. 第四步:提高注意力

平躺于床,双手置于前,掌心相对。伸手过头,保持掌心相对。屈右腿,单脚抵左腿内侧。如此保持 10 s。对身体的益处:伸展肩膀、胳膊和背部。对精神的益处:建立平静、积极的外在形象,提高注意力。

晚间瑜伽：为你带来一夜好梦

下面是适宜在晚上练习的三种方法，上床睡觉前不妨试着做一做。

A. 猫与牛式

双臂张开与肩同宽，手心朝向地板。双膝打开与髋同宽，背部伸展平。闭上眼睛，吸气，拱起后背，抬起头，下巴朝向屋顶。呼气，下巴垂向胸部，把背部拱起来。

B. 伸腿式

静静地坐在地板上，双腿向前伸出。膝盖放轻松，伸直脊柱，吸气，然后呼气，从臀部开始向前伸，双臂向脚趾伸出。使脊柱和臀部放松。

C. 呼吸疗法

坐在椅子上边或双腿交叉坐在地板上，脊柱挺直。用手的拇指按住右鼻孔。通过左鼻孔呼吸 1~2 min 来放松一下。根据瑜伽的科学原理，左鼻孔中流通的空气温度会变得凉凉的，很舒适清爽，而右面的则变暖；身体靠右侧睡觉，从而促使左边的鼻孔呼吸顺畅。

第三章 健美操

第一节 健美操概述

一、健美操的起源与发展

健美操运动可追溯到 2 000 多年前。古希腊人喜爱采用跑跳、投掷、柔软体操和健美操舞蹈等各种体育项目进行人体美的锻炼,提出了"体操锻炼身体,音乐陶冶精神"的主张。古印度很早就流行一种瑜伽术,它把姿势、呼吸和意念紧密结合起来,通过调身、调息、调心,运用意识对肌体进行自我调节,健美健心,达到延年益寿的目的。瑜伽健身术的各种基本姿势与当前世界流行的健美操所常用的基本姿势是一致的。古代人对健身健美的追求,以及提倡体操与音乐相结合的主张,是现代健美操形成与发展的基础。

欧洲文艺复兴时期,人体美格外受到重视,许多教育家认为古希腊体操是健美人体最完整的体育系统,提倡开展体操运动。18世纪德国开设的培训体育师资课程就有哑铃、吊环等运动,这些形式的锻炼,既是现代体操的雏形,又是现代健美操的起源。19世纪欧洲出现了各种体操学派,有人指出,健美操是在"基本体操"的基础上发展起来的。法国人为了帮助演员在表演姿态中姿态自然、举止仪表富有表现力,建立了德尔沙特体系,并赋予体操动作两个新的特征:美感和富于表情。19世纪末,这种体系在女子中非常流行。瑞士教育家设计了一种肌肉活动和音乐伴奏相结合的音乐体操。这种体操练习是为了通过自然的身体活动来发展学生的音乐和节奏感。

上述各种体操流派的教育思想、教学方法和技术动作,都与现代体操有着密不可分的联系,即:注重人体健康的优美,注重自然的全身动作,注重动作节奏的流畅性。这正是现代健美操的初级阶段。现代健美操起源于生活及人们对人体健美的追求,是体操、舞蹈、音乐逐步结合发展的产物。20世纪70年代末以来,健美操以其强大的生命力风靡世界。美国是对现代健美操发展具有较大影响的国家,最初是美国太空总署医生库帕博士为太空人设计的体能训练——阿洛别克项目。1969年综合了体操和现代舞而创编的健美操又在美国迅速兴起。美国电影明星简·方达根据自己健身的体会编写出版了《简·方达健身术》,并以自己所编的健美操及锻炼成效现身说法,为健美操在世界范围的推广做出了贡献。1985年开始,美国正式举办一年一度的健美操锦标赛,确定了比赛项目和规则,使健美操既发展成为健身美体、陶冶情操的大众健身方式,又成为竞技运动的一个项目。

近20年来,美国以健身、健美为主的健美操和以比赛为主的竞技健美操,一直处于世界领先地位。健美操在欧洲也很普及。在法国巴黎，仅健美中心就有1 000多个，电视台的健美操教学节目是最受欢迎的节目之一。

二、我国健美操的兴起与发展

两千多年前，中国古代导引图上，就描绘着44个不同性别不同年龄的、做着各种不同姿势的、栩栩如生的人物，有站、立、蹲、坐等基本姿势，有臂屈伸、方步、转体、跳跃等各种动作，几乎和当今健美操动作相仿。

1840年鸦片战争之后，欧美各国体操相继传入我国。1905年大通师范学堂开设了"体操专修科"，1908年上海创办了第一所体操学校，1937年发行了《女子健美操集》。后又相继出版了《男子健美操集》，增加了哑铃等轻器械的练习内容。

20世纪70年代末，健美热传到了我国。1982年年底，上海电视台录制了娄琢玉的形体健美操、持环健美操等专题节目，1983年《体育报》增刊《健与美》，1984年中央电视台"女子健美操""马华健美5分钟""美国健身术""动感组合"等，为健美操在我国的宣传与普及起到了积极的引导作用。

1984年，原北京体育学院和上海体育学院分别成立了健美操研究室，率先开设了健美操课程。一些大中专院校也根据国家教委对学校体育教学的要求，逐步开设了健美操必修课或选修课。目前，健美操已成为我国各级各类学校体育课或课外活动中一项深受师生欢迎的教学内容和锻炼方式。1992年，国务院颁布了《全民健身计划纲要》，健美操成了全民健身的重要项目之一。1998年10月，国家体育总局制定并颁布了《健美操运动员技术等级标准》，对国际运动健将、国家运动健将，以及一、二、三级运动员都有明确的达标要求。1999年国家体育总局制定和颁布了大众健美操锻炼标准6套等级动作，并设立了国家级和一、二、三级健美操等级指导员制，从而大大促进了我国全民健身运动的深入开展和健美操运动技术水平的提高。

1987年5月，我国首次在北京举行了竞技健美操比赛——"长城杯"健美操邀请赛，此后每年举行一次全国健美操锦标赛。1992年9月中国健美操协会在北京成立。1992年2月，中国大学生体协健美操艺术操分会在北京成立，协会每年举行一次大学生健美操艺术体操比赛，标志着我国健美操运动已进入一个崭新的发展阶段。我国健美操规则与我国健美操项目的发展紧密相连，1987—1999年，我国健美操竞赛规则有两个系列：一是由原国家体委在1987年、1992年、1996年制定的《健美操竞赛规则与裁判法》；二是由中国大学生体协健美操、艺术体操分会于1991年和1993年制定的《大学生健美操竞赛规则》。1999年1月，我国的健美操正式与国际接轨，并邀请了制定国际健美操规则的外国专家来华讲学。至此，全国统一执行由国际体操联合会制定的《1997—2000年健美操规则》。1996年6月在浙江萧山举行的全国健美操锦标赛，首次采用了这一规则，这是我国健美操规则发展的重要里程碑。2001年我国开始执行《国际体操联合会2001—2004年健美操竞赛规则》。

第二节 健美操基本动作

一、健美操基本动作特点

（一）基本动作是健美操中最典型、最核心的部分

健美操中所有动作的变化和创新都是在基本动作的基础上产生和发展的，身体某个部位

的基本动作既具有该部位的共性特征,又最具代表性和典型性。

(二) 基本动作是发展难度和组成复合动作的基础

初学健美操时,首先应掌握身体各部位的基本动作。只有掌握了这些部位的基本动作,才能抓住健美操的特点。

(三) 基本动作是健美操动作中最重要、最稳定的部分

健美操最突出的特点就是全面地影响身体。使练习者更加健美。例如:踢腿的基本动作抓住前、侧、后三个面,就能较全面地影响身体。在此基础上还能发展各种各样的踢腿动作,而这些动作都离不开这三个基本面的踢腿,因而它是最重要、最稳定的。

(四) 健美操基本动作的变化

在准确熟练掌握最基本的简单动作后,就要进一步掌握基本动作的变化。健美操主要有以下几种表现形式。

1. 改变动作速度

动作速度是指在单位时间内身体某部位移动的距离,速度越快,肌肉工作的负担就越大。另外,为了得到不同的锻炼和教学效果,往往可以采用改变动作速度的方法进行练习。如屈伸步动作,开始采用两拍一动的慢动作,随着动作掌握熟练程度的提高,可一拍一动,或者采用变换节奏的做法。

2. 改变动作幅度

动作幅度的大小,直接影响运动负荷的大小,因此改变动作幅度能较好地起到调节运动量的作用。如肩绕环可以用小绕环或大绕环,后者幅度显然大于前者,其对身体的影响也就更明显。

3. 改变动作方向

动作有前、后、左、右、上、下六个基本方向,除此还经常运用向内、向外和斜的方向来表现动作。由于动作方向不同,影响的肌肉群也不同,方向的变化能够使动作连接不呆板,有新意。

4. 改变开始姿势

改变开始姿势不但使同一基本动作不至于千篇一律,而且还能增加动作的新颖度和难度。

二、健美操基本动作

基本动作分别是:头颈、肩部、胸部、腰部、髋部、腹部、上肢、下肢等动作。

(一) 头颈部动作

1. 头颈屈

做练习时,上体保持不动和探颈(图3-3-1)。

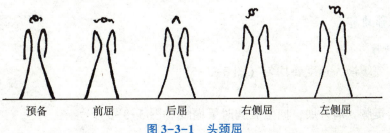

图 3-3-1 头颈屈

2. 头颈转

做动作时,头要正,不能抬下颌(图3-3-2)。

3. 头颈绕和绕环

颈部肌肉及韧带要相对放松(图3-3-2)。

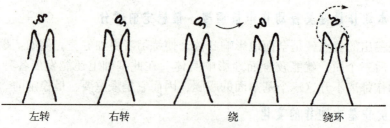

图 3-3-2　头颈转、头颈绕和绕环

(二)肩部动作

1. 提肩和沉肩

颈与头不能向前探,上体不摆动(图3-3-3)。

图 3-3-3　提肩与沉肩

2. 肩绕和绕环

肩绕和绕环是指以肩关节为轴做小于或大于360°的弧形或圆形运动。注意肩部肌群放松,大幅度绕环(图3-3-4)。

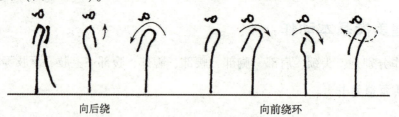

图 3-3-4　肩绕和绕环

(三)胸部动作

1. 含胸动作

含胸动作要缓慢,速度要均匀(图3-3-5)。

2. 展胸

展胸是指挺胸,肩外展,向上展胸时下塌腰(图3-3-5)。

图 3-3-5　胸部动作

（四）腹部动作

1. 下腹练习

仰卧，腿伸直，绷脚面；下腹肌发力，将腿向上举起；随后将腿放下，腿与地面约成 15°。手臂与上体不能离地。

2. 上腹练习

仰卧，腿伸直，绷脚面；上腹肌发力将上体拉起成坐；随后使上体从下至上逐步着地。练习时脚不能离地。

3. 全腹练习

仰卧，脚伸直，绷脚面；整个腹肌发力，将上体和腿拉起，双手抱膝；上体和腿同时着地成仰卧。

4. 综合练习

仰卧，抱颈，屈膝，两腿分开；腹肌发力头离地；上体离地，两手臂插于两腿中间；上体完全立起；随后脊柱及腹肌相对放松，顺势躺下。要用腹肌发力，将上体一节一节地拉起。

（五）腰部动作

1. 腰屈

腰前屈、后屈和左右侧屈。

2. 腰绕、绕环

腰的左、右绕和绕环。

（六）髋部动作

1. 顶髋

前、后、左、右顶髋（图 3-3-6）。

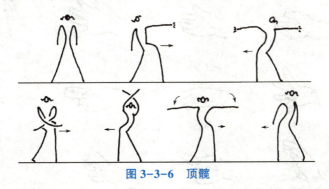

图 3-3-6　顶髋

2. 提髋

提髋动作，如图 3-3-7 所示。

图 3-3-7　提髋

3. 摆髋

左、右侧摆。摆髋时，膝关节伸直（图 3-3-8）。

图 3-3-8　摆髋

4. 绕髋和绕环髋

向左、向右的绕髋和绕环髋（图 3-3-9）。

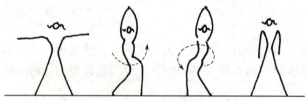

图 3-3-9　绕髋和绕环髋

5. 行进间正（反）髋走

行进间正（反）髋走是指顶髋方向与身体行进方向一致（相反）的移动动作。

（七）上肢部位的动作

1. 基本手型

基本手型有以下几种（见图 3-3-10）。

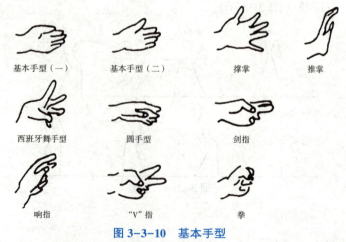

图 3-3-10　基本手型

2. 屈臂

屈臂是指肘关节产生一定的弯曲角度（图 3-3-11）。

图 3-3-11　屈臂

3. 举臂

举臂是指以肩为轴、臂的活动范围不超过 180°而停止在某一部位的动作（图 3-3-12）。

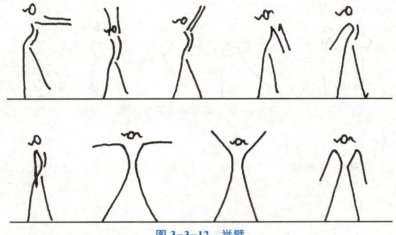

图 3-3-12　举臂

4. 绕环

臂以肩为轴，向不同方向做圆形运动（图 3-3-13）。

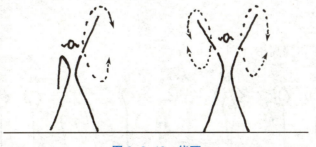

图 3-3-13　绕环

5. 振臂

以肩为轴做臂的加速度摆至最大幅度（图 3-3-14）。

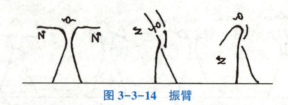

图 3-3-14　振臂

（八）下肢部位的动作

1. 脚与腿的基本位置

包括直立、开立、点地立、提踵立、弓步、蹲、跪等（图 3-3-15）。

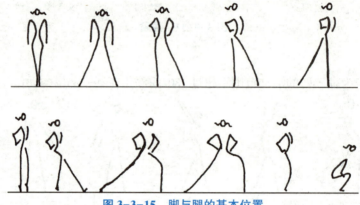

图 3-3-15　脚与腿的基本位置

2. 腿屈伸

膝关节由直成屈再由屈伸直的动作。做原地屈伸动作时，身体重心不能前后移动（图 3-3-16）。

图 3-3-16　腿屈伸

3. 抬腿

一腿支撑，一腿屈膝高抬（图 3-3-17）。

图 3-3-17　抬腿

4. 踢腿

腿要伸直，绷脚面；身体不可晃动（图3-3-18）。

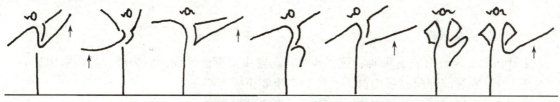

图 3-3-18　踢腿

（九）基本步伐 跳步 跑步 转体 波浪动作

1. 基本步伐

步伐有柔软步、提踵步（足尖步）、并步、垫步、弹簧步、滚动步、十字步等。

健美操基本步伐
教学视频

2. 跳步

跳步有开合跳、并步跳、提膝跳、钟摆跳、射燕跳、翻身跳、挺身跳、转体跳、弹踢跳、跨跳、交换腿跳、弓步跳等。

3. 跑步

跑步有摇臂、摆臂、屈伸臂等各种姿势的不同方向、不同形式的跑，如：跑十字、跑圆弧等。

4. 转体

转体有平转和单足转。

5. 波浪

波浪是指身体各环节依次而连贯的屈伸动作。有手臂的波浪（单、双臂）、躯干波浪（前、后、侧）和全身波浪。

第三节　形体训练与职业体能相关的练习方法

当今时代，社会对人才综合素质的要求越来越高。尤其是对有较高文化层次的特殊群体——高职学生而言，除了具备过硬的专业知识和专门技能外，学生同时必须具有健康的体魄、旺盛的精力、健美的形体和高雅的气质。

形体训练以身体练习为基本手段，匀称和谐地发展人体，增强体质，促进人体形态更加健美。可根据学生的实际情况选择不同的运动时间来进行，通过基本动作练习和强度不同的成套动作练习，对身体各关节、韧带、各主要肌群和内脏器官施加合理的运动负荷，对心血管功能、柔韧性、协调性、力量及耐力素质，以及有效地改变体重、体脂等身体成分有着十分显著的作用。例如：采用压、拉肩，下桥，体前、侧、后屈，压、踢、控腿等练习来发展柔韧性。采用舞蹈、徒手及成套动作练习锻炼大脑支配身体各部位同步运动的能力，体会各部位肌肉运动时的不同感觉，来发展协调性。采用健美操中的仰卧起坐、快速高踢腿、跳步等来发展力量和弹跳力的素质，提高动作的速度和力度。采用跑跳操等练习来提高耐力素质，增强体能，增强人体的防御能力。

一、男子形体锻炼方法

（一）臂部锻炼

上臂主要肌肉群有肱三头肌、肱二头肌。前臂主要有前臂前面肌肉群、后面肌肉群。

练习1：发展前臂前面肌肉群。动作——坐姿正握弯举。

练习2：发展前臂后面肌肉群。动作——坐姿反握弯举。

练习3：发展上臂肱二头肌。动作——立姿正握弯举。

练习4：发展上臂和前臂屈肌。动作——立姿反握弯举。

（二）肩部锻炼

整个肩部由三角肌所构成。肩膀宽阔取决于三角肌的发达。

练习1：发展肩带肌肉和臂部屈肌。动作——坐姿或立姿的腋下提铃。

练习2：发展肩带肌和肱三头肌。动作——立、坐姿推举。

练习3：发展肱三头肌。动作——颈后弯举（立、坐姿均可）。

练习4：发展肱三头肌和肩胛肌。动作——俯身弯举，俯身90°左右；弯举时上体不动。

练习5：发展肩带肌。动作——立、坐姿侧上举（又称立、坐式飞鸟）。

练习6：发展肩带上部肌肉和上臂屈肌。动作——坐、立姿背后弯举，正握、反握均可。

练习7：发展肩带肌、背阔肌、后三角肌。动作——俯身侧平举。

练习8：作用同练习7。动作——俯身后上举，即两臂同时或轮流向前、向后提举（不要摆荡），上举与下落时要控制速度。

（三）胸部锻炼

胸大肌是胸部最大的一块肌肉，覆盖着胸部的大部分；胸小肌位于胸大肌深层。胸肌发达，能使肋上提，扩大胸廓，增强呼吸功能。胸部是人体最显露健美的部位。

练习1：发展肩带肌、胸肌、上臂伸肌和三角肌。动作——卧推。斜、平卧在举重凳上，采用杠铃握推，效果更好。

练习2：发展肩带上部肌肉、胸肌、三角肌。动作——仰卧侧上举，也可在斜板上进行。

练习3：发展整个肩带肌。动作——仰卧前上举。

练习4：发展肩带肌、上臂伸肌、三角肌、胸肌。动作——仰卧，头后上拉。仰卧在条凳上，头与凳的一端齐平（登高30 cm），双手头后正握杠铃，把杠铃提拉至胸上方，稍停后将杠铃提放回原处。

练习5：各种形式的俯卧撑。

动作①：平握式俯撑（发展胸大肌下缘）。

动作②：顺高（头高）塌腰式俯卧撑（作用同上）。

动作③：反高（头低）举臂式俯卧撑（发展胸大肌上缘、胸小肌、外三角肌、腹直肌等）。

动作④：宽距式俯卧撑（发展胸大肌外缘）。

动作⑤：窄距式俯卧撑（发展胸大肌内缘）。
动作⑥：肘横撑俯卧撑（发展胸大肌上外缘）。
动作⑦：肘竖撑俯卧撑（发展胸大肌上内缘）。
练习6：双杠臂屈伸（发展臂、胸、背部肌肉）。
练习7：引体向上（作用同上）。

（四）颈部锻炼

颈部肌肉发达，往往是一个人强壮有力的象征。颈部肌肉十分丰富，分颈前屈肌群、颈后伸肌群、头侧屈肌群、头侧回视肌群等。

练习1：发展颈部肌肉。动作——俯身负重颈屈伸；坐姿俯身也可。

练习2：发展头侧肌肉群。动作——立、坐姿均可；一手按在同侧头上，另一手叉腰，头向按手的方向侧屈，手侧发力抵抗，头屈至极限位置后还原；反复几次后交换。

练习3：发展颈部肌肉。动作——双手抱脑后，或抱前额颈屈伸；屈、伸至极限位置后，放松还原；过程要缓和均匀。

（五）背部、腰部锻炼

背肌和腰腹肌是人体健美的主要标志之一。如果一个人的腰腹肌力小，做很多动作都会感到腰酸背痛。倘若腹部脂肪堆积，就更难有什么健美可言了。

练习1：发展背部伸肌群。动作——负重体前屈。如果把重量适当的杠铃担在肩上，双手扶握杠铃做体前屈，就会更安全，更有效果。

练习2：发展背部伸肌和腹肌。动作——俯卧负重体后屈。最好俯卧在条凳上，躯体悬空，加长大屈伸距离，效果更好。

练习3：发展腹肌、提肋肌。动作——持铃体侧屈。

练习4：发展腰肌、背阔肌、提肋肌。

动作①：颈后持铃体侧屈。

动作②：双臂上举持铃体侧屈。

练习5：发展腹部肌肉。

动作①：各种姿势的仰卧起坐。

a. 平卧起坐，两手触脚背。

b. 头低脚高，斜卧起坐。

c. 横卧跳箱深度，后仰起坐。

d. 两手抱头屈膝，仰卧起坐。

动作②：仰卧两头起。

动作③：单杠上悬垂举腿。

动作④：肋木上悬垂举腿。

（六）腿部锻炼

大腿肌分前群、后群、内侧群三部分。前群有缝匠肌、阔筋膜张肌、股四头肌；后群有股二头肌、半膜肌、半腱肌；内侧有趾骨肌、长收肌、短收肌、股薄肌。小腿主要有腓肠肌等。

练习1：发展腿部前群肌肉。动作——坐姿小腿负重前举。

练习2：发展腿部后群肌肉。动作——小腿负重后举。

练习3：发展腿部前群肌肉和内侧群肌肉。

动作①：小腿负重前踢腿。

动作②：小腿负重侧举腿。

练习4：发展大腿伸肌、背肌、肩带肌。动作——蹲举。如果采用适宜重量的杠铃，效果更好。

练习5：发展臀部肌肉。

动作①：负重深蹲。将杠铃置于双肩上，双手扶握杠铃下蹲至最低位置，稍停后起立至挺直身体；反复进行。

动作②：俯卧于纵箱，向后上方举腿。将双腿举至极限位置，稍停后，控制速度下落双腿；反复进行。

练习6：发展小腿后群肌肉。动作——负重提踵。双肩担负杠铃，双手扶握杠铃，用力踮起双脚跟至极限位置后还原；反复进行。

二、女子形体锻炼方法

（一）脖颈的练习方法

【功效】

①可克服脖颈过短或瘦长、软弱无力、多皱纹，以及因脂肪过多而引起的粗脖颈、双下巴等。

②纠正头部不正确的姿势、举止，使你充满活力，显得高雅。

③加强脖颈部位的血液循环。

练习1：头颈自然放松，慢慢侧转头部；当下巴转至肩部时，停3 s还原；左右重复数次。

练习2：头颈自然放松，双手掌握支撑在下巴两侧部位，头后仰。头部慢慢尽力向下低，直至脖颈完全伸直。

练习3：身体俯卧在床上，将头探出与地面平行；把头部慢慢低下，再慢慢使头部恢复原位；同时收缩颈肌，稍停。

练习中的动作速度说明：最慢速为5~10次/min；慢速为15~20次/min；中速为25~30次/min；快速为40次/min以上。

（二）肩部的练习方法

【功效】

①防止因三角肌萎缩、过瘦而造成的肩骨凸露、肩膀无力向前、上胸部下陷等缺陷。

②消除体胖者肥肩、短颈、圆背的体态。

③增强肩、胸部位柔韧性，使双肩、胸、背协调匀称发展。

练习1：坐立，背部紧贴椅背。双手持铃由前至后做直臂大回环，中速。

练习2：站立，手持橡皮拉力器，直臂经大腿前做侧平举，中速。

练习3：斜卧，双手反握哑铃，直臂由体前沿身体两侧慢上举，同时抬头举肩，动作结束时使两肩骨并拢，慢速。

（三）胸部的练习方法

【功效】

①矫正平扁胸、下塌的双肩和弓形的腰背，也可以消耗胸部堆积的脂肪。

②使胸部丰满、双肩匀称。

③改善和增强肺呼吸、心血管机能。

练习1：手握拉力器，做直臂体前交叉，中速。

练习2：宽距俯卧扩胸。

练习3：仰卧撑铃，直臂体前交叉，中速。

（四）背部的健美练习方法

【功效】

①发达瘦弱者的背部肌肉，消耗肥胖者背部多余的脂肪。

②矫正驼背的缺陷。

③使背部肌肉结实而柔和，脊沟清晰，使整个上体从肩至腰发展成V字形的健美身材。

练习1：手握拉力器做直臂后展，后展将要结束时挺胸收腹，尽力使肩胛骨合拢，中速。

练习2：由手持拉力器双臂侧平举开始，向背后尽力拉拢，慢速。

练习3：手持哑铃，屈体直臂向后甩动，中速。

（五）腹部的练习方法

【功效】

①增强腹肌力量，消耗多余的皮下脂肪。

②保持腹腔内脏的正常位置和功能。

③促使腹部围度、腰围、臀围与身体发展保持正常比例。

练习1：身体慢慢后仰，并不着垫，再慢慢起来，下巴尽量贴近上胸部，最慢速。

练习2：双手上举互握，上臂贴耳，上体左右侧摆动，中速。

练习3：身体倒斜卧，做仰卧起坐，快速。

（六）腰部的练习方法

【功效】

①塑造和维持高胸、平腹、细腰的状态。

②消耗多余的腰腹皮下脂肪。

练习1：侧身立于镜子前面，目视镜面，双手置于腹部，舒展骨盆，最大限度地收缩腹部肌肉；始终保持这种收缩状态，并在双手协助下努力使腹部体积缩小，持续若干分钟。

练习2：直立，双手置于腰部，使腰部缩小到最低限度，尽可能保持长时间的收缩状态。

练习3：直立，做深吸气，使胸部最大限度鼓起，同时全力内收腹部，保持5~6 s。做深呼气，反复进行。

（七）腰背部的练习方法

【功效】见腰部的健美练习方法。

练习1：横卧于山羊，做俯卧"两头起"，中速。

练习2：俯卧，躯体悬空做体后仰，慢速。

练习3：手持哑铃体前深屈，接着直臂上举展体。

（八）髋和臀部的练习方法

【功效】

①防止臀部肌肉萎缩，使臀部线条正常、丰满。

②消耗多余脂肪，预防臀部下坠。

③加强盆腔血液循环和新陈代谢，防治妇科疾病。

练习1：俯卧举腿，慢速。

练习2：直体仰卧，转动两胯，中速。

练习3：坐姿，臀部交替擦地向前移，中速。

（九）大腿部的练习方法

【功效】

①防止腿部肌肉萎缩，使腿部肌肉结实而丰润。

②矫正腿部生理性缺陷，使之保持线条美。

③加强腿部静脉血液回流，防止静脉曲张。

练习1：腿部肌肉萎缩时（干瘦），可将身体自然放松，双膝跪地，慢慢站立，反复进行。

练习2：坐姿举小腿。

练习3：俯卧小腿后上举。

（十）小腿部的练习方法

【功效】

①塑造和维持优美的小腿形态。

②消耗多余的腿部皮下脂肪。

练习1：以踝关节为轴心，脚在空中做屈伸、旋转动作。

练习2：提踵。

练习3：单腿体侧前后摆。

第四节 健美操运动竞赛规则简介

一、竞技健美操规则简介

竞技健美操是在音乐伴奏下，通过难度动作的完美完成，展示运动员连续表演复杂和高强度动作的能力。成套动作必须通过所有动作、音乐和表现的完美融合来体现创造性。

第三章 健美操

竞技健美操起源于传统的有氧健身操。作为竞技运动，它的比赛是由以下几个项目组成的：男子单人，女子单人，混合双人，三人（三名运动员性别任选），六人。比赛时间限制在 1 分 45 秒（上下浮动 5 s）；六人操除外，时间为 2 分 20 秒（上下浮动 5 s）。比赛场地为 7 m×7 m（六人操场地为 10 m×10 m）。比赛服装也有专门的规定，一般为紧身的专业健美操服装。

（一）动作的特殊要求

1. 艺术性

成套动作艺术性的要求是：充满活力，有创造性，以健美操方式表现动作设计和流畅的过渡动作。成套动作必须显示身体双侧的力量和柔韧性，而不重复同一动作。

2. 完成

任何未按竞技健美操定义完成的动作都将被扣分。混双和三人（六人）成套中最多允许 4 次托举或支撑配合动作，包括开始和结束。

3. 难度

至少每类难度动作各 1 个，最多难度动作为 16 个。难度分将是 12 个最高难度动作的总分。

（二）全套动作内容

成套动作必须表现出健美操动作类型（高和低动作的组合）、风格和难度动作的均衡性。健美操动作的姿态要求是躯干直，呈一直线位置，臂腿动作有力，外形清晰。动作编排要合理利用全部空间。

成套动作必须包括下列各类难度动作中的一个：A. 动力性力量；B. 静力性力量；C. 跳跃（爆发力）；D. 踢腿；E. 平衡；F. 柔韧。

二、大众健美操规则简介

（一）总则

（1）运动员年龄青年组：18～35 岁。
（2）竞赛内容：符合规则及规程要求的自编成套动作比赛。
（3）成套动作的时间为：2.5～3 min（计时由动作开始到动作结束）。
（4）比赛音乐
①音乐的速度：每 10 s 22～26 拍。
②成套动作允许有 2×8 拍的音乐前奏。在成套动作结束时，音乐应同时停止。
③参加比赛的队须自备比赛音乐，并将音乐录在高质量空白磁带的 A 面开头。
（5）参赛人数与更换运动员。
①参加人员：每队 4～6 人，性别不限。
②更换运动员：如有特殊情况须更换运动员时，需持有效证明，经组委会批准方可。
（6）比赛场地：比赛场地为 10 m×10 m 的地板或地毯；标记带为 5 cm 宽的红色或黑色带，标记带是场地的一部分。
（7）服装：运动员须穿适合运动的健美操服和运动鞋，着装整洁、美观、大方，不允许使用悬垂饰物，例如皮带、飘带和花边等。女运动员的头发须梳系于后，头发不得遮住脸部；允许化淡妆，禁止戴首饰。

（8）比赛程序与计分方法。

①比赛程序：比赛分为预赛和决赛两种，凡参赛队均须参加预赛。预赛前八名者进入决赛。不足八名时，递减一名录取。

②计分方法：比赛中得分高者名次列前；如遇得分相等，按艺术分高者名次列前；再相等名次并列，无下一名次。

（9）裁判组的组成。

裁判长 1 人、艺术裁判 3~5 人、完成裁判 3~5 人、视线裁判 2 人、辅助裁判若干人。

（二）成套动作的评分

成套动作的评分包括：艺术分、完成分、裁判长减分、艺术裁判的评分。艺术分是从 10 分起评，对每个错误给予减分。艺术裁判的评分因素为：动作设计、音乐队形与空间表演。

1. 动作设计（5 分）

健身健美操的动作设计应符合下面四个原则：健身、娱乐原则；安全无损伤原则；全面发展身体的原则；符合年龄特点的原则。

（1）基本步伐、手臂动作及动作组合（2 分）。

①动作设计必须包括七个基本步伐，即踏步、开合、吸腿、踢腿、弓步、弹踢腿跳、后踢腿跑，或类似的变化形式。

②手臂动作要体现多样性及动作的不对称性。

③动作组合中，应使身体的各部位（头、手、上臂、前臂、躯干、腿和脚）协调配合。共同参与的部位越多，评价越高。

④同一动作组合允许出现一次对称动作。

⑤成套动作的设计要以操化动作为主，在融合现代舞蹈和传统武术等项目的动作时，必须符合健美操运动的特点。成套动作中不允许出现任何清楚地显示其他项目特征的造型或静止动作（如芭蕾、健美、搏击等）。

⑥成套动作中不鼓励出现难度动作，如出现类似动作，不予加分，对出现的错误仍予以减分。开始和结束时允许出现托举动作，但不允许出现违例动作。

⑦成套动作中至少应出现两次运动员之间有接触的交流配合动作。

⑧成套动作中托举的数量不得多于 3 次。

（2）过渡与连接（2 分）。

①在成套动作中应合理、流畅地连接健美操基本步伐、动作组合。

②灵活和流畅的空中、地面的相互转换。

③运动员可以依次或分批做动作，但任何一名运动员不允许停顿 1×8 拍。

（3）强度（1 分）。

强度的评价取决于下列因素：动作的频率；动作的速度及幅度；完成动作的耐力；移动。

2. 音乐（1 分）

（1）音乐的选择应完整，并与成套动作的风格协调。

（2）音响效果应是高质量的，并有足够音量，必须和运动员成套动作相配合。

3. 队形与空间的运用（2分）

（1）成套动作的队形变化应是自然、迅速、流畅、清晰、美观，全套动作的队形变化不少于5次。

（2）成套动作必须充分、合理、均衡地使用场地。

（3）运动员在比赛场地中必须移动使用至少4个方向（向前、向后、向侧及对角）。

（4）成套动作中至少出现2次空间的变化（地上和腾空均可）。

4. 表演（2分）

（1）运动员在完成动作时，应充分显示出热情、活力、魅力，并将此传达给观众。

（2）运动员的动作必须与音乐的拍节相符，并配合乐曲。

5. 完成裁判的评分

完成分是从10分起评，对每个完成错误给予减分。完成裁判的评分因素为：技术技巧和一致性。

（1）技术技巧。

在成套动作中准确完成动作，展示完美的姿态以及身体各部分的正确位置。

①身体的正确姿态。

②动作的准确性：技术规范、部位准确、方向清楚、控制完美。

③动作的熟练性：熟练、轻松、流畅。

④动作的力度：爆发力、力度及耐久力。

（2）一致性。

①整体完成动作的能力，运动范围的一致性。

②所有运动员应体现出一致与均衡的运动强度。

③所有运动员应具有一致的表演技巧。

④完成裁判对于以上每类错误的减分。标准如下：

　　小错误　　　每次减0.1　（稍偏离正确完成）
　　中错误　　　每次减0.2　（明显离正确完成）
　　大错误　　　每次减0.3　（较严重偏离正确完成）
　　严重错误　　每次减0.4　（严重偏离正确完成）
　　失误　　　　每次减0.5

（3）裁判长。

①裁判长的职责是：记录评判整套动作，并根据技术规则负责监控在场全体裁判的工作。

②裁判长负责如下减分：

时间不足（指成套动作时间少于2.5 min），扣0.2分。

时间超过（指成套动作时间多于3 min），扣0.2分。

参赛人数不足或超过均扣0.2分。

音乐速度不符合要求，扣0.2分。

运动员被叫到后20 s内未出场，扣0.2分。

运动员的着装仪容不符合规定，扣0.2分。

运动员在比赛时掉物或装束散落，扣 0.2 分。
运动员身体触及线外地面，每次扣 0.1 分。
托举超过三次，每次扣 0.5 分。
违例动作减分，每次扣 0.5 分。

（三）违例动作

（1）所有沿矢状轴或额状轴翻转的动作。
（2）所有高于 30° 的水平支撑动作。
（3）任何与身体的自然姿态完全相反的动作。如：反背躬、背部挤压、膝转、足尖起、仰卧翻臀等。
（4）使用爆发性加速或减速动作。如抽踢等。
（5）任何马戏或杂技动作，如推进等。
（6）禁止抛。

根据以上原则，违例动作举例如下：

体操动作类型：	艺术体操和舞蹈类：
桥	挺身跳
躯干后屈	劈叉后屈体跳
各种翻滚	结环跳
各种倒立	站立后搬腿劈叉
各种软翻、手翻、空翻	鹿结环跳
屈伸起	膝转、颈转、背转
托马斯全旋	水平旋转跳（旋子）
双腿全旋	
武术动作类：	其他：
侧踹	躺地翻臀
抽踢	跪地足尖起

（四）特殊情况

（1）播放错音乐带。
（2）由于音响设备而出现的音乐问题。
（3）由于设备问题而出现的干扰——灯光、舞台、会场等。
（4）其他任何异物进入比赛场地。
（5）因运动员责任外的情况而引起的弃权。
（6）根据裁判长的决定，运动员在问题解决后可重做，原先分数无效。

上述情况以外的问题，将由总裁判长根据情况解决。总裁判长的决定为最后决定。

第四章 台 球

第一节 台球概述

一、台球的起源

台球运动至今已有五六百年的历史，台球究竟起源于哪国？有的说是古希腊，有的说是法国，有的说是英国，也有的说是中国、意大利和西班牙……众说纷纭，其实都是根据传说，所以很难肯定。但是，台球起源于西欧是无可争辩的事实。公元 14 世纪，在英国的维多利亚女王时代，台球活动非常受人们的重视。一些富豪家庭里不仅有豪华讲究的台球间，而且在进行打球活动时，还有严格的活动礼节，有的规定至今仍在沿用。如在打球时，有客人来，必须轻轻开门入室，不得高声谈话和喧闹，以免影响打球人的沉静思考。又如在打球时，可以要求对方不要正面对着自己或靠近自己站立，不允许有随便挥舞球杆等的不文明举动。台球是一项高雅的活动，现在台球厅、室，也都有类似的不许高声喧哗和吸烟的明文规定。

1510 年台球出现在法国，法国国王路易十四在凡尔赛宫玩的"台球"是"单个球"（Single Pool）——在桌上放一个用象牙做的拱门（Port）和一根象牙立柱叫"王"（king），用勺形棒来打球，把球打进门或碰到王便可得分。由于法王路易十四的御医建议国王餐后做台球活动，有利于健身，因此台球得到法王喜爱和关心。据说台球活动最初是在户外地面上挖洞，把球用木棒打进洞内的一种玩法，后来才从室外改在室内桌子上活动。

二、台球的发展

台球自出现至今已有几百年的历史，在长期流传中经过人们的不断改进丰富，现已达到了比较完善的程度。从前开始在室内桌子上玩球时，在桌子中心开了一个圆洞，后来又在桌子四角开了四个洞。洞的增加激发了人们的玩球兴趣，直到在桌子上开了六个圆洞，才演变成了今天落袋式台球球台的雏形。在球台的发展过程中还有过八角形球桌，在桌每边开洞，共有八个洞。洞增多了，一盘球就可以多容纳几个人来参加。到了 19 世纪初，台球运动的发展开始走向成熟阶段，在技术提高的同时，设备用具也随之发展，许多大大小小的改进和发明创造不断涌现。

台球最早传入的亚洲国家是印度和泰国，后来是日本，传入中国是在 19 世纪清朝末期。

新中国成立前，只有大使馆、租界地和北京、上海、广州、哈尔滨、沈阳等几大城市有私人开办的小规模台球厅室，且只有几张球台。

新中国成立后，我国在1960年举行过一次全国比赛。25年之后，于1985年在天津和上海先后举办了两次全国性比赛，1986年在北京又举行了一次。这几次的比赛中，涌现出一批优秀选手，如上海的孙麟伯、陈仁钧、蒋绍国，北京的杜小明、深圳的钟敏文和天津的沈会英等。这些新生力量给我国台球运动带来了勃勃生机。1986年8月，上海的金花杯台球巨星大赛，是我国举办的第一次世界高水平的比赛。现在，伴随着经济建设的迅速发展，台球也和其他运动一样得到普及发展，大中城市许多体育场馆、俱乐部、娱乐中心、大宾馆、饭店都设有台球厅、室。

现在的台球已发展得多种多样：有中式八球、俄式落袋台球、英式落袋台球、开伦台球、美式落袋台球和斯诺克台球。其中斯诺克最为普遍，而且被官方认可，已成为一项比赛项目。

三、台球的组织机构

台球运动组织的建立，最早是在英国——于1885年由业余与职业球手组成了台球协会，并制订了第一套正式的比赛规则；1908年又由对立的一方组成了台球管理俱乐部；1919年，台球协会和台球管理俱乐部达成合并协议，组建了英式台球和斯诺克台球的最高组织台球联合会，主持两种台球的比赛并制订规则。1940年世界台球联盟成立，是国际台球活动的组织机构，总部设在比利时的首都布鲁塞尔，行政中心设在西班牙的巴塞罗那。世界台球联盟负责世界性的台球比赛。全世界许多国家都开展有台球活动，并建立有台球协会。加入世界台球联盟的国家现已有三十多个，都是该联盟的会员国。美国台球协会成立于1948年，是美国各种台球运动的最高统辖机构，会址在芝加哥。1965年，该协会又设立了一座台球名人馆，保存台球史上的重要资料及杰出人物的光荣记录。1986年，中国成立了中国台球协会，各省市也相继成立了地方的台球协会。

第二节 台球基本技术

台球打法和其他球类打法不同，是先打白色主球，再由主球把目标球撞进球袋或连续碰撞两个目标球方可得分。而且不但要求把球打进球袋得分，还必须考虑打进一个球后，主球能停留在理想的位置，以便接着打下一个球。如此反复才能取得高分，也就是人们常说的"走位"。所以学打台球首先必须了解：用球杆怎么打？打主球各个不同部位，球将会产生什么样的旋转变化？当主球主动撞击被动的目标球后，两个球将要产生什么样的旋转变化和行进去向？等等。

一、球杆与杆架

（一）球杆

球杆是台球击球时使用的工具。它由度头、杆头、杆前部、中轮、杆后部、杆尾组成。一般长137~147 cm，重450~650 g。选择球杆首先要考虑适用且不弯曲；长度以使杆垂直，从脚量起时杆头能到下颚附近为宜；杆头应平整，接口要牢，否则不利于瞄准击球。

（二）杆架

杆架是击球时辅助用的工具。当本球位于球台上较远处，不便于用手架杆时，就需要用金属制的杆架。杆架有高、中、低三种。

二、握杆和身体姿势

（一）握杆位置

首先要了解球杆的重心位置，然后由重心点向杆尾处移动约 40 cm，这段距离内握住球杆是比较合适的。当然，根据主球离岸边的远近、需要不同力度出杆等情况，握杆的位置可以偏前或偏后。比如：主球贴岸时，要握接近杆的重心位置；主球较远时，可以握杆靠近尾部的位置；如需要大力击球时，握杆手亦可以向后握，以加大握杆和出杆的距离，便于发力。

（二）握杆方法

握杆的方法正确与否，直接影响到出杆的好坏。
正确的握法是：

1. 拇指和食指在虎口处用轻力握住球杆，其余 3 个手指要虚握

这样握杆的优点在于保证手指、手腕和整个手臂适度放松，便于肌肉更协调地工作。另外，手指、手腕和整个手臂的适度放松，有利于手指、手腕和整个手臂在运杆时的流畅，使人充分地感觉出杆触击球一刹那间杆头与球的撞击效果，给手指、手腕以及手臂肌肉本体感觉器更丰富的信号，便于正确学习、掌握技术动作以及及时发现和纠正动作错误。

2. 握杆时手腕要自然垂下，既不要外翻，也不要内收

握杆时的手腕位置因人而异，主要由如下因素决定：手腕和手臂在解剖结构上有所差异；个人长期养成的不同用力习惯；握杆的方法、肘部位置、肩部位置、身体姿势、站位有所差异。

（三）架杆方法

架杆是指在击球前，为了架稳球杆，在瞄准时用非持杆手作支撑，把球杆放在其上的一个动作。目前流行的基本架杆方法是：掌心向下，先将四指伸开，使指肚按在台面上，手掌略呈拱形，拇指跷起，靠近食指跟部形成"V"形；然后将球杆架在 V 形槽内，击球时使球杆在槽内做直线滑动。

（四）身体姿势

击球的方向是由站位和身体位置来决定的，保持正确的身体姿势有助于完成正确的击球动作。

（1）站立位置：握好球杆后，面向球台向用主球击打目标球的方向直立。球杆指向主球，握杆手置于体侧，同时对击打目标球的下球点和主球将要走的位置进行确定。

（2）脚的位置：当身体位置确定后，握杆的手保持在体侧不动，左脚向左侧前方迈出一小步，两脚距离大约与肩同宽。左腿稍微弯屈，右腿保持自然直立。

（3）上体姿势：站好脚的位置后，上体向右侧转并向下弯身，使肩部拉起，上体前倾，与台面接近。头微微抬起，下颌正中部位与手或球杆相贴，双眼顺球杆方向平视。

（4）面部位置：尽量使球杆保持在额头中轴线上，双眼保持水平前视，使面部之中线与球杆和后臂处在一个垂直的平面上。

三、击球动作

以肘部作为支点，像钟摆一样前后摆动。球杆向前移动时要平稳，直线前移，不宜上、下、左、右摆动。肘的动作要像一条"链"，前臂像一个"钟"。

四、出杆击球

架杆的手臂肘关节充分伸展，架杆手的位置应与本球保持 15～20 cm 距离。出杆击球前，球杆略有停顿；瞄准时全神贯注在目标球；出杆击球要有自信心；头部保持向下。

（一）击球杆法

台球的击球杆法是指台球击球时，使球得分或落袋所使用的正确撞击方法。

（二）跟球杆法

用撞点为中上部的杆法击球。本球碰撞目标球后，目标球被撞走，本球随之向前行进。

（三）缩球杆法

用撞点为中下部的杆法击球。本球碰撞目标球后，目标球被撞走，本球随之向后行进。

（四）反弹球杆法

它是落袋台球比赛的基本技术之一。因为落袋台球要求打指定球的时候多，所以使用反弹球的机会也较多。反弹球是应用入射角与反射角的原理。

（五）薄球杆法

打薄球是比较难的技术，若打得不正确，碰撞得太厚，本球就不能沿着正确路线行进。瞄准方法是将本球与靠近目标球边缘连成线，以目标球侧面不到一个球的地方为瞄准点，然后对着本球撞击。这时可采用中下杆打法，这种杆法可避免乱出杆，防止碰撞目标球太厚。

（六）空岸球杆法

本球先碰岸一次，然后再碰撞目标球。它的基本原理是撞击本球的中心，使入射角等于反射角。

（七）贴岸球杆法

当球贴岸时，应离开球的半径瞄准，使主球在撞击目标球时也撞岸边，即可送球落袋。

（八）综合撞击杆法

本球瞄准目标球撞击，被撞击的目标球又撞击另外的目标球，并使其落袋，叫综合撞击。基本瞄准方法是将袋口前的球与本球先碰撞的目标球通过两球中心连接成的延长线用本球碰撞，即可落袋。

（九）扎杆杆法

扎杆是将球杆立起来撞击本球的一种击法，属台球的一项高级技术。扎杆前先靠近球台，两脚稍微分开，上体略前倾，脸部比杆稍向前些，面颊内收，将球杆立起约 70°。击球时从球的上方给球以逆旋的力，使本球沿着弧线运动的同时，还向前移动。扎杆的撞点范围应在球的 6/10 同心圆内撞击。

第三节　斯诺克台球竞赛规则简介

一、球台及球的分值

斯诺克台球球台的内沿长 350 cm，宽 175 cm，高 85 cm。共用球 22 颗，其中 15 颗红球、6 颗彩球、1 颗白球（主球）。红球分值 1 分，彩球的颜色及分值为：2 分球——黄球；3 分球——绿球；4 分球——咖啡球；5 分球——蓝球；6 分球——粉球；7 分球——黑球。

二、得分

（一）进球得分

每打入一颗红球得 1 分，打入一颗黄球得 2 分，绿球得 3 分，咖啡球得 4 分，蓝球得 5 分，粉球得 6 分，黑球得 7 分。（打球方必须先打入 1 颗红球后，才能任选 1 颗有利的彩球打。彩球打进后，需取出重新摆回其自己的定位点。接着，再打红球，红球打进后再打彩球，如此反复，红球全部入袋后，必须按照从低分值球到高分值球的顺序打彩球，依次是黄球、绿球、咖啡球、蓝球、粉球和黑球。此时打进的彩球，不必再拿出来。直至所有彩球入袋，台面上剩下白球，一局比赛宣告结束。）

（二）通过对方失误罚分而得分

未遵守下列规则，属犯规行为，当处罚分：

（1）打红球时，如果白球未能撞到任何红球（空杆），则要罚 4 分。

（2）如果误撞了彩球，则按照该彩球的分数罚分，但是最少罚 4 分。如：撞到了黑球罚 7 分，撞了黄球罚 4 分。

（3）打彩球时，如果未能打到要打的彩球，则按照此彩球的分数罚分。如果误撞了更高分的彩球，则按照高分罚分，最少罚 4 分。因此进红球后、打彩球前，如果要打的彩球不能明显看得出来，就必须声明击打的是哪个球，否则自动罚 7 分。

（4）如果误将白球击入袋，最少罚 4 分，或者按照白球进袋前最先碰到的最高分数球罚分。白球入袋后，接着打的一方可将白球摆在开球区的任何位置击球。

（5）罚分不从受罚方的分中扣减，而是加入对方的得分中。

三、规则介绍

（一）常见违规

(1) 将球打落台桌面。
(2) 双脚同时离地击球。
(3) 白球跳过中间球击打目标球。
(4) 台面上的球被球杆击球端以外的任何物品或身体任何部位所碰到。
(5) 在出杆时，球杆连续击白球两次以上。
(6) 球杆、白球和目标球同时接触。

（二）其他规则

(1) 自由球：在一方打了失误球，台面出现斯诺克后，另一方无法看到整颗红球，就可以任选一彩球当红球打，此彩球便被称为"自由球"。如果这个彩球入袋，就当作红球入袋得1分，按照常规打彩球；如果台面红球已被打完，另一方无法看到整颗彩球，则另一方可以任选一彩球打，此球即自由球。自由球入袋得分按台面上所剩的最低分球计算，进球后，其他球按常规顺序击打。

(2) 重打球：如果一方打了一个失误球，而使对方处于不利的境地，对方有权要求失误方接着打。

(3) 无意识救球：在一方打了失误球以后，如果裁判认为这个球应该可以打到，则可以判罚无意识救球。

在这种情况下，另一方可以有以下几种选择：
①将球恢复到失误球前的原状，要求失误方重新打。
②要求失误方在现在的位置上接着打。
③在现在的位置上自己打。
④如果台面上出现斯诺克，自己打自由球。

(4) 彩球摆位：当彩球落袋重新摆回台面时，如果这个彩球的原位点被其他球占了，则应将这个彩球摆到当时最高分的彩球空位点上。如果所有彩球点都被占，此时应将此彩球摆在自己定位点垂直于底边的直线上——应最靠近自己的定位点，且不能够碰到其他球。

(5) 僵局：当裁判认为台面已成僵局，裁判会向双方声明；如果几个回合之后，局面仍无明显变化，此局便成为无效局，得重新开始。

第五章 技击运动

第一节 初级长拳第三路

一、初级长拳第三路

长拳，是一种拳术流派的总称。中华人民共和国成立后，原国家体委把在群众中流传广泛的查、华、炮、洪、弹腿、少林等拳种，根据其风格特点，综合整理创编了长拳。长拳是以套路为主的拳术，既适合于基础武术训练，又适合于进行竞赛和技术水平的提高。这类拳术的共同特点是：姿势舒展、动作灵活、快速有力、节奏鲜明，并多起伏转折、蹿蹦跳跃、跌扑滚翻等动作和技术。

初级长拳第三路编创于1957年。全套除了预备式和结束动作，分为四段，来回练习四趟，每段八个动作，合计三十六个动作。套路内容充实，包括了拳、掌、勾三种手型；弓、马、虚、仆、歇五种步型；手法有冲、劈、抡、砸、栽等拳法，推、挑、穿、摆、亮等掌法，盘、顶等肘法；腿法有弹、踹、踢、拍等；还有跳跃和平衡等动作。套路编排合理，由简而繁，由易到难，有利于循序渐进地进行练习；套路布局和路线变化前后呼应，左右兼顾，均匀合理；在强调动作规格化、注重功力的同时，还较好地体现了攻防意识，增强了学习的情趣。

二、长拳对于身体的作用

经常从事长拳锻炼，能有效地增强体质，发展各种身体素质，提高内脏器官的功能。长拳中的各种手法、步法、腿法和身法，动作幅度大，牵动关节多，使肌肉、韧带拉长并富有弹性，柔韧性大大提高；套路中许多踢打摔拿、蹿蹦跳跃和跌扑滚翻等动作，可很好地发展灵敏、速度、力量等身体素质，提高弹跳力和协调性；一套长拳几十个动作要在很短的时间内完成，动作又多起伏转折，节奏多变，因此强度和运动量很大，有效地提高了循环系统、呼吸系统和消化系统的机能；要求每一动作都能做到"手、眼、身法、步、精神、气、力、功"八法协调，对神经系统有良好的影响，支配各肌肉群活动的运动中枢和内脏器官活动的植物神经系统能很好地配合工作；运动节奏的变化，增强了中枢神经系统快速转换的能力和兴奋与抑制交替过程的灵活性。

三、练习步骤

起式：01 预备势；02（一）虚步亮掌；03（二）并步对拳。

第一段：04（一）弓步冲拳；05（二）弹腿冲拳；06（三）马步冲拳；07（四）弓步冲拳；08（五）弹腿冲拳；09（六）大跃步前穿；10（七）弓步击掌；11（八）马步架掌。

第二段：12（一）虚步栽拳；13（二）提膝穿掌；14（三）仆步穿掌；15（四）虚步挑掌；16（五）马步击掌；17（六）叉步双摆掌；18（七）弓步击掌；19（八）转身踢腿马步盘肘。

第三段：20（一）歇步抡砸拳；21（二）仆步亮掌；22（三）弓步劈拳；23（四）换跳步弓步冲拳；24（五）马步冲拳；25（六）弓步下冲拳；26（七）叉步亮掌侧踹腿；27（八）虚步挑拳。

第四段：28（一）弓步顶肘；29（二）转身左拍脚；30（三）右拍脚；31（四）腾空飞脚；32（五）歇步下冲拳；33（六）仆步抡劈拳；34（七）提膝挑掌；35（八）提膝劈掌弓步冲拳。

结束动作：36（一）虚步亮掌；37（二）并步对拳；38 还原。

四、注意点

1. 姿势准确

长拳套路是由许多动作有机地衔接组成的，无论是动态还是静态，对身体各部分的姿势要求都有一定的规格，拳谚上要求做到"式正招圆"。"式"，通常指各种静止姿势。基本要求是：头正、项竖、肩沉、胸挺、腰直、臀敛；上肢动作要挺拔、舒展；下肢动作要求稳健、匀称，轮廓清楚。"招"，主要是指由动到静，一个完整的技术方法。它不仅要求做得有头有尾，过程清楚，而且要求身体各部位达到高度的协调、圆满、完整，各种拳法、掌法、步法、身法的变化做到路线清晰、力点准确、攻防有序。

2. 劲力顺达

要有劲力，首先要做到用力顺达，讲究发力顺序。武术中有"三节""六合"的说法，手和脚为梢节，肘和膝为中节，肩和胯为根节，这六个部位在运动中和谐，称为"六合"。一般来说，上肢发力应是"梢节起，中节随，根节催"；下肢则是"起于根，顺于中，达于梢"；牵涉上下肢的动作，则是"起于腿，发于腰，传于肩，顺于肘，达于手"，使腿、膝、胯的力量，通过腰力作媒介，以送肩、顺肘而达于拳面，使上、中、下三节都贯通起来。

除了讲究发力的顺序外，还要做到发劲的刚柔变化，肌肉的松紧配合要得当。通常动作开始时要放松，逐渐加速，力达末端时达到最高速，这种劲力既迅速敏捷，又有弹性。

3. 节奏鲜明

一个套路由几十个动作组成，形成不同的运动节奏。长拳中主要表现为动与静、重与轻、快与慢、起与伏、长与短的变化。动与静的变化，要做到"动迅静定"，动若疾风般的迅速，静若山岳似的稳定；重与轻的变化，武术有"重如铁""轻如叶"之说，如震脚、砸拳、踏步等动作力沉千钧，而弧形步、跃步前穿则要轻灵，若风飘柳絮；起与伏，则是从动作的空间运动来讲节奏变化的，高的动作要挺拔，有顶天立地的气概，低的动作要沉得下去，有鱼翔浅底的本领；快与慢也体现了一定的节奏变化，不能一快到底，为了表现身法和动作的韵律，常出现以慢带快或快而轻慢尔后更快的生动节奏；长与短的变化，就像写文章点标点似的，武术中的"长句"称挂串动作，即连续完成多个动作，"短句"称顿挫动作，有时做一二个动作即停，长短相参，使节奏更加多变。

4. 精神饱满

武术中通常称为"精、气、神"，主要指精神、意念和气质。练套路时，首先，要精神饱满，严肃认真，思想集中，充满信心，要有假设性的攻防含义和击打形象，表现出勇敢、机智、无所畏惧的气概来。其次，在每个动作中，要注意手与眼的严谨配合，通过眼睛的传神会意来表现动作的攻防变化。"眼随手动，步随身行"，就是说，动作的攻防、架挡、进击、格守，眼神都在贯注中紧密配合，左顾右盼，传神会意；"眼到手到，步到身到"，当动作戛然而止时，眼睛全神贯注，静中含动；通过传神会意来体现人的精神面貌，使动作之间有机地联系起来，做到形断气不断，势停意不停。

5. 呼吸得法

在练习长拳时，动作和呼吸的配合，讲究"提、托、聚、沉"四种方法。一般情况下，由低动作进入高动作或跳跃动作时，应该运用"提"法（吸气，提高重心）；当静止性动作出现时，应该运用"托"法（短暂地停止呼吸，稳定重心）；当刚脆、短促发力动作出现时，应该运用"聚"法（呼气过程）；由高动作转入低动作时，应该运用"沉"法（呼气后短暂停吸，下降重心）。这些呼吸随动作变化，运用时要在自然呼吸的基础上，慢慢体会，从反复实践中逐步掌握。

初级长拳第三路

目　　录

一、动作目录

预备动作

（一）预备势　　　　（二）虚步亮掌　　　　（三）并步对拳

第一段

（一）弓步冲拳　　（二）弹腿冲拳　　（三）马步冲拳　　（四）弓步冲拳
（五）弹腿冲拳　　（六）大跃步前穿　　（七）弓步击掌　　（八）马步架掌

第二段

（一）虚步栽拳　　（二）提膝穿掌　　（三）仆步穿掌　　（四）虚步挑掌
（五）马步击掌　　（六）叉步双摆掌　　（七）弓步击掌　　（八）转身踢腿马步盘肘

第三段

（一）歇步抡砸拳　　（二）仆步亮掌　　（三）弓步劈拳　　（四）换跳步弓步冲拳
（五）马步冲拳　　（六）弓步下冲拳　　（七）叉步亮掌侧踹腿
（八）虚步挑拳

第四段

（一）弓步顶肘　　（二）转身左拍脚　　（三）右拍脚　　（四）腾空飞脚
（五）歇步下冲拳　（六）仆步抡劈拳　　（七）提膝挑掌　（八）提膝劈掌弓步冲拳

结束动作

（一）虚步亮掌　　（二）并步对拳　　（三）还原

二、动作说明

预备动作

（一）预备势

两脚并步站立，脚尖向前；两臂垂于身体两侧，双手成掌自然贴靠腿外侧；眼向前平视（图 3-5-1）。

要领：头正颈直，下颌微收，挺胸、收腹、塌腰、夹腿。

（二）虚步亮掌

（1）退步砍掌。重心下降，右脚向右后方撤步成左弓步；右掌经体侧向胸前上方划弧，掌心向上，左臂屈肘，左掌提至腰侧，掌心向上；目视右掌（图 3-5-2）。

（2）后移穿掌。左腿蹬地发力使重心后移，右腿微屈；左掌经胸前从右臂上向前上弧线穿出伸直，掌心向上，同时右掌收至腰侧，掌心向上；目视左掌（图 3-5-3）。

武术全套动作

图 3-5-1　预备势

图 3-5-2　退步砍掌

图 3-5-3　后移穿掌

（3）转头亮掌。重心继续后移，左脚稍向右后移，脚尖点地，成左虚步；左臂内旋经左侧向后下方划弧成勾手，勾尖向上，右手继续向后、向右、向前上划弧，屈肘抖腕，在头前上方成亮掌（即横掌），掌心向前，掌指向左；目视左方（图 3-5-4）。

要领：三个动作连贯，双手路线走圆。成虚步时，重心落于右腿上，右大腿与地面平行，上体注意保持正直。

（三）并步对拳

（1）提膝亮掌。右腿蹬直，左腿提膝，脚尖里扣；身体直立，上身姿势不变（图 3-5-5）。

（2）上步穿掌。左脚向前迈步，重心前移；左臂屈肘，左勾手变掌经左肋前穿，右臂外旋向前下落于左掌右侧，两掌同高，掌心均向上；头转正，目视前方（图 3-5-6）。

图 3-5-4　转头亮掌　　　图 3-5-5　提膝亮掌　　　图 3-5-6　上步穿掌

（3）上步后摆掌。右脚向前上一步，重心前移；两臂下垂，双手经髋侧向后摆掌（图 3-5-7）。

（4）并步转头对拳。左脚向右脚并步，身体直立；两臂向外、向上经胸前屈肘下按，两掌变拳，拳心向下，拳面相对，停于小腹前；目视左侧（图 3-5-8）。

图 3-5-7　上步后摆掌　　　　图 3-5-8　并步转头对拳　　　武术起式

要领：并步后挺胸、塌腰。对拳、并步、转头要同时完成。

第一段

（一）弓步冲拳

（1）上步格挡。左脚向左横开一步，脚尖向斜前方，右腿微屈，上体微左转，成半马步；同时左臂屈肘向左格挡，拳眼向后，拳与肩同高，右拳收至腰侧，拳心向上；目视左拳（图 3-5-9）。

（2）蹬地冲拳。上体左转，右腿蹬直成左弓步；右拳成立拳向前冲出，高与肩平，拳眼向上，同时左拳收至腰侧，拳心向上；目视右拳（图 3-5-10）。

要领：成弓步时，右腿充分蹬直，脚跟不要离地。冲拳时，尽量转腰顺肩。

（二）弹腿冲拳

重心前移至左腿，右腿屈膝提起，脚面绷直，猛力向前弹出伸直，高与腰平；左拳成立拳向前冲出，右拳收至腰侧，拳心向上；目视前方（图 3-5-11）。

图 3-5-9　上步格挡　　　　图 3-5-10　蹬地冲拳　　　　图 3-5-11　弹腿冲拳

要领：弹腿和冲拳要协调一致，弹出的腿要用爆发力，力点达于脚尖。

（三）马步冲拳

右脚向前落步，脚尖里扣，右脚脚跟后辗，上体左转，两腿下蹲成马步；右拳成立拳向前冲出，高与肩平，同时左拳收至腰侧；目视前方（图3-5-12）。

要领：成马步时，大腿接近水平，脚跟外蹬，挺胸、塌腰，冲拳配合转体动作发力。

（四）弓步冲拳

（1）转体格挡。右脚尖外撇向斜前方，成半马步，上体右转90°；右臂屈肘向右格挡，拳眼向后，拳与肩同高；目视右拳（图3-5-13）。

（2）蹬地冲拳。左腿蹬直成右弓步；左拳成立拳向前冲出，右拳收至腰侧，拳心向上；目视左拳（图3-5-14）。

图 3-5-12　马步冲拳　　　　图 3-5-13　转体格挡　　　　图 3-5-14　蹬地冲拳

要领：与本段的第一个弓步冲拳相同。

（五）弹腿冲拳

重心前移至右脚，左腿屈膝提起，脚面绷直，猛力向前伸直弹出，高与腰平；右拳成立拳向前冲出，左拳抱拳于腰侧，拳心向上；目视前方（图3-5-15）。

要领：与本段的第一个弹腿冲拳相同。

（六）大跃步前穿

（1）收腿挂掌。左腿屈膝收腿，上体微前倾；右拳变掌内旋，以手背向左下挂至左膝外侧；目视右手（图3-5-16）。

（2）上步后摆掌。左脚向前落步，重心移至前脚，两腿微屈；右掌继续向后挂，左拳变掌，向后下摆掌伸直；目视右掌（图3-5-17）。

图 3-5-15　弹腿冲拳　　　图 3-5-16　收腿挂掌　　　图 3-5-17　上步后摆掌

（3）跃步上摆掌。右腿屈膝向前提起，左腿立即猛力蹬地向前跃出，跳起后双小腿后背，身体右转；两掌向前向上划弧摆起；目视左掌（图 3-5-18）。

（4）仆步抱拳。右腿落地全蹲，左腿随即落地向前铲出成仆步；右掌变拳抱于腰侧，左掌由上向右、向下划弧成立掌，停于右胸前；目视左脚（图 3-5-19）。

要领：跳起后在空中要挺身背腿；跃步要远，落地要轻，落地后立即接做下一个动作。

（七）弓步击掌

右腿猛力蹬地，上体左转，重心移向左脚成左弓步；左掌经左脚面向后划弧至身后成勾手，左臂伸直，勾尖向上，右拳由腰侧变掌向前推出，掌指向上，掌外侧向前；目视右掌（图 3-5-20）。

图 3-5-18　跃步上摆掌　　　图 3-5-19　仆步抱掌　　　图 3-5-20　弓步击掌

（八）马步架掌

（1）转体穿掌。重心移至两腿中间，上体右转，左脚脚尖里扣成马步；右臂向左侧平摆，稍屈肘，同时左勾手变掌由后经左腰侧从右臂内向左上穿出，掌心均朝上；目视左手（图 3-5-21）。

（2）转头亮掌。上体继续右转；右掌立于左胸前，左臂向左上屈肘抖腕亮掌于头部左上方，掌心向前上方；头部右转，目视右方（图 3-5-22）。

图 3-5-21　转体穿掌　　　图 3-5-22　转头亮掌

要领：亮掌的抖腕动作和转头同时完成，发力要干脆；马步同前。

第二段

（一）虚步栽拳

（1）提膝转体。右脚蹬地，屈膝提起，左腿伸直站起，以前脚掌为轴向右后转体180°；右掌由左胸前向下经右腿外侧向后划弧成勾手，勾尖向后，左臂随体转动并外旋，使掌心朝右；目视右手（图3-5-23）。

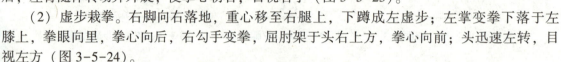

武术第一段

（2）虚步栽拳。右脚向右落地，重心移至右腿上，下蹲成左虚步；左掌变拳下落于左膝上，拳眼向里，拳心向后，右勾手变拳，屈肘架于头右上方，拳心向前；头迅速左转，目视左方（图3-5-24）。

（二）提膝穿掌

（1）转头盖掌。右腿稍伸直；右拳变掌收至腰侧，掌心向上，左拳变掌由下向左上划弧盖压于头上方，掌心向前；头转向右方（图3-5-25）。

图3-5-23　提膝转体　　　图3-5-24　虚步栽拳　　　图3-5-25　转头盖掌

（2）提膝穿掌。右腿蹬直，左腿屈膝提起，脚尖内扣；右掌从腰侧经左臂内向右前上方穿出，掌心向上，左掌收至右胸前成立掌；目视右掌（图3-5-26）。

要领：（1）、（2）动作连贯完成，支撑腿与右臂充分伸直。

（三）仆步穿掌

右腿全蹲，左腿向左后方铲出成左仆步，脚尖内扣；右臂不动，左掌由右胸前向下经左腿内侧，向左脚面穿出；目随左掌转视（图3-5-27）。

（四）虚步挑掌

（1）弓步前穿。右腿蹬直，重心前移至左腿，成左弓步；左掌随重心前移继续向前上方穿掌，右掌稍下降；目随左掌转视（图3-5-28）。

图3-5-26　提膝穿掌　　　图3-5-27　仆步穿掌　　　图3-5-28　弓步前穿

（2）虚步前挑。右脚向左前方上一步，脚尖点地，左腿半蹲，成右虚步，上体向左转180°；在右脚上步的同时，右掌由后向下、向前上挑起成立掌，指尖与眼平，左掌由前向上、向后划弧成立掌；目视右掌（图3-5-29）。

要领：上步要快，虚步要稳。

（五）马步击掌

（1）捋手抱拳。右脚落实，脚尖外撇，重心稍升高并右移；右掌俯掌向外捋手，左掌变拳收至腰侧（图3-5-30）。

（2）上步横击。左脚向前上一步，以右脚为轴向右后转体180°，两腿下蹲成马步；左拳变掌从右臂上成立掌向左侧击出，力达掌根，右掌变拳收至腰侧；目视左掌（图3-5-31）。

图3-5-29　虚步前挑　　　　图3-5-30　捋手抱拳　　　　图3-5-31　上步横击

要领：右手做捋手时，先使臂稍内旋、腕伸直，手掌向下向外转，接着臂外旋，掌心经下向上翻转，同时抓握成拳。收拳和击掌要同时进行。

（六）叉步双摆掌

（1）转头下摆掌。重心稍升高、右移；右拳变掌，同时两掌由下向右摆，掌指均向上；目视右掌（图3-5-32）。

（2）叉步上摆掌。右脚向左腿后插步，前脚掌着地，上身拧紧；两臂继续由右向上、向左摆，停于身体左侧，均成立掌，右掌停于左肘窝处；目随双掌转视（图3-5-33）。

图3-5-32　转头下摆掌　　　　图3-5-33　叉步上摆掌

要领：两臂要划立圆，幅度要大，摆掌与后插步配合一致。

（七）弓步击掌

（1）转身按掌。两腿不动，身体右转；右掌向上、向右划弧，掌心向下按掌，左掌收至腰侧，掌心向上；头转向右方（图3-5-34）。

（2）退步击掌。左腿后撤一步，成右弓步；右掌向下向后伸直摆动，成勾手，勾尖向上，左掌成立掌向前推出；目视左掌（图3-5-35）。

177

图 3-5-34　转身按掌　　　　　　　图 3-5-35　退步击掌

要领：退步和推掌协调一致，推掌发力前左腿要蹬住地面。

（八）转身踢腿马步盘肘

（1）转体抡臂。两脚以前脚掌为轴向左后转体180°，重心移向左脚；在转体的同时，左臂向上、向前划半立圆，右手变掌，右臂向下、向后划半圆；目随左手转视（图3-5-36）。

（2）顺势抡臂。上动不停，两脚不动；右臂由后向上、向前划半立圆，左臂由前向下、向后划半立圆；目视前方（图3-5-37）。

（3）亮掌正踢腿。上动不停，重心移至左脚，重心升高；右臂向下成反臂勾手，勾尖向上，左臂向上成亮掌，掌心向前上方；右腿伸直，脚尖勾起，向额前正踢腿（图3-5-38）。

图 3-5-36　转体抡臂　　　　图 3-5-37　顺势抡臂　　　　图 3-5-38　亮掌正踢腿

（4）落步拧身。右脚主动向前下压落地，脚尖里扣，上体微向左拧转；右手不动，左臂屈肘下落至胸前，肘平抬，左掌心向下；目视左掌（图3-5-39）。

（5）马步盘肘。上体左转90°，两腿下蹲成马步；同时左掌向前、向左平掳，变拳后收至腰侧，右勾手变拳，右臂伸直，由体后向右、向前平摆，至体前时屈肘，肘尖向前，高与肩平，拳心向下；目视肘尖（图3-5-40）。

图 3-5-39　落步拧身　　　　　　　图 3-5-40　马步盘肘

要领：两臂抡动时要划立圆，动作连贯。盘肘要快速有力，右肩前顺。

第三段

（一）歇步抡砸拳

（1）转头抡拳。重心稍升高，右脚尖外撇；右臂由胸前向上、向右抡直，左臂摆至体侧，两拳拳心向上；目随右拳转视（图3-5-41）。

武术第二段

（2）转体抡摆。上动不停，重心升高，两脚以前脚掌为轴，向右后转体180°；随身体转动，右臂向下、向后抡摆，左臂向上、向前抡摆（图3-5-42）。

（3）歇步砸拳。紧接上动，两腿全蹲成歇步；左臂随身体下蹲向下平砸，力达拳背，拳心向上，臂部微屈，右臂伸直向上举起；目视左拳（图3-5-43）。

图3-5-41　转头抡拳

图3-5-42　转体抡摆

图3-5-43　歇步砸拳

要领：抡臂动作要连贯完成，划成立圆。歇步要两腿交叉全蹲，左腿大、小腿靠紧，臂部贴于左小腿外侧，膝关节在右小腿外侧，脚跟提起；右脚尖外撇，全脚掌着地。

（二）仆步亮掌

（1）回身横击掌。左脚由右腿后抽出向前上一步，左腿蹬直，右腿半蹲，成右弓步；上体微向右转；左拳收至腰侧，拳心向上，右拳变掌向下经胸前向右横击掌，掌心向下，力达掌沿；目视右掌（图3-5-44）。

（2）提膝穿掌。右脚蹬地屈膝提起，上体右转；左拳变掌从右掌上向前穿出，掌心向上，右掌回收，平放至左肘下，掌心向上（图3-5-45）。

（3）仆步亮掌。右脚向右落步，屈膝全蹲，左腿伸直，成仆步；左掌向下、向后划弧成勾手，勾尖向上，右掌向右、向上划弧后，抖腕成亮掌，掌心向前，臂微屈；头随右手转动，至亮掌时，目视左方（图3-5-46）。

图3-5-44　回身横击掌

图3-5-45　提膝穿掌

图3-5-46　仆步亮拳

要领：仆步时，左腿充分伸直，脚尖里扣，右腿全蹲，两脚脚掌全部着地。上体挺胸、塌腰，稍左转。

（三）弓步劈拳

（1）上步捋手。右腿蹬地立起，左腿收回并向左前方上步；右掌变拳收至腰侧，拳心向上，左勾手变掌由下向前上经胸前向左做捋手，掌心横向外；目视左手（图3-5-47）。

（2）上步挥摆。右腿经左腿前方向左绕上一步，左腿蹬直成右弓步；左手向左平捋后再向前挥摆，虎口朝前，在左手平捋的同时，右拳向后平摆，拳眼向上（图3-5-48）。

（3）弓步劈拳。重心前移成弓步；右拳向上、向前做抡劈拳，力达拳背，拳高与耳平，拳心向上，左掌外旋接扶右前臂；目视右拳（图3-5-49）。

图3-5-47　上步捋手　　　图3-5-48　上步挥摆　　　图3-5-49　弓步劈拳

要领：左、右脚上步稍带弧形。

（四）换跳步弓步冲拳

（1）缩身挂掌。重心后移，右脚稍向后移动，上体微前弓；右拳变掌，右臂内旋以掌背向下划弧挂至右膝内侧，左掌背贴靠右肘外侧，掌指向前；目视右掌（图3-5-50）。

（2）提膝拧身。右腿自然上抬，上体稍向左扭转；右掌挂至体左侧，左掌留在右腋下；目随右掌转视（图3-5-51）。

（3）震脚按掌。右脚以全脚掌用力向下震踩，与此同时，左脚急速离地向后勾起，同时上体右转；伴随转体，右手由左向上、向前捋盖，而后变拳收至腰侧，左掌伸直向上经头上方向前、向下横掌下按，肘关节平屈，掌心向下；目视左掌（图3-5-52）。

（4）弓步冲拳。左脚向前上步，右腿蹬直成左弓步；右拳从左手手背上向前冲出（立拳），拳高与肩平，左掌回收藏于右腋下，掌背贴靠腋窝，掌指向上；目视右拳（图3-5-53）。

图3-5-50　缩身挂掌　　图3-5-51　提膝拧身　　图3-5-52　震脚按掌　　图3-5-53　弓步冲拳

要领：换跳步动作要连贯、协调。震脚时腿要弯曲，全脚掌着地。左脚离地不要太高。

（五）马步冲拳

左脚蹬转，脚尖内扣，上体右转90°，重心移至两腿中间，成马步；左掌变拳向左冲出,拳眼向上,右拳收至腰侧,拳心向上;目视左拳(图3-5-54)。

(六)弓步下冲拳

右脚蹬直,左腿弯曲,上体稍向左转,成左弓步;左拳变掌向下经体前划弧向上架于头左上方,掌心向上,右拳自腰侧向左前斜下方冲出,拳眼向上;目视右拳(图3-5-55)。

图3-5-54 马步冲拳

图3-5-55 弓步下冲拳

(七)叉步亮掌侧踹腿

(1)十字交叉。上体稍右转;左掌由头上下落于右手腕上,右拳变掌,两手手腕处交叉成十字,手掌小指侧向前;目视双手(图3-5-56)。

(2)叉步亮掌。右脚蹬地并向左腿后插步,以前脚掌着地;左掌由体前向下、向后划弧成勾手,勾尖向上,右掌由前向右、向上划弧抖腕亮掌,掌心向前;目视左方(图3-5-57)。

(3)侧踹腿。重心移至右腿,左腿屈膝提起,向左上方猛力踹出,脚尖勾紧;上肢姿势不变;目视左侧(图3-5-58)。

图3-5-56 十字交叉

图3-5-57 叉步亮掌

图3-5-58 侧踹腿

要领:插步时上体稍向右倾斜,腿、臂的动作要一致。侧踹高度不能低于腰,大腿内旋,着力点在脚跟。

(八)虚步挑拳

(1)落步左挑拳。左脚在左侧落地;左勾手变拳由体后向左上挑,拳背向上,右掌变拳稍后移,拳心向后(图3-5-59)。

(2)提膝前挂拳。上体左转180°,微含胸前俯;左拳继续向前、向上划弧上挑,右拳向下、向前划弧挂至右膝外侧,拳眼向上;同时右膝提起;目视右拳(图3-5-60)。

(3)虚步右挑拳。右脚向左前方上步,脚尖点地,重心落于左脚,左腿下蹲成右虚步;左拳向后划弧收至腰侧,拳心向上,右拳向前屈臂挑出,拳眼斜向上,拳与肩同高;目视右拳(图3-5-61)。

图 3-5-59 落步左挑拳　　图 3-5-60 提膝前挂拳　　图 3-5-61 虚步右挑拳　　武术第三段

要领：挑拳发力与脚尖点地同时完成；虚步大腿接近水平。

第四段

（一）弓步顶肘

（1）缩身下挂。重心升高，右脚踏实，上身微含胸前俯；右臂内旋向下直臂划弧以拳背下挂至右膝内侧，左拳不变；目视前下方（图3-5-62）。

（2）提膝摆臂。左腿蹬直，右腿屈膝上抬，上体右转；左拳变掌，右拳不变，两臂向前向上划弧摆起；目随右拳转视（图3-5-63）。

（3）跳换步一。上动不停，左脚蹬地起跳，身体腾空；两臂继续划弧至头上方（图3-5-64）。

图 3-5-62 缩身下挂　　图 3-5-63 提膝摆臂　　图 3-5-64 跳换步一

（4）跳换步二。右脚先落地，右腿屈膝，左脚向前落步，以前脚掌着地；同时两臂向右向下屈肘停于右胸前，右拳变掌，左掌变拳，右掌心贴靠左拳面，目视右方（图3-5-65）。

（5）弓步顶肘。左脚向左上一步，右腿蹬直，左腿屈膝成左弓步；同时右掌推左拳，以左肘尖向左顶出，高与肩平；头随顶肘动作转向左方，目视前方（图3-5-66）。

图 3-5-65 跳换步二　　图 3-5-66 弓步顶肘

要领：交换步时不要过高，但要快。两臂抡摆时要成圆弧。

（二）转身左拍脚

（1）转身抡臂。以两脚前脚掌为轴向右后转体180°，转体后左脚跟半步；随着转体，右臂向上、向右、向下划弧抡摆，同时左拳变掌向下、向后、向前上抡摆（图3-5-67）。

（2）左拍脚。身体重心移至右脚，左腿伸直向前上迅速踢起，脚面绷平；左掌变拳收至腰侧，拳心向上，右掌由体后向上经头上向前拍击左脚面；目视右手（图3-5-68）。

图3-5-67　转身抡臂

图3-5-68　左拍脚

要领：右掌拍脚时手指稍横过来，拍脚要准而响亮。

（三）右拍脚

（1）左掌后摆。左脚主动向前下压落地；左拳变掌向下、向后摆，右掌变拳收至腰侧，拳心向上（图3-5-69）。

（2）右拍脚。身体重心移至左脚，右腿伸直向前上迅速踢起，脚面绷平；左掌由后向上经头上向前拍击右脚面；目视左手（图3-5-70）。

图3-5-69　左掌后摆

图3-5-70　右拍脚

要领：接转身左拍脚的上步动作要连贯；其余与本段的转身左拍脚相同。

（四）腾空飞脚

（1）落脚上步。右脚主动向前下压落地，身体重心迅速移至右腿；上肢姿势保持不变（图3-5-71）。

（2）起跳击掌。左脚向前摆起，右腿猛力蹬地跳起，左腿屈膝继续向前上摆；同时右拳变掌向前上摆起，左掌先上摆而后下降拍击右掌背（图3-5-72）。

（3）空中拍脚。左腿保持屈膝上提，右腿继续上摆，脚面绷平；右手拍击右脚面，左掌由体前向后侧上举，目视右手（图3-5-73）。

要领：蹬地要向上，不要太向前冲，左膝尽量上提。击掌要在腾空时完成，右臂伸直成水平。

图 3-5-71　落脚上步　　　图 3-5-72　起跳击掌　　　图 3-5-73　空中拍脚

（五）歇步下冲拳

（1）半马步按掌。左脚先落地，右脚随后向前落地成半马步；右掌下落前伸，掌心向下，左掌变拳收至腰侧，拳心向上；目视右手（图 3-5-74）。

（2）歇步下冲拳。身体右转 90°，两腿全蹲成歇步；右掌抓握、外旋变拳收至腰侧，左拳由腰侧向前下方冲出，拳心向下；目视左拳（图 3-5-75）。

图 3-5-74　半马步按掌　　　　　图 3-5-75　歇步下冲拳

（六）仆步抡劈拳

（1）站起抡臂。两腿蹬地，重心升高；右臂由腰侧向体后伸直，左臂随身体重心升高向上摆起；目随左拳（图 3-5-76）。

（2）提膝转体。以右脚前脚掌为轴，左腿屈膝提起，上体左转 270°；左拳由前向后下划立圆，右拳由后向下向前上划立圆（图 3-5-77）。

（3）仆步劈拳。左脚向后落一步，屈膝全蹲，右腿伸直，脚尖里扣成右仆步；右拳由上向下抡劈，拳眼向上，左拳后上举，拳眼向上；目视右拳（图 3-5-78）。

图 3-5-76　站起抡臂　　　图 3-5-77　提膝转体　　　图 3-5-78　仆步劈拳

要领：抡臂时一定要划立圆。

（七）提膝挑掌

（1）弓步抡臂。左腿伸直，重心前移成右弓步；同时右拳变掌由下向上抡摆，左拳变掌稍下落，右掌心向左，左掌心向右（图3-5-79）。

（2）提膝挑掌。左、右臂在垂直面上由前向后各划立圆一周，右臂伸直停于头上，掌心向左，指尖向上，左臂伸直停于身后成反勾手；同时右腿屈膝提起，左腿挺膝伸直独立；目视前方（图3-5-80）。

图 3-5-79　弓步抡臂　　　　图 3-5-80　提膝挑掌

要领：抡臂时要划立圆。

（八）提膝劈掌弓步冲拳

（1）提膝劈掌。下肢不动；右掌由上向下猛劈伸直，停于右小腿内侧，用力点在小指一侧，左勾手变掌，屈臂向前停于右上臂内侧，掌心向左；目视右掌（图3-5-81）。

（2）退步搂手。右脚向右后落地；身体右转90°；同时左掌变拳收至腰侧，拳心向上，右臂内旋向右划弧做搂手（图3-5-82）。

（3）弓步冲拳。上动不停，左腿蹬直成右弓步；右手抓握变拳收至腰侧，拳心向上，左拳由腰侧向左前方冲出，拳眼向上；目视左拳（图3-5-83）。

图 3-5-81　提膝劈掌　　　图 3-5-82　退步搂手　　　图 3-5-83　弓步冲拳　　　武术第四段

结束动作

（一）虚步亮掌

（1）扣膝抱掌。右脚蹬地，重心移至左脚，右脚扣于左膝后；两拳变掌，两臂右上左下屈肘交叉于左胸前，掌心向下；目视右手（图3-5-84）。

（2）退步舞花。右脚向右后落步，重心后移，右腿半蹲，上体稍右转；同时右掌向上、向右、体前划弧停于左腋下，左掌向左、向上划弧停于右臂上与左胸前，两掌心左下右上；目视左掌（图3-5-85）。

（3）虚步亮掌。左脚尖稍向右移，右腿下蹲成左虚步；左臂伸直向左、向后划弧成反勾手，右臂伸直向下、向右、向上划弧抖腕亮掌，掌心向前；目视左方（图3-5-86）。

图3-5-84 扣膝抱掌

图3-5-85 退步舞花

图3-5-86 虚步亮掌

要领：亮掌和转头协调一致。

（二）并步对拳

（1）退步穿掌。左腿向后撤一步；同时两掌从两腰侧向前穿出伸直，掌心向上；目视前方（图3-5-87）。

（2）退步后摆掌。右腿后撤一步；同时两臂分别向体后下摆（图3-5-88）。

图3-5-87 退步穿掌

图3-5-88 退步后摆掌

（3）并步转头对拳。左脚后退半步向右脚并拢；两臂由后向上经体前屈臂下按，两掌变拳，停于腹前，拳心向下，拳面相对；目视左方（图3-5-89）。

（三）还原

两拳变掌，两臂自然下垂；头转向正前方，眼睛向前平视（图3-5-90）。

图3-5-89 并步转头对拳

图3-5-90 还原

武术收式

第二节　简化太极拳（二十四式）

太极拳简易套路，是一种健身拳术。1956年国家体委组织部分专家，在传统太极拳的基础上，按由简入繁、循序渐进、易学易记的原则，去其繁难和重复动作，选取了二十四式，编成《简化太极拳》。全套共四段，5分钟左右可练完一套。主要动作有野马分鬃、搂膝拗步、倒卷肱、绷、招、挤、按、单鞭、云手、左右蹬脚、独立、穿梭、海底针、闪通臂、搬拦锤等。1979年国家体委又编创四十八式太极拳，是简化太极拳的继续和提高。全套共六段四十八式，8分钟左右可练完。以杨式太极拳为基础，吸收吴式、孙式太极拳的平圆手法和武式、孙式太极拳的撤步、跟步，其中掩手、马步靠采用发劲的陈式太极拳。

（1）心静体松。所谓"心静"，就是在练习太极拳时，思想上应排除一切杂念，不受外界干扰；所谓"体松"，可不是全身松懈疲沓，而是指在练拳时保持身体姿势正确的基础上，有意识地让全身关节、肌肉以及内脏等达到最大限度的放松状态。

（2）圆活连贯。"心静体松是对太极拳练习的基本要求"。而是否做到"圆活连贯"才是衡量一个人功夫深浅的主要依据。太极拳练习所要求的"连贯"是指多方面的。其一是指肢体的连贯，即所谓的"节节贯穿"。肢体的连贯是以腰为枢纽的。在动作转换过程中，则要求：对下肢，是以腰带跨，以跨带膝，以膝带足；对上肢，是以腰带背，以背带肩，以肩带肘，再以肘带手。其二是动作与动作之间的衔接，即"势势相连"，前一个动作的结束就是下一个动作的开始，势势之间没有间断和停顿。而"圆活是在连贯基础上的进一步要求，意指活顺、自然。

（3）虚实分明。要做到"运动如抽丝、迈步似猫行"，首先要注意虚实变换要适当，肢体各部分在运动中没有丝毫不稳定的现象。若不能维持平衡稳定，就根本谈不上什么"迈步似猫行"了。一般来说，下肢以主要支撑体重的腿为实，辅助支撑或移动换步的腿为虚，上肢以体现动作主要内容的手臂为实，辅助配合的手臂为虚。总之虚实不但要互相渗透，还需在意识指导下变化灵活。

（4）呼吸自然。太极拳练习的呼吸方法有自然呼吸、腹式顺呼吸、腹式逆呼吸和拳势呼吸。以上几种呼吸方法，不论采用哪一种，都应自然、匀细、徐徐吞吐，要与动作自然配合。初学者应采用自然呼吸。

二十四式太极拳是国家本着弘扬国粹，发扬传统武术的指导思想，而编制的一套入门级的太极拳，它动作简练，浓缩了传统太极拳的精华，老少皆宜，可以说是居家晨练之必备佳品！

简化太极拳（二十四式）
目　录

一、动作目录
（一）起势
（二）野马分鬃
A. 左野马分鬃；B. 右野马分鬃；C. 左野马分鬃

（三）白鹤亮翅

（四）搂膝拗步

A．左搂膝拗步；B．右搂膝拗步；C．左搂膝拗步

（五）手挥琵琶

（六）倒卷肱

A．右倒卷肱；B．左倒卷肱；C．右倒卷肱；D．左倒卷肱

（七）左揽雀尾

（八）右揽雀尾

（九）单鞭

（十）云手

A．云手一；B．云手二；C．云手三

（十一）单鞭

（十二）高探马

（十三）右蹬脚

（十四）双峰贯耳

（十五）转身左蹬脚

（十六）左下势独立

（十七）右下势独立

（十八）左右穿梭

A．左穿梭；B．右穿梭

（十九）海底针

（二十）闪通臂

（二十一）转身搬拦捶

（二十二）如封似闭

（二十三）十字手

（二十四）收势

二、动作说明

（一）起势

（1）左脚向左分开半步同肩宽；

（2）两臂慢慢向前平举，与肩同高，同宽，似直非直，肘关节微微弯曲，手心向下；

（3）两腿慢慢屈膝下蹲成马步。两掌至于腹前，上体保持正直，两眼平视前方。

（二）野马分鬃（三次）

1．左野马分鬃

（1）上体微向右转，右胳臂环抱右胸前，右手心向下，左手心向上呈抱球状，左脚收到右脚内侧。

（2）上体左转，左脚向左前方跨出一步，脚跟先轻轻着地，重心向前移动到左脚成左弓步，右腿自然蹬直，两手随腰转自然分开，左手与眼同高，右手按在右胯边。

2．右野马分鬃

同左野马分鬃，左右方向相反。

3. 左野马分鬃

（三）白鹤亮翅

（1）右脚向前跟半步，两手左上右下抱球；

（2）上体后坐向右转腰，右手上提至右额；

（3）左转成左虚步，左手按在左胯边。

（四）搂膝拗步（三次）

1. 左搂膝拗步

（1）上体微微左转再右转，右手转至面前自然下落，经右胯由右后方扬起；

（2）左脚尖收到右脚内侧；

（3）上体左转，左脚向左前方跨出一步，脚跟先轻轻着地，重心向前移动到左脚成左弓步，右腿自然蹬直，左手经左膝搂过，右手向前推按。

2. 右搂膝拗步

同左搂膝拗步，左右方向相反。

3. 左搂膝拗步

（五）手挥琵琶

（1）右脚向前跟半步；

（2）右手屈臂后坐，左手由左而上划弧到正前方；

（3）左脚提起，脚跟着地成左虚步。

（六）倒卷肱

1. 右倒卷肱

（1）上体右转，两掌心向上左手在前，右手经过腰向右后划弧，与头同高；

（2）上体转正，右臂屈肘于耳侧，左脚后退一步，左手向后收，右掌向前推，右脚跟随腰摆正。

2. 左倒卷肱

同右倒卷肱，左右方向相反。

3. 右倒卷肱

4. 左倒卷肱

（七）左揽雀尾

（1）上体右转，两臂平举，右掌心向上，左掌心向下；

（2）上体继续右转，右胳臂环抱右胸前，右手心向下，左手心向上呈抱球状，左脚收到右脚内侧；

（3）上体左转，左脚向左前方跨出一步，脚跟先轻轻着地，重心前移成左弓步，左臂向前绷，右手落于右胯侧；

（4）上体右转，两手同时向下向后捋；

（5）上体左转向正前方，右手搭在左手腕，左弓步向前挤；

（6）后坐，左脚尖翘起，两手分开至腹前；

（7）左弓步按掌。

（八）右揽雀尾

同左揽雀尾，左右方向相反。

（九）单鞭

（1）上体左转，两臂随腰运转，左掌向外右掌向上；

（2）上体右转，收左脚到右脚内侧，左手由下而右，右手由上而右划弧，在右前方变刁手；

（3）左转身上步，左手向左划弧；

（4）左弓步翻掌。

（十）云手

（1）上体右转，左手向右划弧到右肩，右刁手变掌；

（2）上体左转，至左前方时两手左压右穿，同时收右脚到左脚右侧，两脚平行，距离约十公分；

（3）上体右转，至右前方时两手右压左穿，同时左脚向左横开一步；

（4）重复三次。

（十一）单鞭

（1）上体右转，收左脚到右脚内侧，右手在右前方变刁手；

（2）左转身上步，左手向左划弧；

（3）左弓步翻掌。

（十二）高探马

（1）后脚跟半步，上体右转，双手翻掌掌心向上；

（2）右手经耳侧向前推掌，左臂微收成左虚步。

（十三）右蹬脚

（1）上体微微右转，左手由右手背穿出，两手交叉，左脚提起向左前方踏出一步；

（2）右脚收到左脚内侧，两手胸前交叉；

（3）提右腿，分手蹬脚。

（十四）双峰贯耳

（1）右腿屈膝，两手掌心向上；

（2）右脚跟在右前方落地，成右弓步，同时两手掌变拳，从右腿两侧向上向前划弧，两拳距离与头同宽。

（十五）转身左蹬脚

（1）上体左转，两拳变掌，向两侧划一个圆弧，胸前交叉，左脚收到右脚内侧；

（2）提左膝，两掌转向外，分手蹬脚。

（十六）左下势独立

（1）左腿屈膝下垂，右手刁手，左腿成左独立步，左手护右肩；

（2）右腿屈膝下蹲，左腿向左侧伸直，脚尖向正前方；

（3）左手由腹前向、大腿、小腿而脚（脚尖外撇和腿成直线）穿出；

（4）左腿前弓，后腿蹬直，刁手置于背后，指尖向上挑起；

（5）右腿屈膝上提，刁手变掌，立掌向前挑起，食指对鼻子，左腿成独立步，左手按在左胯侧。

（十七）右下势独立

（1）右脚落在左脚侧约十公分处，左脚跟内旋，上体左转，左手刁手，右腿成独立步，右手护左肩；

（2）左腿屈膝下蹲，右腿向右侧伸直，脚尖向正前方；

（3）右手由腹前向、大腿、小腿而脚（脚尖外撇和腿成直线）穿出；

（4）右腿前弓，后腿蹬直，刁手置于背后，指尖向上挑起；

（5）左腿屈膝上提，刁手变掌，立掌向前挑起，食指对鼻子，右腿成独立步，右手按在右胯侧。

（十八）左右穿梭

（1）左脚向左前方着地，上体左转，两手抱球收右脚于左脚内侧；

（2）上体右转，右脚向右前方上步成右弓步，两臂随腰转划弧成右架左推；

（3）上体右转，两手抱球收左脚于右脚内侧；

（4）上体左转，左脚向左前方上步成左弓步，两臂随腰转划弧成左架右推。

（十九）海底针

（1）右脚向前跟半步，两手左上右下抱球；

（2）上体后坐向右转腰，右手上提至右耳侧，左手置于腹前；

（3）上体左转成左虚步，左手按在左胯边，屈膝下沉，右手掌心向左，指尖向下斜插。

（二十）闪通臂

（1）上体转正，两手胸前相合，左指贴右腕，左脚收于右腿内侧；

（2）左脚向正前方踏出一步，左腿弓右腿蹬，成左弓步，两掌心翻向外，左手向前，右手向上分开。

（二十一）转身搬拦捶

（1）向右向后转身，两掌向外随腰右后转；

（2）收右脚，两手在左侧呈抱球状，右手握拳拳心向下（阴拳）；

（3）右脚向右前方踩，右拳从胸前搬压成拳心向上（阳拳），左手随右拳搬压，到右肩前再左转按于左胯外侧；

（4）上体右转，左脚离地，左手向前拦掌，右拳向右后划弧到右后方，拳心渐转成阴拳；

（5）上体左转转正，左腿前弓成左弓步，左手立掌，右拳变立拳向前攻出。

（二十二）如封似闭

（1）两手翻转朝上，左手贴于右肘；

（2）上体右转左转，左弓步按掌。

（二十三）十字手

（1）上体右转，左脚内扣向正前方，右手向右划弧；

（2）右脚外摆，屈膝成侧弓步，右手向右划弧；

（3）上体左转，右脚内扣，两手向下划弧；

（4）上体右转转正，右脚收回，与左脚平行，距离一肩宽，两手左内右外，于胸前交叉成十字。

（二十四）收势

两腕内转，两手分开，两臂慢慢落下，停于身体两侧，眼看前方。

24 式太极拳
完整动作

第三节 柔 道

一、柔道的概述

柔道的前身是柔术,柔术脱胎于中国武术,而日本在明治维新以前几乎所有的东西(包括政治、军事、经济、文化等)都是借鉴、学习中国的。

明治维新时期,柔术被视为阻碍潮流之古代武术而遭到禁止,柔术因而没落。明治十五年(公元 1882 年),嘉纳治五郎综合了各流术派的精华,把柔术改良为一种新兴的运动——"柔道"。

创立柔道初期,嘉纳治五郎先后创办了《国士》《运动界》《柔道》等刊物,解说柔道的技术,宣传柔道的目标,他对天神真杨流派、起倒流派,以及其他各流派进行深入的研究,摒弃门户之见,博采众家之长,经过整理改革,使柔术技艺理论和技术趋向完善,并制订了一套较为系统的训练方法,取消了具有危险性的动作,确立了以投技、固技、当身技三部分为主的新的柔术体系,从而使传统柔术的面貌一新而改革创造成为现代柔道运动。

二、场地及服装介绍

(一) 场地

场地要求如图 3-5-91 所示。

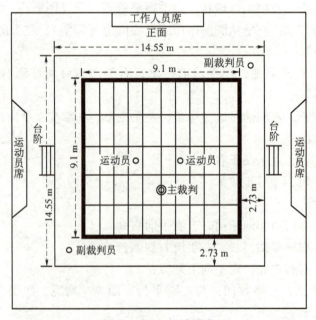

图 3-5-91 场地要求

比赛场地面积最小为 14 m×14 m,最大为 16 m×16 m,场地必须是用榻榻米或类似榻榻米的合适材料铺设。颜色通常为绿色。比赛场地分为两个区域，区域之间应有一个约 1 m 宽，通常为红色的危险区。危险区与比赛场地四周平行，并构成整个比赛场地的一部分。危险区以内并包括危险区称为比赛区，其面积最小为 9 m×9 m，最大为 10 m×10 m。危险区以外称为安全区，其宽度约 3 m（不能小于 2.5 m）。在比赛区中央相距 4 m 应分别标出 25 cm 长、6 cm 宽的红色和白色标志，指出比赛者在比赛开始和比赛结束时的位置。红色标志应在主裁判右侧，白色标志应在主裁判左侧。当使用两个或两个以上相邻的比赛场地时，允许在两个场地之间共用 1 个不小于 3 m 的安全区。比赛场地必须设在有弹性的地板或后台上。在比赛场地周围要保留一个不小于 50 cm 的空间。

（二）服装

柔道服（图 3-5-92）为白色长袖上衣和白色长裤。系腰带、赤足。衣袖宽大，袖长略过前臂中部。衣长为系带后能覆盖臀部。裤长略过小腿中部。腰带长度为围腰两圈，束紧打扁结，两端各余 20~30 cm。一方系红色带，一方系白色带，以示区别。女子柔道运动员要在柔道服内穿白色短袖圆领衫。

图 3-5-92　柔道服

三、柔道比赛规则

（一）级别

柔道比赛按运动员体重分为 8 个级别。

男子是 60 公斤级、65 公斤级、71 公斤级、78 公斤级、86 公斤级、95 公斤级、95 公斤以上级和不分体重的无差别级（从 1988 年第 24 届奥运会开始，不设无差别级比赛）。

女子是 48 公斤级、52 公斤级、56 公斤级、61 公斤级、66 公斤级、72 公斤级、78 公斤级及以上级和无差别级。1992 年第 25 届奥运会列入的女子柔道项目除无差别级外，其余各级均列入了比赛。

（二）赛制

一场比赛的时间：男子为 5 分钟，女子为 4 分钟。比赛设 3 名裁判员，主裁判在场上组织运动员进行比赛，并评定技术，宣布胜负。相对两角各有一名裁判，评定分数和运动员在场上的表现。

(三) 技术判定

根据运动员使用的技术，按其效果和质量评为 4 种分数：

（1）一本。站立时使用的技术有速度、有力量，把对方摔成大部分的肩背着地；把对方的背固定在垫子上达 30 秒钟；逼迫对方的肘关节或勒绞对方颈部使之拍垫子认输；对方受到取消该场比赛资格的处罚；均得一本。运动员得一本后，该场比赛即结束，算是获得"一本胜利"。

（2）有技。站立时使用的技术未完全成功，不够判为"一本"，把对方的背固定在垫子上的时间在 25 秒钟以上，但不到 30 秒钟；对方运动员受到 1 次警告；均判得有技。运动员在一场比赛中获得两个有技，比赛即结束，算是获得胜利。

（3）有效。站立时使用的技术只有部分成功，不够判为"有技"；把对方的背固定在垫子上的时间在 20 秒钟以上，不到 25 秒钟；对方受到 1 次"注意"的处罚；均获得有效。

（4）效果。站立时使用的技术未成功，但有一定速度或力量，仅使对方的体侧、胸腹、臀部着地；把对方的背固定在垫子上的时间在 10 秒钟以上，不到 20 秒钟；对方受到 1 次"指导"的处罚；均获得效果。

一场比赛中未得一本时，则按有技、有效、效果的多少评定胜负。但是 1 个有技可以胜过所有的有效和效果。1 个有效胜过所有的效果。如果双方得分相等，则根据比赛的风格、进攻次数来判定胜负或平局。

(四) 技战术

柔道的攻防技术分为立技（站立技术），寝技（倒在地上的翻滚角斗技术），以及防身自卫击打对方的挡身技。当代柔道比赛中已不准使用挡身技。立技分为站立不倒的投技和主动倒地的舍身技。

1. 立技

（1）投技。

①手技，主要用手臂的技术。如"浮落"，即用两手把对方拉倒。

②腰技，主要用腰背把对方摔倒。如"大腰"，就是抱住对方躯干，把对方背到背上摔下去。

③足技，主要是用腿脚把对方摔倒。如"内股"，就是用腿把对方挑起来摔下去，再如"出足摔"，就是用脚把对方踢倒。

（2）舍身技。

①真舍身技，是施技者主动先倒下，背部着地，然后再制服对方。如"巴投"就是施技者先向后倒，两手拉着对方，用脚蹬对方的腹部，使受技者从施技者身上翻滚过去，倒在垫上。

②横舍身技，是施技者身体先侧倒，再把对方摔倒，如"浮技"。

2. 寝技

寝技分为固技、绞技、关节技。

（1）固技是把对方的背部按压在垫子上，使之不能逃脱，而施技者保有行动自由。如果施技者的腿被对方的腿夹住，则不算使用固技成功。如"横四固"就是施技者跪在仰卧的受技者体侧，抱压住对方。

（2）绞技是两人倒在垫子上，用手臂或柔道服勒绞对方的颈部使之窒息而认输（以拍击垫子动作示意）。

（3）关节技是倒在垫子上，逼迫对方的肘关节，使之疼痛而认输。关节技只许应用于肘关节。

（五）犯规罚则

运动员有犯规行为或是超出比赛区，根据情节轻重受到"指导"（koka）、"注意"（yoko）、"警告"（半分）、"取消该场比赛资格"（一本犯规）的处罚。运动员在一场比赛中，受到两次警告，就取消该场比赛资格，判对方获胜。最为严重的犯规是一本犯规，但在判罚前，裁判需与边裁商定。

不可击打对手，不可用头、肘、膝顶撞对方，不可抓对手头发及下部。用手、脚、腿或胳膊击打对手的脸部是绝对不允许的。除了肘关节外，不许对其他关节使用反关节的动作。任何可能伤害对方颈椎或脊椎的动作均被禁止。此外，在比赛中防守过度，被对手推挤出比赛区域或故意躲避对手，给对手造成危险都属于犯规。

超出比赛区域指的是柔道选手身体的任何部分超出了比赛区域。如果参赛一方将另一方摔出，而本身由于失去重心而跌出场外，则按照被摔选手的落地时间来判断其是否犯规：被摔选手若先着地，则不算犯规，反之，算犯规。在比赛中被对手用合乎规则的动作摔出场外则不属犯规。

四、柔道的技术动作

1. 单手背负投

双人面对面自然姿势站立，施技者左手抓握对手的右小袖，抬左手向斜上方牵拉对手右臂，同时左手腕关节内旋，右脚上步至对手右脚前侧，脚前掌为主要支撑点，膝关节弯曲，右臂插于对手腋下，右小臂回收，将对手右大臂夹于自己右侧大小臂之间，左脚背步至对手左脚前侧，前脚掌为主要支撑点，膝关节弯曲，以两脚掌为轴逆时针旋转身体，从面对面状态变为同方向状态，背部靠近对手胸腹部，臀部贴近对手小腹部，膝关节弯曲。左手牵拉对手右臂向自己的左腰侧，右臂环抱紧对手的右臂，随左手方向牵拉，同时双腿蹬直，臀部支顶对手小腹—上体前躬，头部转向左侧，右侧脸朝向自己的腿部。将对手投摔过去。

2. 双手背负投

双人面对面自然姿势站立，施技者左手抓握对手的右小袖，右手抓握对手的直门（左胸襟），抬左手向斜上方牵拉左手腕关节随做内旋，右手配合左手同方向牵拉对手，右脚上步至对手右脚前侧，脚前掌为主要支撑点，膝关节弯曲，右臂大小臂重叠，将小臂置于对手腋下，左脚背步至对手左脚前侧，前脚掌为主要支撑点，膝关节弯曲，以两脚掌为轴逆时针旋转身体，从面对面状态变为同方向状态，背部靠近对手胸腹部，臀部贴近对手小腹部，膝关节弯曲。左手牵拉对手右臂向自己的左腰侧，右手随左手运动方向用力，同时双腿蹬直，臀部支顶对手小腹，上体前躬，头部转向左侧，右侧脸朝向自己的腿部。将对手投摔过去。

3. 体落

双人面对面自然姿势站立，施技者左手抓握对手的右小袖，右手抓握对手的直门（左胸襟），抬左手向斜上方牵拉左手腕关节随做内旋，右手配合左手同方向牵拉对手，右脚上步至对手右脚前侧，脚前掌为主要支撑点，膝关节弯曲，右臂大小臂重叠，将小臂置于对手腋下，左脚背步至对手左脚前侧，前脚掌为主要支撑点，膝关节弯曲，以两脚掌为轴逆时针旋转身体，从面对面状态变为同方向状态，背部靠近对手胸腹部，臀部贴近对手小腹部，膝关节弯曲。左手牵拉对手右臂向自己的左腰侧，右手随左手运动方向用力，同时将右腿伸出至对手右腿外侧，两腿呈左弓步状，上体向左侧旋转。将对手投摔过去。

4. 肩车

双人面对面自然姿势站立，施技者左手抓握对手的右小袖，右手抓握对手的直门（左胸襟），抬左手向斜上方牵拉左手腕关节随做内旋，右手配合左手同方向牵拉对手，右脚上步至对手两脚之间，脚前掌为主要支撑点，膝关节弯曲，抓握对手直门的右手松开把位插入对手两腿之间，头潜入对手右侧腋下贴近体侧，右肩抵住对手小腹。左脚前进半步调整身体重心，膝关节弯曲，两腿伸直站直身体将对手扛于右侧肩上，左手牵拉对手右臂向自己的左腰侧，右手随左手运动方向用力。将对手投摔过去。

5. 双手刈

双人面对面自然姿势站立，施技者左手抓握对手的右小袖，右手抓握对手的直门（左胸襟），抬左手向斜上方牵拉左手腕关节随做内旋，右手配合左手同方向牵拉对手，右脚上步至对手两脚之间，脚前掌为主要支撑点，膝关节弯曲。抓握对手把位的双手松开，从对手两腿外侧抱住双腿，头潜入对手右侧腋下，贴近体侧，右肩抵住对手小腹。左脚前进半步调整身体重心，膝关节弯曲，身体前冲，双手回收，将对手摔躺下去。

6. 大腰

双人面对面自然姿势站立，施技者左手抓握对手的右小袖，右手抓握对手的直门（左胸襟），抬左手向斜上方牵拉左手腕关节随做内旋，右手配合左手同方向牵拉对手。右脚上步至对手右脚前侧，脚前掌为主要支撑点，膝关节弯曲，右臂从对手身体左侧插入，搂抱对手腰背部，左脚背步至对手左脚前侧，前脚掌为主要支撑点，膝关节弯曲。以两脚掌为轴逆时针旋转身体，从面对面状态变为同方向状态，臀部贴近对手小腹部，膝关节弯曲。左手牵拉对手右臂向自己的左腰侧，右手随左手运动方向用力，同时双腿蹬直，臀部支顶对手小腹，上体前躬，头部转向左侧，右侧脸朝向自己的腿部。将对手投摔过去。

7. 扫腰

双人面对面自然姿势站立，施技者左手抓握对手的右小袖，右手抓握对手的大领（领襟），抬左手向斜上方牵拉左手腕关节随做内旋，右手配合左手同方向牵拉对手。右脚上步至对手右脚前侧，脚前掌为主要支撑点，膝关节弯曲，左脚背步至对手左脚前侧，前脚掌为主要支撑点，膝关节弯曲，以两脚掌为轴逆时针旋转身体，从面对面状态变为同方向状态，臀部贴近对手小腹部，膝关节弯曲。左手牵拉对手右臂向自己的左腰侧，右手随左手运动方向用力，右腿伸出至对手右腿外侧，同时身体重心移至左腿，形成左腿单腿支撑状态。右腿直腿横向撩扫对手右小腿外侧，上体向左侧前躬旋转，头部随之转动，右侧脸朝下。将对手投摔过去。

8. 腰车

双人面对面自然姿势站立，施技者左手抓握对手的右小袖，右手抓握对手的大领（领襟），抬左手向斜上方牵拉左手腕关节随做内旋，右手配合左手同方向牵拉对手。右脚上步至对手右脚前侧，脚前掌为主要支撑点，膝关节弯曲，左脚背步至对手左脚前侧，前脚掌为主要支撑点，膝关节弯曲，以两脚掌为轴逆时针旋转身体，从面对面状态变为同方向状态，臀部贴近对手小腹部，膝关节弯曲。左手牵拉对手右臂向自己的左腰侧，右手随左手运动方向用力，同时双腿蹬直，臀部支顶对手小腹，上体前躬，头部转向左侧，右侧脸朝向自己的腿部。将对手投摔过去。

9. 袖钓

双人面对面自然姿势站立，施技者左手抓握对手的右小袖，右手抓握对手的左小袖，抬左手向斜上方牵拉左手腕关节随做内旋，右手配合左手同方向牵拉对手。右脚上步至对手右脚前侧，脚前掌为主要支撑点，膝关节弯曲，左脚背步至对手左脚前侧，前脚掌为主要支撑点，膝关节弯曲。以两脚掌为轴逆时针旋转身体，从面对面状态变为同方向状态，背部靠近对手胸腹部，臀部贴近对手小腹部，膝关节弯曲。左手牵拉对手右臂向自己的左腰侧，右手随左手运动方向用力，同时双腿蹬直，臀部支顶对手小腹，上体前躬，头部转向左侧，右侧脸朝向自己的腿部。将对手投摔过去。

10. 膝车

双人面对面自然姿势站立，施技者左手抓握对手的右小袖，右手抓握对手的直门（左胸襟），抬左手向斜上方牵拉左手腕关节随做内旋，右手配合左手同方向牵拉对手。右脚上步至对手左脚前侧，脚前掌为主要支撑点，膝关节弯曲，身体逆时针旋转，抬左腿直腿扫向对手右腿，左脚掌拦踢对手右腿膝关节下方。将对手摔倒。

11. 大外刈

双人面对面自然姿势站立，施技者左手抓握对手的右小袖，右手抓握对手的直门（左胸襟），抬左手向对手身体右侧横向牵拉左手腕关节随做内旋，右手配合左手同方向牵拉对手。左脚上步至对手右脚外侧，脚前掌为主要支撑点，膝关节弯曲，身体重心前移至左腿呈左腿单腿支撑状，右腿经自己左腿与对手右腿间空隙向前抬起。左手牵拉对手右臂向自己的左腰侧，右手向左手运动方向反向用力，右腿直腿向体后撩挑对手右腿，上体前躬。将对手投摔过去。

12. 大内刈

双人面对面自然姿势站立，施技者左手抓握对手的右小袖，右手抓握对手的直门（左胸襟），抬左手向斜上方牵拉左手腕关节随做内旋，右手配合左手同方向牵拉对手。右脚上步至对手右脚前侧，脚前掌为主要支撑点，膝关节弯曲，左脚背步至对手左脚前侧，前脚掌为主要支撑点，膝关节弯曲。左手牵拉对手右臂向自己的左腰侧，右手向左手运动方向反向用力，左腿支撑身体重心，右腿自对手两腿间由内向外划打对手的左腿，划打的同时屈膝回收自己的小腿，将对手的左腿叠加或钩挂在自己大小腿之间。将对手摔倒。

13. 内股

双人面对面自然姿势站立，施技者左手抓握对手的右小袖，右手抓握对手的大领（领襟），抬左手向斜上方牵拉左手腕关节随做内旋，右手配合左手同方向牵拉对手。右脚上步至对手右脚前侧，脚前掌为主要支撑点，膝关节弯曲，左脚背步至对手左脚前侧，前脚掌为主要支撑点，膝关节弯曲，以两脚掌为轴逆时针旋转身体，从面对面状态变为同方向状态，臀部贴近对手小腹部，膝关节弯曲。左手牵拉对手右臂向自己的左腰侧，右手随左手运动方向用力，左腿支撑身体重心，右腿自对手两腿间向上撩挑对手左大腿内侧，上体前躬，头部转向左侧，右侧脸朝向自己的腿部。将对手投摔过去。

14. 小内刈

双人面对面自然姿势站立，施技者左手抓握对手的右小袖，右手抓握对手的直门（左胸襟），抬左手向斜上方牵拉左手腕关节随做内旋，右手配合左手同方向牵拉对手。右脚上步至对手两脚之间，脚前掌为主要支撑点，膝关节弯曲，左脚跟进半步在自己右脚后侧，前脚掌为主要支撑点，膝关节弯曲，左手牵拉对手右臂向自己的左腰侧，右手向左手运动方向反向用力，右腿自对手两腿间由内向外划打对手的右脚跟处。将对手摔倒。

15. 小内落

双人面对面自然姿势站立，施技者左手抓握对手的右小袖，右手抓握对手的直门（左胸襟），抬左手向斜上方牵拉左手腕关节随做内旋，右手配合左手同方向牵拉对手。右脚上步至对手两脚之间，脚前掌为主要支撑点，膝关节弯曲，右手松开把位，移向对手身体右侧按压对手右腿外侧。左手牵拉对手右臂向自己的左腰侧，右腿自对手两腿间由内向外划打对手的右腿。将对手摔倒。

16. 出足扫

双人面对面自然姿势站立，施技者左手抓握对手的右小袖，右手抓握对手的直门（左胸襟），抬左手向斜上方牵拉左手腕关节随做内旋，右手配合左手同方向牵拉对手。左脚后撤半步，将对手的右脚向前引出，双手向心回收，左脚扫踢对手的右脚。将对手摔倒。

17. 巴投

双人面对面自然姿势站立，施技者左手抓握对手的右小袖，右手抓握对手的直门（左胸襟），抬左手向斜上方牵拉左手腕关节随做内旋，右手配合左手同方向牵拉对手。左脚上步至对手右脚前侧，脚前掌为主要支撑点，膝关节弯曲，抬右腿右脚蹬住对手小腹，身体重心下沉并后仰，两手回收拉近对手。顺后倒之势将对手蹬摔过去。

18. 带躯返

对手上体前躬、体前屈，施技者左手抓握对手的右小袖，右手抓握对手的后带（腰带后侧）。抬左手向斜上方牵拉左手腕关节随做内旋，右手配合左手同方向牵拉对手，左脚上步至对手右脚外侧，脚前掌为主要支撑点，膝关节弯曲。抬右腿插入对手两腿之间，右腿抵住对手左大腿根部内侧，身体重心下沉并后仰，两手回收拉近对手。顺后倒之势将对手挑摔过去。

19. 外卷入

双人面对面自然姿势站立，施技者左手抓握对手的右小袖，右手抓握对手的直门（左胸襟），抬左手向斜上方牵拉左手腕关节随做内旋，右手配合左手同方向牵拉对手。右脚上步至对手右脚前侧，脚前掌为主要支撑点，膝关节弯曲，左脚背步至对手左脚前侧，前脚掌为主要支撑点，膝关节弯曲，右手松开抓握的把位，移臂向对手的右臂右侧腋窝贴近对手的右大臂。以两脚掌为轴逆时针旋转身体，从面对面状态变为同方向状态，背部靠近对手胸腹部，臀部贴近对手小腹部，膝关节弯曲。左手牵拉对手右臂向自己的左腰侧，右臂下压腋窝夹紧对手右臂随左手运动方向用力，同时将右腿伸出至对手右腿外侧，两腿呈左弓步状。上体向左侧旋转，将对手卷摔过去。

20. 袈裟固

对手仰卧，施技者位于对手体侧。左手抓握对手右衣袖，将对手右小臂夹于自己左肋下，将对手的右臂控制住。右手从对手左侧颈部插入，用右臂环抱对手的颈部，将对手的头颈控制住。两腿打开，右腿贴近对手右肩下位置，左腿向后伸出，含胸收腹，上体前躬，体侧压制对手上体，随对手的移动调整自己身体的重心，身体与对手身体尽量保持 T 形。

21. 后袈裟固

对手仰卧，施技者位于对手体侧。右手抓握对手右衣袖，将对手右小臂夹于自己右肋下。将对手的右臂控制住，左手抓握对手左侧腰带。将对手控制在自己左侧肋下，两腿打开，含胸收腹，体侧压制对手上体，随对手的移动调整自己身体的重心，身体与对手身体尽量保持 T 形。

22. 崩袈裟固

对手仰卧，施技者位于对手体侧，左手抓握对手右衣袖，将对手右小臂夹于自己左肋下，将对手的右臂控制住，右手从对手左侧腋下插入，控制对手左侧肩背，两腿打开，右腿贴近对手右肩下位置，左腿向后伸出，含胸收腹，上体前躬，体侧压制对手上体，随对手的移动调整自己身体的重心，身体与对手身体尽量保持 T 形。

23. 上四方固

对手仰卧，施技者位于对手头部上方，双手从对手双臂外侧插入，抓握对手两侧腰带，两前臂贴近垫面手肘夹紧，将对手控制在自己胸腹下，两腿膝关节跪地或将双腿伸向远端打开，上体压制对手上体，随对手的移动调整自己身体的重心，身体与对手身体尽量保持在一条直线上。

24. 崩上四方固

对手仰卧，施技者位于对手头部上方，一手从对手同侧臂外侧插入，抓握对手同侧腰带，另一手抓握另一侧腰带将同侧肩控制在自己同侧腋下。两前臂贴近垫面手肘夹紧，将对手控制在自己胸腹下，两腿膝关节跪地或将双腿伸向远端打开，上体压制对手上体，随对手的移动调整自己身体的重心，身体与对手身体尽量保持在一条直线上。

25. 横四方圈

对手仰卧，施技者位于对手体侧，右手从对手左侧肩颈下插入抓握对手柔道服上衣领，左手从对手两腿间插入控制腿或握对手腰带，将双腿打开伸向远端，上体压制对手上体，随对手的移动调整自己身体的重心，身体与对手身体尽量保持 T 形。

26. 纵四方固

对手仰卧，施技者骑坐于对手身上，上体前躬压向对手上体，双腿夹紧对手身体，左手从对手右腋下插入，右手从对手左侧插入，双臂环抱紧对手的肩颈，压制对手上体，随对手的移动调整自己身体的重心。

27. 肩固

对手仰卧，施技者位于对手体侧，左手从对手右肩腋下插入，右手从对手左肩颈部插入，双手环抱对手肩颈，将对手的右肩臂与头颈控制住，两腿打开，含胸收腹，上体前躬，压制对手肩部，随对手的移动调整自己身体的重心，身体与对手身体尽量保持 T 形。

28. 片羽绞

左手从对手腋下穿过按压对手后颈部并控制对手左臂，右手从对手右侧肩颈插入，经下颌抓握对手左侧领襟，右手沿对手下颌下方用力收紧领襟勒绞对手颈部。

29. 送襟绞

左手从对手腋下穿过抓握对手右侧衣襟，右手从对手右侧肩颈插入，经下颌抓握对手左侧领襟，双手交叉用力收紧领襟勒绞对手颈部。

30. 逆十字绞

左手四指在衣襟内侧、拇指在外侧抓握对手左侧领襟，右手四指在衣襟内侧、拇指在外侧抓握对手右侧领襟，双手交叉用力收紧领襟勒绞对手颈部。

31. 并十字绞

左手拇指在衣襟内侧、四指在外侧抓握对手左侧领襟，右手拇指在衣襟内侧、四指在外侧抓握对手右侧领襟，双手交叉用力收紧领襟勒绞对手颈部。

32. 片十字绞

左手四指在衣襟内侧、拇指在外侧抓握对手左侧领襟，右手拇指在衣襟内侧、四指在外侧抓握对手右侧领襟，双手交叉用力收紧领襟勒绞对手颈部。

33. 裸绞

右手从对手右侧肩颈插入下颌，左手置于对手左肩上方贴近左侧颈处，双手搭扣，将对手的头颈置于自己胸前控制，用力回收勒锁对手颈部及咽喉。

34. 三角绞

对手双膝跪地俯身支撑垫子，施技者直身跪于对手头上方，左手从对手右侧肩颈部位下方插入腋下，屈臂回收并控制对手右臂。右手扣握对手后带，右腿绕过对手左臂贴近体侧回钩小腿插入左腋下。身体向右侧倾倒，双腿搭扣，锁住对手的肩颈，牵拉对手右臂，伸展身体，双腿内收夹紧锁绞对手颈部。

35. 腕挫十字固

对手仰卧，施技者位于对手体侧，一腿压于对手的颈部，一腿压于对手的胸部。将对手的一只手臂置于两腿之间，双手抓握位于两腿间手臂的腕关节，控制其臂，身体后仰平躺于垫子，伸展身体，牵拉对手的手臂使其肘关节外展，随对手的移动调整自己身体的重心，身体与对手身体尽量保持 T 形。

36. 腕缄

对手仰卧，施技者爬卧于对手身上，左手抓握对手右手腕并控制住右臂，右手从对手右臂肘关节下插入抓握自己的左手腕，左手用力伸展对手右臂，右臂撬展对手肘关节，随对手的移动调整自己身体的重心。

第四节　跆拳道

一、跆拳道的概述

跆拳道，是一项利用拳和脚进行搏击的对抗性运动。它通过竞赛、品势和功力检验等运动形式，使练习者增强体质，掌握技战术，并培养坚韧不拔的意志品质。

跆拳道原名"跆牵"，最早出现于一千五百年前的新罗国，新罗国王为抵御外强招募爱国青年组成一支民军，而他们所练习的武术被称为"花郎道"，随后经历千年洗礼和锤炼，最后演变成跆拳道。

二、跆拳道的含义

跆拳道的"跆"字，意为像台风一样猛烈地，强劲地踢；"拳"是拳头之意，是用来防护和进攻的武器,"道"是指人生的正确道路。跆拳道运动要求练习者不仅学习跆拳道的技术,更注重对跆拳道的礼仪,道德修养的学习和遵从,每一次练习都要求"以礼始,以礼终",培养人的礼仪、忍耐、谦虚和坚韧不拔的精神。这对青少年尤其具有特殊的教育意义。可以说跆拳道是一种拳脚并用的艺术方法,由于它是以脚为主(占70%),所以称为"脚的艺术"。其特点是迅速有力、准确灵活,令人赞叹不已。跆拳道共有24种套路,另外还有兵器、擒拿、摔锁、对拆自卫术及十余种基本功夫。练习者身穿专用的白色跆拳道道服,腰系代表不同段位的腰带进行比赛或训练。人们只有具备健康的身体,并从事有意义且自己感兴趣的活动时,工作、学习效率才有可能提高,意欲也才能最强烈;相反,对于一个体格薄弱的人来讲,就很难达到工作的高效率,其意欲也无从产生。进行跆拳道锻炼,既能通过对人全身的运动影响全身的各个器官,又能增强人的精力,刺激大脑,促使其精神的强力开发和振奋,精力充沛。只有这样,展示在我们面前的才不单单是一个四肢发达、体格健壮的人,还是一个充满朝气、富有创造精神的人。

跆拳道作为一项现代竞技体育运动,1988年、1992年、1996年三次被列入奥运会表演项目,也已成为2000年奥运会的正式比赛项目,设八枚金牌。同时它也是亚运会、泛美运动会、全非洲运动会及中国全运会、中国城市运动会等一系列国际、国内重大赛事的正式比赛项目。该项目已成为全国单项比赛中参加人数最多的比赛。

跆拳道训练分为十级九段,初学者必须接受一段时间的培训,考试及格后方可晋级,跆拳道九级——白带,八级——黄带,七级——黄绿带,六级——绿带,五级——绿蓝带,四级——蓝带,三级——蓝红带,二级——红带,一级——红黑带,学员至少需要一年半时间完成第一阶段后再接受更严格的训练,考试合格后,方可晋升到第二阶段——黑带(一段),黑带共分九段,段数刺在黑带两端,以供识别。

跆拳道世界锦标赛分男、女各八个体重级别,各设八枚金牌。比赛在 12 m×12 m 的垫子上进行,比赛分为三局,每局3分钟,局间休息1分钟,运动员上身穿戴专用的头盔、护胸、护腿等保护用具,采用电子记分。由于跆拳道运动以腿为主要进攻手段,充分展示了人体的激烈对抗,因此比赛气氛紧张激烈,高难动作精彩纷呈,观赏性极强。

"世界跆拳道联合会"简称"WTF",成立于1973年,现任主席为赵正源,而世界跆拳道联合会总部于1972年建成,位于韩国首尔。

三、跆拳道腿法

(一) 跆拳道初级腿法

1. 前踢

(1) 动作规格:以左势实战姿势开始;右脚向后蹬地,身体重心前移至左脚;右脚蹬地顺势屈膝提起,左脚以前脚掌为轴外旋约90°,同时,右腿迅速以膝关节为轴伸膝、送髋、顶髋,把小腿快速向前踢出,力达脚尖或前脚掌。踢击目标后右腿迅速放松弹回,落回原地仍成左势实战姿势。

(2) 动作要领:
①膝关节上提时大小腿折叠,膝关节夹紧,小腿和踝关节放松,有弹性。
②踢击时顺势往前送髋;高踢时往上送髋。

（3）易犯错误：
①直腿上撩，大小腿没有折叠，膝关节不夹紧。
②上体后仰过大，失去平衡。
③踢击目标时向前用力，与推踢动作混淆。
④踢击目标时向前用力，与推踢动作混淆。
（4）进攻部位：腹部、肋部、胸部、颏部。
（5）分解教学：
①从右势实战姿势开始。
②左脚蹬地重心前移至右脚，右脚支撑，左脚随蹬地屈膝上提膝关节，上体略后仰。
③右脚以脚掌为轴外旋约90°，同时，左腿迅速伸膝向前上踢击，左腿上直，力达脚尖或前脚掌。
④踢击目标后小腿快速放松回收，左脚落回成左势实战姿势。

2. 横踢

（1）动作规格：右脚蹬地，重心移到左脚，右脚屈膝上提，两拳置于胸前；左脚前脚掌辗地内旋，髋关节左转，左膝内扣；随即左脚掌继续内旋转180°，右脚膝关节向前抬置于水平状态；小腿快速向左前横踢出；击打目标后迅速放松收回小腿。右脚落回成实战姿势。

（2）动作要领：膝关节夹紧，向前提膝，尽量走直线；支撑脚外旋180°；髋关节往前顺，身体与大小腿成直线，严格注意击打的力点正脚背；踝关节放松，击打的感觉是"面团""鞭梢"。横踢攻击的主要部位有头部、胸部、腹部和肋部。

（3）易犯错误：
①膝关节不夹紧，大小腿折叠不够；
②外摆的弧形太大；
③上身太直、太往前、重心往下落；
④踝关节不放松，脚内侧击打（应为正脚背）。

3. 推踢

（1）动作规格：实战姿势开始。右脚蹬地，重心前移，右脚以髋关节为轴提膝前蹬，用右脚脚掌向前蹬推，力点在脚掌，推力向正前方。

（2）动作要领：提膝后尽量收紧膝关节；重心往前移，利用身体的重量为力量；推的时候腿往前伸展、送髋；推的路线水平往前。推踢的攻击目标是腹部。

（3）易犯错误：
①收腿不紧，直腿起，容易被阻截；
②上身太直，重心往下落，腿不能水平前推。

（二）跆拳道中级腿法

1. 后踢

（1）动作规格：左脚掌为轴内旋约90°，上身旋转，重心移到右脚，屈膝收腿直线踢出，重心前移落下。

（2）动作要领：
①起腿后上身与小腿折叠成一团。

②动作延伸，用力延伸。
③转身、提膝、出腿一次性完成，不能停顿。
④击打目标在正前方稍偏右。
（3）易犯错误：
①上身，大小腿不折叠，直腿往上撩。
②转身，踢腿有停顿，不连贯。
③击打成弧线，旋转发力。
④肩、上身跟着旋转，容易被反击。

2. 劈腿

（1）动作规格：实战姿势开始。右脚蹬地，重心前移至左脚。同时，右腿以髋关节为轴屈膝上提，两手握拳置于胸前；随即充分送髋，上提膝关节至胸部，右小腿以膝关节为轴向上伸直，将右腿直举于体前，右脚过头。然后放松向下以右脚后跟（或脚掌）为力点劈击，一直到前面，成实战姿势。

（2）动作要领：腿尽量往高、往头后举，要向上送髋，重心往高起；脚放松往前落，落地要有控制；起腿要快速、果断；踝关节要放松。劈腿的主要攻击部位有头顶、脸部和锁骨。

（3）易犯错误：
①起腿不够高，不够充分，重心不往高起；
②踝关节紧张，往下压太用力；
③重心控制，腿控制不好，落地太重；
④上身后仰太多，应随重心一起前移，保持直立。

3. 摆踢

（1）动作规格：从左势实战姿势开始，右脚向后蹬地，身体重心前移至左脚，左脚支撑，右腿屈膝提起；左脚以前脚掌为轴，脚跟向内旋转约180°，右腿膝关节内扣，右腿向左前方伸出，伸直后用脚掌向右侧用力屈膝鞭打，然后右腿顺势放松屈膝回收，落回原地成实战姿势。

（2）动作要领：
①起腿后右腿屈膝抬过水平，然后内扣。
②右脚要随转体尽量向左前伸展。
③右脚掌向右鞭打时要屈膝扣小腿。
④鞭打后顺势放松。

（3）易犯错误：
①提膝后直接向前方伸直右腿，没有做膝内扣动作；
②鞭打后不放松，落地姿势改变。

（4）进攻部位：头部、面部、胸部。

（5）分解教学：
①从左势实战姿势开始。
②右脚向后蹬地，身体重心前移至左脚，左脚支撑，右脚屈膝前提。
③左脚以前脚掌为轴，脚跟向内旋约180°，同时，右膝稍内扣。

④右腿伸膝，右腿向左前方伸直。
⑤右脚在屈膝扣小腿动作的带动下，向右用前脚掌做鞭打动作。
⑥右脚鞭打结束后，放松屈膝回收，落回原地成左势实战姿势。

(三) 跆拳道高级腿法

1. 后旋踢

（1）动作规格：实战姿势开始。两脚以两脚掌为轴均内旋约180°，身体随之右转约90°，两拳置于胸前。上体右转，与双腿拧成一定角度。右脚蹬地将蹬地的力量与上体拧转的力量合在一起，将右腿向后上以髋关节为轴直腿摆起，右腿继续向右后旋摆鞭打，同时上体向右转，带动右腿弧形摆至身体右侧，右腿屈膝回收；右脚落至右后成实战姿势。

（2）动作要领：转身、旋转、踢腿连贯进行，一气呵成，中间没有停顿；击打点应在正前方，呈水平弧线；屈膝起腿的旋转速度要快；重心在原地旋转360°。后旋腿攻击的主要部位有面额和胸部。

（3）易犯错误：
①转身、踢腿中有停顿，二次发力；
②起腿太早，最高点不在正前方；
③上身往前、往侧、往下，推动平衡。

2. 旋风踢

（1）动作规格：两人从闭势实战姿势开始，攻方左脚向右脚右侧前方跨一步，左脚内扣落地，身体向右旋转180°；左脚落地的同时右腿随身体继续右转向右后摆起，此时身体已转动360°，左脚蹬地起跳，顺势在空中用左横踢击打对方腹部或头部，右脚落地支撑。

（2）动作要领：
①攻方上步转体动作要迅速果断，左脚内扣落地时脚跟对敌。
②右脚随身体右转向后右侧摆起时不要太高，以能带动身体旋转起跳为宜。
③左脚蹬地起跳，身体腾空，但不过膝，目的是快速旋转出腿。
④左脚横踢时，右腿向下落地，要快落站稳，即横踢目标的同时右脚落地。

（3）易犯错误：
①左脚上步内扣落地角度过大，使后面的动作改变方向。
②上步，转体，摆腿，起跳动作不连贯，动作幅度过大。
③左腿横踢没有利用转体起跳的顺势力量，打击力度不够大。

3. 双飞踢

（1）动作规格：两人从闭势实战姿势开始，攻方先用右横踢攻击对方左肋部，同时，左脚蹬地起跳，身体腾空右转，腾空高度在膝关节以上，但不宜过高；左脚起跳后在空中用左横踢迅速踢击对方胸部或腹部；左右脚交换，右脚落地支撑，左脚横踢目标后迅速前落，成左势实战姿势。

（2）动作要领：
①右腿横踢目标的同时，左脚蹬地起跳。
②左脚起跳后迅速随身体右转横踢目标。

③两腿在空中交换,右脚先落地。
(3) 易犯错误及纠正:
①右横踢和左脚起跳时机不及时,或早或晚;
应该先利用踢击沙袋练习右横踢同时左脚起跳的动作,熟练后再起左腿横踢。
②右横踢和左横踢之间间隔过长;可利用原地右横踢起跳左横踢空击练习,提高出腿和起跳的速度。
(4) 进攻部位:肋部、胸部、腹部、头部。
(5) 分解教学:
①攻方起右腿向前横踢攻击目标。
②左脚同时蹬地起跳,在空中顺势交换两腿。

四、跆拳道准备姿势实战中常用的基本步法

(一) 准备姿势

准备姿势也称实战姿势或预备姿势,是竞赛跆拳道比赛中双方开始时的基本站立姿势。准备姿势应便于进攻和防守反击以及步法的移动。

1. 动作过程

(1) 两脚开立与肩同宽,两臂垂于体侧。
(2) 左脚或右脚向另一脚的前方迈出,两脚相距一步距离前后站立,使身体侧对对方,同时两手半握拳,沉肩、两臂屈肘自然垂放。
(3) 重心落在两脚之间,膝部略弯曲,眼睛平视对方面部,下颚微收。

2. 要领

(1) 两臂所放位置不是固定的,可以一臂垂下或两臂都垂下。
(2) 两脚之间的距离和重心的高低可根据具体情况进行调整,原则上是在移动时能最快调整好身体重心。
(3) 若重心下降,大小腿之间的夹角几乎等于90°,则为低位准备姿势。

(二) 准备姿势基本步法

1. 前进步

实战姿势开始,两脚成斜马步,两手握拳置于胸前。前进时后脚蹬地向前迈步,身体侧转成另一侧斜马步,可连续进行。这是前进步的一种——上步。注意拧腰转髋。前进时,后脚蹬地,前脚向前滑行称为前滑步;后蹬地,前脚向前跳跃为前跃步。前滑步和前跃步都属于前进步,是主动进攻时采用的步法。也可用于假动作,配合手臂动作进行,便于快速接近对方。

2. 后退步

从标准实战姿势开始,前脚掌用力蹬地,后腿先退后一步,前脚随即后退两步以及身体仍保持原来姿势。若前脚掌蹬地后,后脚沿地向后滑行一步,前脚随即同样向后滑行一步,两脚以及身体仍保持原来姿势,叫作后滑步退。这种步法可以拉开和对手的距离,避开对方

的进攻，准备做反击动作。

3. 后撤步

从标准实战姿势开始，以后脚前脚掌为轴，前脚抬起向后经后脚内侧向后撤一步，形成和原来相反的实战姿势。后撤步可根据实战需要左右变化，调整与对方的相对距离，准备进行攻击或反击。

4. 侧移上

侧移上由标准实战姿势开始，两脚前脚掌同时向左右侧蹬地，离开原来的位置。向左侧移动，离开原来的位置。向左移叫左移步，向右移叫右移步。侧移步的作用是避开对方有力的攻击，移动到对方的侧面，准备进行反击。

5. 跳换步

由标准实战姿势开始，两脚同时蹬地使身体腾空，空中两脚前后交换，同时转体；落地时身体姿势成另一侧的准备姿势。跳换步的腾空不宜高，略离地面即可；换步时要拧腰转髋，迅速敏捷，其目的是干扰对方的攻防思路，选择适宜自己进攻的方位和转换自己身体的得分部位使对方不能得分。同时争取反击的空间和时间，马上转入进攻。

6. 弧开步

由标准实战姿势开始，前脚的前脚掌原地蹬碾地面，后脚同时向左（右）蹬地后右（左）跨移一脚，成为和原来准备姿势不同方向的准备姿势。向左跨为左弧形步（或左环绕步），向右跨步为右弧形步（右环绕步）。

7. 前（后）垫步

由标准实战姿势开始，后（前）脚向前（后脚）脚并拢的同时，前（后）脚蹬地向前（后）迈（退）步，仍成原来的实战姿势。

垫步动作的要点是后脚（前）向前（后）要迅速，不等后（前）脚落定，前（后）脚就要蹬地前（后）要移动，前（后）脚移动的距离要适当，既能照顾与对方的位置关系，又便于自己后面的连接动作。垫步动作要迅速、轻捷、连贯，要快速接近或远离对方。后面的连接动作，无论是进攻还是防守，都要连续迅速，可在垫步过程中做动作，不给对方任何机会。

8. 前冲步

由实战姿势开始，后脚向前迈一步，身体姿势同时转正，随即前脚向前冲一步仍成为实战姿势。可连续冲几步成实战姿势。

前冲步的动作要点是两腿要连贯快速，类似加速冲刺。步幅小、频率要快，灵活多变，是主动追击对方的有效步法。连续动作要轻捷快速，给对方造成慌乱。

9. 组合步

组合步是指各种步法之间的不同组合。实际上，跆拳道技术在实战运用的过程中，无不通过各种步法的运用和变化而得到实施，而且使用的步法都是有意义或无意地组合起来综合运用的。运用步法是为了调整距离，使自己的动作更加快速灵活，进而达到进退自如、控制节奏、有效攻击有效防守的目的，步法的组合应根据实际情况的变化而改变，把攻击和反击的技术与步法紧密结合起来，做到在移动中进攻，在移动中防守，在移动中反击，使步法的运用和拳法、腿法融为一体，成为进攻、防守、反击的有机连接技术，从而达到取得实战胜利的目的。

(三) 实战姿势的类型

1. 标准实战姿势

左脚在前叫左势，右脚在前叫右势。

（1）动作规格：两脚前后开立与肩同宽，前脚尖45°斜向右前方，后脚跟抬起，膝关节微弯曲，重心在两脚之间；上身自然直立，45°斜向右前方，双手握拳，拳心相对；两臂弯曲置于胸前；头部直立向前，目视正前方。

（2）动作要领：身体自然，肌肉放松；膝关节松而不懈，富有弹性；心无杂念，以无意为有意。

（3）易犯错误：全身紧张，肌肉僵硬；重心偏前或偏后，不利于启动；膝关节不弯曲，缺乏弹性。

2. 侧向实战姿势

身体完全侧向，前后脚在一条直线上其他部位同标准姿势。

3. 低位实战姿势

身体姿势同标准实战姿势，只是双膝弯曲加大，重心降低。这种姿势重心低，不易失去重心，但移动相对较慢。

四、与对手相关的站位

1. 开式站位

开式站位指和对方身体有相应的站位。即自己的身体前面相对对方的身体前面。包括左势对右势和右势对左势两种形式。

2. 闭式站位

闭式站位指和对方身体有不相对应的站位。即自己的体前对应对方的体后。包括左势对左势和右势对右势两种站位形式。

五、跆拳道裁判法

(一) 目的与要求

1. 目的

为建立一支具有较高水平的并与世界跆拳道运动发展相适应的裁判队伍，保证竞赛的正常进行，促进跆拳道运动在我国的广泛开展和技术水平的提高。

2. 要求

（1）裁判员思想作风好，热爱跆拳道事业；
（2）精通竞赛规则，熟练掌握和运用裁判法；
（3）严肃认真，公正准确地对待工作；
（4）加强内部团结，提高业务能力，保证竞赛规则的实施；
（5）全力维护运动员的平等利益。

(二) 裁判员守则

(1) 拥护中国共产党，热爱社会主义国家，热爱体育事业，热爱体育竞赛裁判工作。
(2) 努力钻研业务，精通本项规则和裁判法，积极参加实践，不断提高业务水平。
(3) 严格履行裁判员职责，做到严肃、认真、公正、准确。
(4) 作风正派，不徇私情，坚持原则，敢于同不良倾向作斗争。
(5) 裁判员之间互相学习，互相尊重，互相支持，加强团结，不搞宗派活动。
(6) 服从领导，遵守纪律。执行任务时，精神饱满，服装整洁，仪表大方。

(三) 教练员守则

(1) 拥护中国共产党，热爱社会主义国家，热爱体育事业，培养又红又专的运动员。
(2) 从严从难，从实战出发，进行科学的大运动量训练，认真制定方案，努力完成训练计划。
(3) 做好赛前准备和临场指挥，赛后认真总结。
(4) 学习政治理论和体育科学技术，刻苦钻研业务，不断创新。
(5) 严格管理教育，加强政治思想工作，关心运动员全面发展。
(6) 发扬民主，爱护运动员，不准打骂和侮辱人格。
(7) 以事业为重，处理好工作、学习和家务的关系。
(8) 坚持真理，发扬正气，在训练、学习、生活等方面做好运动员的表率。
(9) 教练员之间要互相学习，互相支持，团结协作。
(10) 遵纪守法，维护社会公德，执行各项规章制度，敢于同不良倾向作斗争。

(四) 运动员守则

(1) 拥护中国共产党，热爱社会主义国家，热爱体育事业，勇攀高峰，为国争光。
(2) 刻苦训练，钻研业务，尊重教练，认真完成训练任务。
(3) 赛出风格，赛出水平，胜不骄，败不馁，尊重裁判，尊重对手，尊重观众。
(4) 学政治，学文化，学科学，全面发展。
(5) 讲文明，讲礼貌，讲卫生，讲道德，守秩序，守纪律。
(6) 不吸烟，不喝酒，衣着整洁大方，自觉抵制不良思想侵蚀。
(7) 事业为重，迟恋爱，晚结婚。
(8) 团结友爱，关心集体，勇于批评与自我批评，反对自由主义。
(9) 尊重领导，服从组织，遵守规章法令，不违法乱纪。
(10) 勤俭节约，爱护公物，敢于同不良倾向作斗争。

(五) 主裁判执裁组成和职责

1. 裁判的组成

总裁判长、副总裁判长、临场裁判员、编排记录长、编排记录员、电子裁判、检录员、计时员、宣告员、录像员、临场医务员。

2. 裁判的职责和要求

(1) 总裁判长。
① 全面负责竞赛中的裁判工作。

②赛前检查落实比赛场地、器材、护具、用品等事宜。
③组织裁判员学习，制定竞赛程序和工作计划，明确裁判的分工。
④主持裁判技术会议，依据规则、规程精神，负责对竞赛中的疑难问题进行解释。
⑤负责组织抽签、适应场地安排、裁判员实习等事宜。
⑥竞赛中，指挥裁判组及赛场工作，执裁过程中出现争议负责协调，并有权作出最后决定。
⑦配合仲裁委员会，处理竞赛中有争议的重大问题。
⑧发现裁判员有违反竞赛规则或严重违纪行为，有权依据《跆拳道裁判员管理暂行办法》（体训竞一字〔1997〕043号）等政策法规进行处罚。
⑨审核、签署和宣布比赛成绩。
⑩做好裁判总结工作，报中国跆协裁判委员会。
（2）副总裁判长。
①协助总裁判长做好各项工作，在总裁判长临时缺席时可代理其职责。
②负责处理竞赛过程中有关称重、临场执裁、检录、记录、计时、宣告中出现的问题，并及时报请总裁判长。
（3）裁判员。
①经协会登记注册，持有裁判员资格证书及段位证书。
②精通《跆拳道竞赛规则》和《跆拳道裁判法》及其他有关规定，认真学习竞赛规程。
③尊重并服从总裁判长的指挥，有责任将竞赛中出现的问题及时上报，提出合理建议。
④按竞赛规则的要求进行场上执裁。
⑤裁判员不得经任何形式兼任领队、教练。
⑥不得随意向运动员及运动队传递有关的裁判内部信息。
⑦裁判员的工作由裁判组统一安排调动，本人不得提出特殊执裁要求。
⑧严格遵守裁判员守则和赛会各项有关规定。
⑨比赛后及时做好总结工作。
⑩完成好裁判组交办的其他任务。
（4）编排记录长。
①协助总裁判长做好赛前准备工作，负责编排记录组的工作，审查运动员报名表，参与编制秩序手册。
②处理运动员弃权、变更、抽签组织，编排场地、场次等事宜并向裁判组通报情况。
③准备各种竞赛表格并发送有关裁判组。
④负责核实、登记及公布比赛成绩；将下阶段比赛秩序立即通报有关裁判组。
⑤及时将各级别比赛结果经核实无误后送交裁判长。
⑥整理资料，编写成绩册，协助组委会及时印制竞赛成绩册。
（5）编排记录员。
根据编排记录长的安排，完成编排记录组的工作。
（6）检录长。
①负责检录组的各项工作，保证比赛顺利进行。
②根据赛程安排，指挥检录员按时点名，认真检查参赛运动员着装是否符合规定；负责

发放、回收护具。

③处理运动员弃权问题，及时通报有关裁判组。

④协助大会做好开幕式、发奖、闭幕式等各项工作。

（7）检录员。

根据检录长的安排，完成检录组的工作。

（8）电子裁判（如无电子计时计分设备可不设）。

根据规则要求，操作电子计时计分设备，保证设备运转正常。

（9）宣告员。

①熟悉跆拳道竞赛规则及跆拳道运动知识，具有一定语言表达能力。适时介绍跆拳道比赛基本知识及竞赛特点，适当介绍运动员及运动队基本情况。

②介绍赛会概况，宣布竞赛开始、结束、级别场次，介绍临场裁判、双方运动员。

（六）主裁判执裁原则与步骤

1. 基本任务

（1）通过具体实施和执行规则，控制整个比赛场面，保证比赛公平、公正进行。

（2）保护运动员的安全。

（3）通过果断合理运用规则和公正准确执法，引导运动员发挥出技术水平。

2. 基本要求

（1）思想素质。

①政治觉悟高，思想素质好，组织观念强。

②了解跆拳道传统精神和作为竞技体育的价值。

③全面的体育修养。

④理解运动员的比赛心理。

⑤有强烈的责任心和正义感。

（2）执裁经验。

①有过裁判员或运动员的经历。

②不断了解新的技术及其发展趋势。

③理解规则条文和精神。

（3）心理品质。

①敏锐的洞察力和果断的判断能力。

②高度集中的注意力。

③情绪控制能力。

（4）身体健康。

①保持强健体魄。

②步伐灵活、移动迅速。

③视力良好。

④表达准确、清晰、及时。

（5）职业道德。

①礼始礼终。

②团结协作。

③遵守时间。
④仪表整洁。
（6）紧急情况的处理和救护。
①准确判断受伤程度。
②掌握基本急救措施和手段。

3. 基本能力

（1）操作能力。
①实际手势操作。
②控制比赛。
（2）判断能力。
①判断犯规。
②判定优势。
③比赛出现紧急情况时的即刻判断和应变能力。
（3）分析能力。
①分析比赛。
②引导比赛。
（4）综合能力。
①引导实现理想化竞赛。
②赋予和表现出跆拳道的文化内涵，开创新的竞赛文化。

（七）一般执裁步骤

1. 上场前的准备

（1）热身活动。
（2）检查着装，仪表整洁，不得携带可能对选手有伤害的物品（手表、金属物等）。
（3）集中注意力，排除干扰。

2. 进入场地

（1）精神饱满，自然大方，不卑不亢。
（2）观察双方运动员和教练员及裁判员等是否就位，服装是否符合规则要求。
（3）发出口令、手势指挥双方上场。

3. 口令与手势要求

（1）严格按竞赛规则的要求使用口令和手势。
（2）及时、准确、清晰地表达自己的判断（但不能夸张），口令要响亮、果断，动作要敏捷、干脆，应避免与运动员有身体接触。
（3）尽量减少比赛的中断，不要做不必要的、多余的手势。
（4）发布口令或做手势时要威严自信，表情自然。

4. 站位与移动

（1）位置关心：主裁判与两名运动员应保持锐角三角形的位置关系，以便观察判断并及时控制比赛。
（2）根据级别、身高等情况与运动员保持一定距离，注意不能距运动员过近或过远，以不影响运动员正常发挥水平为原则。

（3）根据场上情况不断移动位置，移动时要迅速敏捷，步伐灵活。
（4）不允许从正在比赛的双方运动员中间穿行。

5. 主裁判对犯规的指导原则

根据制定规则总的精神，主裁判在执裁过程中的根本任务有三条，即：倡导公平竞争的比赛、保护运动员的安全、保证运动员技术水平的发挥和比赛的顺利进行。主裁判的任何判罚都应该遵守这个精神，而不应该拘泥于刻板地、机械地执行规则条款。规则在讨论、制定、修改的过程中，充分地考虑了各种可能出现的情况，双方运动员的利益以及维护比赛的公平性、严肃性。因此，主裁判应按照规则条文的规定，公平、准确地执行判罚。同时，主裁判应以下几方面的情况做出合理的判罚。

（1）有意无意。根据规则的精神，原则上对有意或故意的犯规给予较重的判罚，对无意或不可预料的犯规给予较轻的判罚。

（2）有先有后。运动员在比赛的全过程中，无论是正常的发挥技术或是出现犯规，都存在着严格的时间概念。

（3）有主有次。有时出现的双方犯规，有主次或主动被动的情况，主裁判应分清主次，判罚引起犯规的主要责任方。

（4）有轻有重。根据受伤的程度衡量判罚尺度。

（5）有利无利。主裁判罚应针对犯规一方，有利于公平竞争，有利于运动员技术发挥，有利于比赛顺利进行。

（6）"黑白"分明。裁判对犯规行为应坚决地按照规则规定执行。

6. 击倒后的处理

（1）立即暂停比赛，将运动员分开并将进攻者置于远处。

（2）读秒。

①手势、口令清晰，根据情况可采用站立或半跪姿势。

②兼顾全场及另一名运动员。

③即使运动员在读秒过程中表示再战，主裁判也必须读到"8"，使运动员获得休息。

④数到"8"之前要作出结束或继续比赛的判断，如发现运动员目光呆滞、神志不清，膝盖抖动或发软，不能保持身体平衡等情况，应结束比赛。

⑤必要时及时指挥临场医生进场急救。

⑥即使一局或整场比赛时间到，主裁判也要继续读秒。

（3）如果双方运动员同时被击倒，应在两人中间读秒，并注意双方运动员的情况，如有任何一方尚未恢复，主裁判将继续读秒。主裁判读到"10"后双方都不能再战，应按当时得分情况判定胜负。

（4）主裁判判定被击倒的一方不能继续比赛，可不读秒或在读秒过程直接判另一方获胜并指挥抢救。

7. 获胜方式

（1）击倒胜（KO胜）：一方运动员用合理的技术击倒另一方而结束比赛。

（2）主裁判终止比赛胜（RSC胜）：根据主裁判判断或医生诊断一方运动员在计时一分钟甚至一分钟后难以继续比赛，或不服从主裁判继续比赛的命令时，可判RSC胜。

（3）比分或优势胜（判定胜）。

①不分时，分数领先者胜。

②同分时，因扣分造成同分时，三局中得分多者获胜；除第一种情况外出现同分，即双

方得分（或）扣分相同时，主裁判根据三局的比赛情况判定占优势者获胜；比赛中表现出的积极主动行为是优势判定的依据。

（4）对方弃权胜（弃权胜）：一方因故主动提出放弃比赛或规定时间未到场，另一方则弃权胜。

（5）对方失去资格胜（失格胜）：如称重不合格或其他参赛资格不符合规定，另一方则失格胜。

（6）主裁判判犯规胜（犯规胜）：如被扣分累计达3分（-3）或根据《跆拳道竞赛规则》第十四条第8款①有关规定，判犯规胜。

8. 局间休息与退场

（1）主裁判局间休息时应该站在指定位置（第一副裁判对面的警戒线中心点）面向比赛场地站立，要求严肃自然，目光平视。

（2）判比赛结果并审验记录表，签名确认后方可退场。

第五节　裁判执裁原则与步骤

一、计分原则

（一）即刻决策的原则（一秒钟原则）

裁判员应当在产生效果时（一秒钟内）马上作出判断，针对技术动作即时进行计分，而不应针对动作的总体情况来推迟打分，即不能进行"总结性"计分。

（二）独立判断的原则

裁判员必须以自己的判断来计分，不能受到别的裁判员计分及其他因素的影响。

（三）不更改判定的原则

一旦作出判定，即使存在错误，裁判员也不能更改。合法地更改判定的途径是通过仲裁。

（四）误判的不补偿原则

如果裁判员认识到计分有所失误时，不应企图补偿，而对另一方无故判罚或以微不足道的理由判罚，否则就犯了第二次类似错误。

二、有效得分的计分

（一）有效得分的概念

有效得分：是指用规则允许的技术准确有力地击中得分部位的技术动作给予得分。

得分技术动作：是准确有力的击打，并使用允许的技术作出准确的击打而没有遇到阻碍或格挡。

有力击打：是明显的有力度和速度的击打。

---

① 第十四条第8款：运动员违背竞赛规则和故意不服从裁判员时，主裁判有权直接判其"犯规败"。

（二）计分标准分析

1. 得分标准分析

准确性按精确程度分为：准确接触、部分接触、过度延伸接触、阻碍性接触。

力度大小程度分为：强有力接触、轻接触、推击接触（相对慢速的打击）、最低限度接触（擦过性击打）。

2. 情况分析

（1）准确性：准确接触（90%以上）、大部分接触（50%以上）、小部分接触（50%以下）。

（2）力度：重心产生突然移位，接触的声音响亮程度，接触时技术发挥的情况（对手重心的位移速度和技术动作的速度）。

（3）部位：头部：准确接触（得分），不准确接触但明显有力（得分）。

躯干：准确有力地接触得分部位（得分），得分部位之外的允许攻击部位。

（4）基本技术：达到准确性和力度要求时，以下情况可得分。

脚背击打、脚跟击打、后旋踢击打、拳击打、同时击打、连续击打、擦过头部的击打。

（5）击打得分部位之外的允许攻击部位，以下情况可得分。

被打倒、被暂时击昏失去继续比赛的能力、被击倒并落地很重。

3. 特殊得分情况

同时连续击打、连续击打、快速变换击打、不常见的击打、经常性重击。

（三）一般工作步骤

（1）按指定位置就位：分为第一、二、三副裁判。

（2）按照规则要求，贯彻规则规程及裁判组的计分原则和精神，在每一局比赛进行计分。

（3）在主裁判及仲裁委员会询问时说明自己的意见。

（4）认真及时地进行自我总结，提高执裁水平。

三、裁判员的变更和处罚

（1）总裁判长有权指挥和调动裁判员，变更或重新安排裁判员的工作。

（2）裁判员应自觉遵守裁判员守则，服从裁判组的指挥。如有下列行为，将受到处罚：

①不公正执法，有意偏袒或损害一方运动员。

②有明显地错判、误判和反判。

③不听从裁判组的指挥。

④不遵守有关比赛纪律、秩序。

⑤无故不参加裁判会议。

⑥不按规定着装或着装不整。

（3）处罚。

①口头警告，批评教育。

②取消其本场裁判资格。

③在一段时间内停止其参加跆拳道裁判工作的资格。

④终身禁止其担任跆拳道裁判员。

第六章 滑 冰

第一节 速度滑冰运动概述

一、起源

速度滑冰运动在世界上有着悠久的历史。古代生活在寒冷地带的人们学会滑雪和在冻结的江、河、湖泊中滑冰,并以滑冰作为交通和运输的手段,这种基于生产和生活需要的活动伴随着社会的发展和进步,逐渐演变成滑冰游戏,直到现代的速滑运动。

二、发展

速滑运动的发展与社会生产力的发展有着密切的联系,这从滑冰工具的改进上可以看出来。10 世纪左右世界上出现了骨质冰刀,到了 1250 年发明了钉在木板上的铁质冰刀。随着社会经济与文化的发展,特别是金属冶炼工业的进步,更加促进了滑冰运动的发展。17 世纪开始出现生产铁质冰刀的厂房,生产的冰刀有长、短两种,用于速滑和花样滑冰。滑冰工具生产的社会化和专业化,标志着滑冰运动发展到了一个新的历史时期。

滑冰运动最早盛行于荷兰和斯堪的纳维亚半岛,以后普及欧洲和其他各国。据记载:最早的一次速滑比赛是 1676 年在封冻的江河上,人们由一个城镇滑到另一个城镇,以旅行的方式作为长途比赛而开始的。最初比赛的距离是用"英里"计算的,1891 年才改用"米"。由于这种比赛的起点与终点相距太远,不便组织和观看,以后又发展成 U 形和 L 形的跑道场地,起点与终点相距 160 m 和 200 m。最后发展成为由两条直线跑道连接两条弧度为 180°的曲线跑道组成。每组比赛为 2 人,项目也逐渐增多。1742 年英国成立了世界上第一个滑冰俱乐部,并于 1809 年又出版了世界上第一本关于滑冰的书籍。

速度滑冰成为国际性体育比赛项目始于 19 世纪末。1889 年在荷兰首都阿姆斯特丹市举行了首届国际性速度滑冰比赛,有荷兰、挪威等 13 个国家参加。1892 年正式成立国际滑冰联合会。以后每年举行一届世界速滑比赛。1893 年正式举办了第一届世界男子速度滑冰锦标赛;1936 年举办了第一届世界女子速度滑冰锦标赛。

从 19 世纪末到 20 世纪初,速滑技术水平有了更大的提高,1902 年,挪威人阿·鲍尔森和哈·哈根发明了铁质管形冰刀,使世界速滑的技术水平和运动成绩都有大幅度的提高。同时,在世界速滑锦标赛上涌现出一批著名的运动员,如挪威的阿里谢里、荷兰的彼得尔、挪威的哈·哈根、俄国的班申、美国的谢诺林等，他们多次打破世界纪录，为速滑运动的发展做出了积极的贡献。1924年，世界最大的体育组织奥林匹克运动会举办了第一届冬季奥运会，设有男子速滑比赛；1964年增加了女子速滑比赛项目。国际速滑比赛的开展，极大地促进了速滑运动的发展和技术水平的提高。

进入20世纪90年代，克莱普速滑冰刀的出现，震撼了国际冰坛。各国速滑教练员和运动员对这种新式冰刀的认识都经历了不以为然、迟疑、惶恐、认同和紧随其后的过程。这种冰刀的研制始于荷兰。经过考宁等几位运动生物力学、运动医学专家10多年的研究，其科研成果对推动速滑运动训练理论和训练方法的变革以及运动成绩的提高起了极大的促进作用。

在第十八届冬季奥运会上各速滑强国普遍采用了新式冰刀。在男女10个项目的比赛中，有7个项目的世界纪录被刷新，男子5 000 m世界纪录提高了24 s，在这以后的几次世界比赛中，又有多项世界纪录被打破。目前，克莱普速滑冰刀已经完全被国际冰坛认可。

速度滑冰这项古老的传统体育运动，正随着科学技术的进步，进入了一个崭新的发展阶段。

参加速滑运动的人，对严寒冷风都具有较高的适应能力，同时也具有较高的平衡能力。

第二节　速度滑冰直道技术

一、直道滑跑技术

直道滑跑技术包括：身体基本姿势、蹬冰、收腿、下刀、惯性滑进、两腿配合以及摆臂等动作。其中蹬冰动作是速滑技术的核心。

1. 身体基本姿势

现代速滑技术一般都采用风阻比较低的滑跑姿势。这种姿势可以减小迎面阻力，加大动作幅度，最大限度地发挥人体的运动能力，从而提高运动成绩。基本姿势的高低取决于上体与冰面的角度和下肢髋、膝、踝关节的角度。

比较正确的滑跑姿势是上体前倾，肩略高于臀部。上体与冰面成15°~20°角，肩背部放松，两臂伸直两手自然互握于背后，头微抬起，目视前方20~30 m。下肢膝前屈，成90°~110°角，踝关节下压成50°~70°角，如图3-6-1所示。

两腿较大地弯屈除了降低身体重心减小迎面阻力外，更重要的作用就是拉长下肢伸肌，从而加强伸肌的力量，给蹬冰动作创造最大的工作能力。

2. 蹬冰动作

蹬冰是推动运动员身体向前滑行的动力，是人体内力的体现形式。蹬冰是运动员通过冰刀作用给冰面的一个动态压力，它的完整动作是依次伸展支撑腿的髋、膝、踝关节，从而获得一个向前滑行的水平加速度。蹬冰效果的好坏取决于蹬冰力量、蹬冰方向、蹬冰角度、蹬冰时间、蹬冰幅度等因素。

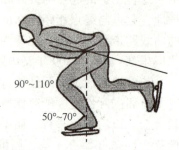

图3-6-1　身体基本姿势

一个完整的蹬冰过程是由蹬冰开始、最大用力蹬冰、蹬冰结束三个阶段构成的。蹬冰是在身体重心投影点离开支撑面，身体逐渐倾斜，也就是冰刀与冰面形成了一定的夹角，在这种状态下逐渐加大蹬冰力量来完成的。

当惯性滑进结束时，冰刀由正刃过渡到内刃，身体产生向内侧的倾斜，这就进入了蹬冰开始阶段，这时先展髋关节，压膝关节和踝关节，随着冰刀与冰面夹角的缩小，形成了适宜的蹬冰角度，这时膝关节快速有力地伸展，形成最大用力蹬冰阶段，紧接着快速彻底地伸展踝关节，出现蹬冰结束阶段，这三个阶段是在瞬间进行的，是相互连贯的动作阶段。髋、膝、踝关节的伸展是依次进行和结束的。

图 3-6-2 蹬冰角度

运动员在滑跑过程中，蹬冰的方向位于体侧，冰刀的内刃只有在运动员的体侧才能找到稳固的支点，才能在高速的滑跑中完成蹬冰等一系列动作。因此现代速滑技术中特别强调要提高蹬冰的侧向性。

蹬冰角度是个变量，它是随着蹬冰动作的结构变化而变化，如图 3-6-2 所示。

在直道滑行时，当由惯性滑进到蹬冰开始，蹬冰角小于 90°，髋关节逐渐加大并用力伸展，使蹬冰角逐渐缩小到 80°左右，完成蹬冰开始阶段，当蹬冰角在 80~45°时出现最大用力蹬冰阶段。整个蹬冰动作必须和蹬冰角度的变化相适应，否则就会造成垂直分力过大影响蹬冰的效果，蹬冰角度越小，垂直分力越小，有效的水平分力越大，因此要在生理范围内尽量缩小蹬冰角，增加有效的蹬冰力。

现代的蹬冰技术具有急速、强而有力的"推弹"特点。跟冰幅度并不是很大，但是身体重心向左右两侧移动很快，这样就加强了滑跑的直线性，提高了动作的节奏性。

3. 收腿动作

蹬冰腿从结束蹬冰离开冰面时开始，到重新着冰前，这期间的动作称为浮腿动作。它包括收腿和摆腿两个阶段，其主要任务是充分放松浮腿，帮助身体重心向前移动，增加蹬冰力量（增加惯性力），为下次蹬冰做准备。另外，积极地收摆腿可以帮助向前移动重心，增加蹬冰力量和惯性冲滑力。

当浮腿迅速抬离冰面以后，逐渐远离支撑腿的侧位，这时摆动腿的大腿做积极内压弧形的提拉动作，向支撑腿靠拢。由于身体的惯性滑进使浮腿位于身体的后位，提拉时以迅速的提摆大脚为主。当前世界较优秀的速滑选手在做收腿动作时，除保留过去那种积极放松和具有摆动加速度的特点外，最明显的变化是收腿路线有所缩短，借助蹬冰的反弹作用，和用直接收腿动作，从而提高整个滑跑动作的节奏性。

4. 下刀动作

以浮腿冰刀着冰，到变换支点承接体重，由浮腿变为支撑腿的过程。正确有效的下刀关键是要选择良好的下刀时机和下刀位置。摆动腿冰刀开始以刀尖外刃着冰，整个身体重心沿横轴方向移动，重心保持在原支撑腿上。当总重心逐渐沿横轴向蹬冰相反方向移动时蹬冰角逐渐缩小，蹬冰结束的一刹那迅速把体重移到新的着冰腿上，这时新的着冰腿的冰刀由外刃过渡到正刃支撑滑进，下刀动作结束。冰刀下刀过程就是蹬冰与自由滑进动作的衔接过程，这个过程要始终注意控制摆动腿的作用和合理的出刀角度。冰刀着冰开始用外刃，然后变成平刃，最后变成内刃。滑行轨迹与这种变化是有直接关系的，如图3-6-3所示。

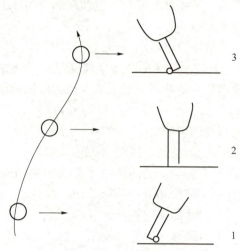

图 3-6-3　下刀动作

5. 惯性滑进动作

直道的惯性滑进是指一条腿蹬冰结束后，新的支撑腿用正刃，利用蹬冰后所获得的惯性进行自由滑进。惯性滑进时间为单脚支撑滑行的1/3，短距离所占的比例还要少些。

由于冰刀与冰面的摩擦作用，惯性滑进在滑跑过程中是一部分消极的成分。但是由于冰上技术结构和人体的机能特点，在滑跑中仍必须有这个过程，以调整体力。在比赛中要根据自己的身体素质、训练水平和自然条件、项目等尽量缩短这个消极过程，从而增加迅速有力的蹬冰次数。

6. 两腿配合动作

在直道滑行时，摆动腿与支撑腿的协调配合关系非常密切。当支撑腿由正刃支撑变内刃支撑开始蹬冰时，另一条腿开始由后向前移动，身体重心向侧移动。当蹬冰腿冰刀与冰面形成有利蹬冰角时，蹬冰腿依靠肌力急剧用力"推弹"蹬冰，着冰腿开始准确地接承体重，形成新的支撑腿。当新的支撑腿支撑滑行时，摆动腿开始做具有加速特点的向支撑腿并拢和收腿的动作。在摆动腿摆收到侧后位时，支撑腿冰刀为平刃支撑自由滑行，然后随着摆动腿继续向支撑腿后方移动身体由于受摆动腿的摆动惯性的影响，开始向摆动腿侧向倾倒，支撑腿冰刀由平刃变内刃切入冰面，形成新的蹬冰开始和两腿的协调配合动作。

7. 摆臂动作

摆臂动作可以提高滑跑频率，增加蹬冰力量。摆臂分单摆臂和双摆臂。一般中长距离用单摆臂，短距离和冲刺用双摆臂。摆臂时手的移动位置有前高点、后高点和下垂点三个位向点。

摆臂时，臂和腿要协调配合。当右臂摆至前高点时，左臂摆至后高点，这时右腿正处于蹬冰结束阶段，左腿正处于滑进中下刀，外刃变平刃滑进阶段；当右臂摆至下垂点时，左臂也摆至下垂点，这时右腿处于收腿阶段，左腿开始蹬冰；当右臂摆至后高点时，左腿处于蹬冰结束阶段，而右腿处于惯性滑进阶段，这时左臂摆至前高点。前摆时上臂垂直于冰面，屈小臂向滑进方向用力前摆，手不要超过身体的纵轴，后摆时臂要伸直，积极向前摆动。

二、直道技术的学练方法

1. 陆地模仿练习

（1）身体基本姿势练习。

①两腿并拢屈膝下蹲，上体前倾，头微抬起，目视前方，两手背于体后。

②做好身体基本姿势后，做单双腿屈伸（蹲起）练习。

2. 直道滑跑动作技术练习

（1）成身体基本姿势后蹲走，身体成基本姿势，大步向前走动，距离因地因人而异。

（2）原地开始，做出腿动作练习，身体成滑跑姿势左右腿交替后引，做左右腿出腿练习。

（3）原地滑行，左右腿交替滑行。原地由深蹲姿势开始，单腿向侧蹬出，再以最短的距离将蹬出腿后引，然后将腿收回并拢。两腿交替练习。

（4）行进间滑行，左右腿交替滑出练习。

（5）原地滑跳，左右腿向左右原地交替跳出。

（6）行进间滑跳，身体成基本姿势，左右腿交替向侧前跳。练习时，前移滑跳距离为两脚或两脚以上，蹬地方向是向侧后方。

3. 冰上练习

（1）穿冰鞋：鞋带应从后跟绕至上面，再从脚心绕回来。

（2）冰上站立：上体稍前倾，两脚冰刀内刃或平刃着冰，两脚成外"八"字形，身体重心在两脚中前部。

（3）在冰面上站立时移动重心：站稳后将身体重心移至一脚上，重心在冰刀中部，另一脚虽在冰上，但不承担体重，两脚交替承担体重。

（4）在冰上踏步或行走：在移动身体重心后，进行原地踏步练习，而后进行小步走。迈步时，抬大腿，屈膝，向前迈1~2步，两脚仍保持"八"字形。两脚距离要近些，便于重心的交换。迈步时，不得直腿向前或迈大步。

（5）初步滑行：上体略前倾，微屈膝，小步走的速度逐渐加快，获得一定速度后，两脚平行，平刃着冰，脚向前，即能向前滑动行进。

（6）单脚蹬冰双脚滑行：做好基本姿势后，用一冰刀内刃扣住冰，伸展膝关节，向侧用力压冰、蹬冰，重心随之移至滑行腿。蹬冰后，该腿迅速收到滑行腿旁，形成双腿平行滑行。

（7）双脚交替蹬冰和交替滑行（即初步直道滑行）：右脚侧蹬冰将身体重心移至左脚，成左脚支撑滑进。右脚蹬冰后，离开冰面成浮脚并放松收至左脚。当右脚靠近左脚时，左脚开始蹬冰。如此两脚交替蹬、滑，连续进行。

第三节 速度滑冰弯道技术

一、弯道滑跑技术

1. 身体姿势

弯道的滑跑姿势基本与直道要求相同，但弯道滑跑中采用身体向左倾斜的姿势。上体、臀部一致向里倾倒，要求鼻尖、膝盖、刀尖成一条切线，整个身体的倾斜度要根据滑跑的速度和弯道的半径来调整。左腿冰刀外刃的倾斜要与整个身体的倾斜角度一致。弯道的姿势要略比直道低些，并且要保持较好的团身动作。

2. 蹬冰动作

弯道滑跑时的蹬冰动作原理和结构基本同于直道。但由于移动方向所至，完成蹬冰动作时一直采用交叉内压步来完成，所以又有别于直道蹬冰动作。右腿蹬冰动作与直道蹬冰动作相近，而左腿的蹬冰特征和方向却不同于直道。同时难度也较大，成为弯道蹬冰技术的关键，如图 3-6-4 所示。

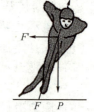

图 3-6-4　蹬冰动作

在弯道滑跑时，当左腿刀尖收到右支撑腿的刀跟时，右腿进入开始蹬冰阶段，而当右腿冰刀以压收到要越过左腿冰刀时，左腿进入开始蹬冰阶段。

由于在旁道滑跑时身体始终向左倾斜，因此右腿离身体重心投影点的距离远于左腿。所以在实际滑跑中右腿比左腿难于破坏平衡。

弯道两腿蹬冰的开始时间都比直道早，在浮腿收回时支撑腿就开始蹬冰了。蹬冰方向与蹬冰腿滑进的切线相垂直，在蹬冰过程中，膝关节的角度不要过早的展开，注意将大腿控制在胸下，蹬冰腿的膝关节尽量前弓，有下压、挤、送、蹬的感觉，有全外刃结束蹬冰的特点。

3. 收腿下刀动作

弯道的收腿下刀动作是指完成蹬冰动作后，浮腿借助屈肌的收腿和冰面对蹬冰腿的反弹作用，使冰刀抬离冰面，到浮腿以一定的出刀角度着冰，为收腿下刀动作。

弯道的收腿动作可以分为大腿的提拉内压和小腿的前摆两个阶段。当右腿蹬冰结束后，以大腿带动小腿，膝关节领先向斜上方提起，与左支撑腿靠近，这时小腿以脚后跟为钟摆向内摆，形成内压动作。然后刀尖偏离雪线，用内刃着冰，下刀的位置要与左支撑腿的冰刀靠近，下刀的方向要与圆周成切线方向。左腿蹬冰结束后，利用蹬冰的反弹作用抬离地面，大腿带动小腿以"拉收"的动作，向右支撑腿靠近，当两腿膝盖靠近时，开始以左刀尖外刃着冰，然后迅速滚动到全外刃着冰。弯道滑跑的下刀动作要注意圆周运动的特点。下刀除了注意两腿下刀方向与圆周成切线方向外，还要注意到两刀之间的夹角，一般情况下右支撑腿蹬冰时与左腿着冰时两刀之间的夹角为 22°。当左脚蹬冰与右脚着冰时两刀之间的夹角为 25°左右。

4. 惯性滑进动作

弯道的惯性滑进速度要比直道大得多，由于在弯道滑跑是做圆弧切线运动，因为离心力的作用，身体必须始终向内倾倒，冰刀相应也始终与冰面保持着一个夹角，始终给冰面造成一个动态压力。再加上弯道滑跑中两腿交替蹬冰，因此惯性滑进的时间就很短。在惯性滑进中，应该保持身体倾斜角度的相对稳定。由于身体重心纵向运动规律的作用，重心从后部、中部移到前部。

5. 摆臂和全身配合动作

弯道的摆臂与直道相同。但移动重心和维持动力平衡的作用在弯道就显得更为突出。弯道右臂的摆动基本与直道相同，只是后摆时要贴近身体，左臂摆动时要将大臂贴近身体，小臂前后摆动，振幅要小，动作要短促有力。两腿的配合特点是：右腿结束蹬冰后要积极向左腿拉回，同时左腿开始蹬冰，两腿处在交叉内压、边收边蹬的动作过程中，右脚刀在左脚刀前着冰，右膝前屈并作内压动作。左脚蹬冰结束以后也要不停顿地拉收，靠近右脚刀跟着冰，同时右脚开始积极蹬冰，如图 3-6-5 所示。

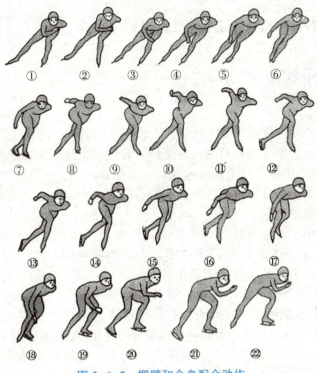

图 3-6-5 摆臂和全身配合动作

6. 进入弯道动作

进入小弯道是右腿滑完直道的最后一步，要给左腿入弯道的第一步创造良好的条件，那就是距小弯道里侧线 2～3 m 的地方开始向弯道里深入。进入大弯道时，要从直、弯道交接处开始以右腿滑进，距大弯道里侧线 1～2 m 的地方向弯道里深入。随着左腿动作的完成，身体要大胆向左倾斜，左脚冰刀靠近右脚冰刀内侧，用外刃带动下刀，身体重心压在支撑腿上，身体不要摆动，注意团身动作。出弯道时的频率要略高些，上体要与滑行方向一致，使整个身体处于稳定的平衡状态，左脚靠近右脚着冰，右腿结束蹬冰，变换支点，左腿支撑身体进入直道。

二、弯道技术的学练方法

1. 圆圈单脚蹬冰练习

双腿弯曲，双肩放松，上体微前倾。用左刀外刃支撑，沿直径 2～3 m 的小圆周滑行，只用右腿蹬冰，身体成一直线向右倾斜。

2. 圆圈交叉步练习

动作同上，但在右腿向左靠拢之前，放松右小腿，使其靠向支撑腿。

3. 弯道连贯动作练习

在场地中心画两个 5～10 m 半径的圆圈，然后沿着逆时针方向开始螺旋形滑跑压步，滑到第二圆圈时直接滑到终点。

4. 协调配合练习

在协调滑跑过程中，腿部一直保持蹲位，滑行中不得站立，尽可能滑远。

第四节　速度滑冰起跑、冲刺、停止技术

一、起跑与冲刺技术

1. 起跑技术

起跑是人体由静到动的过程。这个过程要在较短的时间内，尽快发挥运动员的速度，迅速起动并向途中跑过渡。整个起跑是由预备姿势、起跑和疾跑三个部分组成。

起跑在 20 世纪五六十年代分为侧向起跑和正向起跑两种，近几年又出现了正面点冰起跑。目前我国较优秀的运动员都采用这种起跑姿势。侧向起跑和正向起跑本书不作为重述。下面重点讲一讲正面点冰起跑。

正面点冰起跑技术。运动员听到"各就位"口令后，由预备线外徐徐滑到起跑线后，将左刀尖对着起跑方向，刀跟提起刀尖点冰，右脚距离前脚与肩同宽，冰刀与起跑线约成 30°角，目视前方，身体各部位处于静止状态。听到"预备"口令时，两腿下蹲上体前倾，身体重心放在两脚之前稍偏前一点，前臂自然下垂，后臂略抬起，身体各部位处于第二个静止状态。当听到枪响以后运动员右脚迅速发力蹬冰，将左髋外转刀尖向外跨出一小步，并用刀内刃前半部着冰，重心前移髋往前顶，然后两脚冰刀依次成外"八"字，用冰刀内刃前半部成"切冰式"跑出，步子由小到大，身体重心由高到底，然后通过疾跑和衔接动作，逐渐过渡到正式滑跑。

2. 冲刺技术

冲刺是运动员在比赛中进行最后较量的时刻，也是运动员在到达终点之前身体竭尽全力的时刻。因此要求运动员以顽强的毅力进行最后的拼搏，一鼓作气滑完全程。冲刺时一般采用双臂摆的方法。一般冲刺的距离在 200 m 左右，也可以根据项目和个人的体力情况，适当延长或缩短。

二、停止方法

1. 双脚平行停止法

动作要领：停止时，双脚平行身体稍向一侧（左或右）倾斜，其中一刀以外刃着冰，一刀以内刃着冰，产生阻力，即可停止。

2. 正面内"八"字停止法

在滑行中，身体迅速下蹲，两膝内扣，两刀成"八"字形，刀跟分开，刀尖相对，用两冰刀内刃着冰面，用刀压冰产生阻力，停止滑行。

第五节　速度滑冰规则简介

一、运动员参加比赛的规定

（1）参加比赛的运动员必须佩戴大会发给的号码和标志（内道出发的运动员佩戴浅色标志，外道出发的运动员佩戴深色标志），穿着适合速度滑冰运动特点的清洁、整齐、大方的服装，否则不准参加比赛。

（2）逆时针滑跑与交换跑道。运动员在速度滑冰跑道上是按逆时针方向滑跑的。内道起跑的运动员在每次滑跑到换道区的直道时要转入外道滑跑。同样，外道起跑的运动员要转入内道滑跑，违者将被取消该项成绩。只有在 400 m 标准跑道上比赛，1 000 m 和 1 500 m 在换道区起跑时不换道。其他规格跑道上举行的比赛项目按上述相应规定处理。

二、关于起点召集和判罚的规定

（一）检录的规定

每名运动员出发前的 3~5 min，在起点进行两次点名。未按规定要求到达起点的运动员被认为是弃权。

（二）起跑的判罚

（1）运动员在听到"各就位"口令发出后，运动员应到起跑线与预备线之间直立静止站好。在听到"预备"口令后，应立即做好起跑姿势并保持这种姿势至鸣枪。从运动员完成起跑姿势到鸣枪之间的间隔时间为 1~1.5 s。

（2）起跑前，刀尖不许越过起跑线，可以靠在起跑线上，否则被判为起跑犯规，并给予警告。

（3）起跑一次犯规的运动员在受到发令员一次警告后，如再犯规，则被取消该项比赛资格。

三、滑跑过程中的规定

（1）从进弯道到出弯道，禁止运动员为了缩短距离越过内侧雪线或越过可移动块状物标志的弯道色线，违反这一规定的运动员有可能被取消比赛资格。

（2）不允许为正在比赛的运动员伴跑或带跑。

（3）运动员在同一跑道内前后滑跑时，后者在不妨碍前者的情况下，可以由内侧或外侧超越，如因此发生碰撞，由超越者负责。

（4）在双跑道比赛中，两名运动员滑入同一跑道，不允许后者尾随前者滑跑，被超越者至少要距超越者 10 m 后滑跑，如果违反此规定将受到警告。

（5）在运动员出弯道进入换道区时（此区无雪线或块状标志物），出内道换外道的运动员不能妨碍对手从外道换入内道的正常滑行。如果不是对手表现有妨碍动作而发生了碰撞，则由出内道换外道的运动员负责。

四、到达终点的规定

（1）只有运动员的冰刀触及终点线才被认为完成该项目比赛。

（2）如果运动员在终点线前摔倒，只要冰刀触及终点线后沿或后沿的垂直面或终点线的延长线时，即为到达终点。

第七章 滑雪

第一节 滑雪运动概述

一、起源

据史料考证，6000 前生活在寒冷、多雪的阿勒泰地域（中国）的民族就掌握了滑雪技术，这里是人类最早的滑雪发源地域之一。阿勒泰很多农牧民至今仍运用古代传承下来的毛滑雪板及单木杆雪杖滑雪。

滑雪运动产生于人类征服自然的实践过程中，产生的条件是寒冷、多雪、多山、多林木。滑雪是人基本呈站立姿态，双脚各踏一只滑雪板（或双脚共同踏一只较宽的滑雪板），双手各持一只滑雪杖（或双手共持一只滑雪杖或双手不持滑雪杖），在雪面上滑行（或再辅以其他形体动作）的体育运动。

滑雪运动从历史变革的角度而言，可分为原始滑雪、古代滑雪、近代滑雪、现代滑雪四个历史阶段。

二、发展

（一）世界滑雪运动

20 世纪初叶，伴随着人类社会的进步，社会经济、科技的发展，滑雪运动冲开了原有的局限，经过不断的变革、演化和发展，跳跃式地登上了现代化的历程。现代滑雪运动在完善场地建设、更新器材设备、研究技术理论、参与人口广泛等各领域得以全面发展。竞技滑雪、大众滑雪在近几十年处于突飞猛进的发展之中。在国外，每当进入冬季，各种雪上运动赛事不断，人们可以经常欣赏到滑雪运动员在高山丛林间穿梭跳跃的英姿，使喜爱这一运动的人们大饱眼福。在欧洲及北美洲的许多国家滑雪运动已被众多的普通消费者所接受。如今，滑雪已成为冬季最受欢迎的休闲运动之一。当代滑雪的中心在欧洲，大众参与程度可谓达到登峰造极的程度。其次是北美的美国、加拿大及亚洲的日本。目前，世界五大洲都有国家在开展滑雪运动。在全球范围内，有现代规模的滑雪场 6 000 多个，滑雪人口 4 亿多人，经济发达的有雪国家，约半数以上的人喜爱滑雪运动，滑雪产业年收入逾 700 亿美元。

（二）中国近代滑雪运动发展状况

由于自然与社会等因素，中国的滑雪运动发展缓慢。近代滑雪自 20 世纪二三十年代从俄罗斯及日本传入，当时在牡丹江、黑河、吉林、通化等较大的城市也不乏一些学生及滑雪爱好者们参加滑雪运动。地方当局有时也组织滑雪比赛等活动，但参加者多数为日本人，中国人占少数。中华人民共和国成立后，近代滑雪与中国古老的滑雪运动的变革相结合，以东北地区为主逐步开展起来，群众的表演活动、地方区域性的比赛日趋活跃。1957 年，中国第一次全国滑雪比赛在吉林省通化市举行，从此拉开了中国近代滑雪竞技的序幕。

1980 年，中国代表团参加了第十三届冬奥会，标志着中国的现代滑雪运动开始起步。群众性的旅游休闲滑雪自 20 世纪末期也逐步展开。目前，中国的滑雪运动虽然在诸多领域较外国先进国家存在着很悬殊的差距，但也有了长足的进步，其中空中技巧项目已获得冬奥会银牌和世锦赛冠军，并多次获得世界杯冠军，冬季两项的成绩也跃居世界前列。在中国现代竞技滑雪实力不断增长的同时，大众滑雪及滑雪产业也于 20 世纪末开始迅速发展。

第二节　滑雪运动的分类

一、高山滑雪

高山滑雪起源于阿尔卑斯山区，故又称"阿尔卑斯山项目"或山地滑雪。分滑降、回转、大回转、超级大回转和两项全能及三项全能等六项比赛。比赛均在海拔 1 000 m 以上的高山进行。起点和终点的垂直高度为 800~1 000 m。高山滑雪是人体在高速运动的情况下，一项勇敢、敏捷的滑雪项目。要求高超的滑行能力、娴熟地穿越障碍的技巧及强大的专项力量。男女项目相同，女子项目难度较男子低。

二、越野滑雪

越野滑雪起源于北欧，故又称"北欧项目"。运动员使用越野滑雪板，在起伏多变的丘陵地带运用登山、滑降、转弯、滑行等基本技术，按规定的线路、距离、高速滑跑，以时间最短者为优胜。是一项比意志，比耐力，比各种滑行技术正确运用的滑雪项目。

根据国际滑雪联合会规定，在冬季奥运会和国际滑雪比赛中，男子有 15 km、30 km、50 km 和 4×10 km 越野滑雪接力，两项全能（15 km 越野滑雪和 70 m 跳台滑雪）；女子有 5 km、10 km、20 km 和 3×5 km 越野滑雪接力等八个项目。

越野滑雪的单项比赛以到达终点的时间确定名次。团体赛以每队队员滑完全程的时间之和计算成绩、名次。

三、跳台滑雪

跳台滑雪简称跳雪，是冬季奥运会比赛项目之一。运动员足着特制滑雪板（2.30~2.70 m，宽 11.5 cm，板底有 3~5 条方向槽），不持雪杖，不借助任何外力，以自身体重从起滑台起滑，经助滑道获得高速（110 km/h），于台端飞出，使身体跃入空中，并沿抛物线在空中飞行，再滑落于倾斜的山坡上，继续下滑至坡下平地的终点区为止。然后根据从台端到着陆坡的飞行距离和动作姿势评分。依据评分表换算得分，决定名次。

按国际滑雪联合会规定，在冬季奥运会及世界滑雪锦标赛的跳雪比赛中，设有 70 m 级和 90 m 级台的两个跳雪项目。

跳雪运动员必须具有勇敢、坚定、沉着的意志品质，具有爆发力强、灵敏性强与平衡能力强的身体素质，因此被称为是一项"勇敢者的运动"，是一项壮观、惊险的滑雪运动。跳台滑雪只有男子项目。

四、冬季两项

冬季两项是越野滑雪和射击两个运动项目结合在 2.5~5 km 的越野滑雪线路上及特定的射击场上比赛的冬季雪上运动项目。要求运动员身背专用的小口径步枪，每滑一段距离进行一次射击，最先达到终点者即为优胜。

冬季两项只有男子项目，分成年组，20 km 越野滑雪加四次射击，10 km 越野滑雪加两次射击，团体 4×7.5 km 越野滑雪加两次射击；青年组，15 km 越野滑雪加三次射击，10 km 越野滑雪加两次射击，团体 3×7.5 km 越野滑雪加两次射击。冬季两项是从 1960 年第八届冬季奥运会开始被列入正式比赛项目的。

第三节　滑雪基本技术

一、平地滑行技术

（一）初学者的技术

1. 站立姿势

滑雪的基本站立姿势应放松、自然，如图 3-7-1 所示。

图 3-7-1

2. 向前直线移动

第一次上雪的滑雪运动员，必须首先适应穿滑雪板在雪地上行动的条件与要求。按着陆地走步的习惯，练习穿板向前移动。运动员可双手不持杖，两板间距 15 cm，像在陆地上一样，两板交替向前行走（两手也同样摆动配合）。开始时步幅要小些，但可以逐渐增大，直到身体重心落在一只走板上后，能向前滑动一定的距离时即可，如图 3-7-2 所示。

图 3-7-2

3. 跌倒后的起立方法

初学者在上雪后，必然会遇到跌跤和跌跤后再起立的问题，起立要按下列要领进行：上体坐起，尽量屈膝并使双板平行与上体正面约成直角，靠近臀部。用单手或双手将上体推起至下蹲位，如果用手不方便，也可用双杖支撑上体至下蹲位，最后站起。

4. 变换方向

运动员穿着雪板，在原地要转向某一角度的方向时，可用跨步转向法。即将双板按着正"V"或倒"V"的方法，陆续跨步转向某个方向，如图 3-7-3 所示。

图 3-7-3

如已通过反复练习，基本上掌握了雪板性能后，无论在平地或坡地，欲转向 180°时，可用踢板转向法，变换方向。

5. 蹬动滑进

这种不持杖的滑行方法，是传统技术中各种滑行方法的基础。在进行这种练习时，随着向后蹬动力的逐渐增加和身体重心逐渐完全落在滑行板的脚上时，滑行距离开始延长。蹬动完成后，随着脚带动了板尾向上抬起，身体重心又变为落在滑行板的脚上，上体随着前倾，另一侧手臂也摆到前方而形成快速向前滑进的姿势。此时，视线应落在前方 6~7 m 的地方。

（二）二步交替滑行

二步交替滑行是滑雪传统技术中最常用的一种滑行技术，如图 3-7-4 所示。

上体前倾，左脚用力向下后方蹬动（最后雪板抬起），身体重心已落在右脚上，向前滑行右膝微屈，左臂尽量向前摆出，使杖尖落在右脚尖一带。左手用力向下后撑杖，同时左脚向前跟出，身体重心快速移向左脚。两膝进一步蹲屈，身体重心完全移至左脚上，右脚开始蹬动，手继续前摆，蹬动幅度为 70~75 cm。遇到较缓的坡地时，仍可用此法滑进，要点是：

图 3-7-4

防止向后滑脱,加快频率,步幅缩小至 40~50 cm,摆杖向前的幅度也应稍小,可落在前脚的脚跟一带。

常见错误动作:单脚滑行时,由于膝部弯曲不够,而形成身体重心落后,影响滑进距离。

(三) 同时推进滑行

两板平行,两杖同时推进向前滑行的方法,如图 3-7-5 所示。

图 3-7-5

两臂放松向前摆动,当两手的高度超过肩部时,暂停休息,接着将两杖落在脚尖稍前处。随着滑进速度的加快,撑杖频率也应加快,两杖尽量向前摆动,可将杖尖指向雪板尖稍后处,接着将上体重量放在两板上并用力向后推撑,使体重与臂力合成为向后推撑的力量。两杖向后推撑,手部通过腿部时,应将高度降至膝关节的高度,效果更好。

二、蹬坡滑行技术

(一) 直线蹬坡

动作要领:原则上可用平地滑行的方法,重要的是防止滑雪板向后滑脱,为此要打好蜡,缩小步幅,加快节奏,膝微弯曲,重心移动扎实。

(二) 斜线蹬坡

斜线蹬坡,即直线斜上蹬坡,以缓冲登坡的倾斜度,如距离长,可走"之"字线路。

动作要领：注意用两脚上侧一方的板刃，稍用力刻进雪面。雪杖前摆勿过前而应落在前后脚中间一带，后方雪杖支撑身体防止向后滑脱。

（三）八字踏坡

动作要领：用两雪杖交替支撑于身体后方，防止向后滑脱。支撑脚滑雪板内刃，确实刻进雪面并支撑体重，另一只脚迈向前方。迈向前方脚的滑雪板，注意勿踏在另一只板尾部并用内刃着地，身体重心随之移至此脚上，另一只脚再迈向前方。坡度大，两板开角亦大，反之亦小。

三、下坡滑行技术

（一）横向滑降

动作要领：呈斜线滑降姿势站立，通过膝关节的伸、屈动作并放松滑雪板的立刃程度，使全身横向下方滑降。滑降过程中，如重心稍前移，则向斜前方横向下滑，后移则向斜后横向下滑。全身基本上保持"外倾"姿势。

（二）犁式滑降

运动员将两滑雪板尾部向两侧分开，沿着山坡直线向下制动滑降的方法。两板尾分开后，从外形看类似农家犁田用的犁头，故称"梨式滑降"。

动作要领：两膝及踝关节微屈，为便于用内刃下滑，两膝微向内侧压进，体重落在两板上，通过两板用刃及改变两板尾部分开程度，调整下滑速度。

（三）半犁式转弯

运动员在犁式滑降的基础上，将体重移向一侧板内并用内刃；另一侧板放平不用刃，身体转向未制动一侧的转弯方法。

动作要领：通过将胯部向左右移动，使重心落在一侧板上。

一侧板承受体重并用内刃时，另一侧板必须放平不用刃，以保持身体协调转弯。

（四）跨步转弯

与平地改换雪辙的动作基本一致，只是在缓坡地段向某个方向多做几次而已。

动作要领：重心移过去后，撑杖、跟板，外侧脚开始划弧。内侧脚跟上，成平行。

（五）双板平行转弯

在保持平行的情况下做转弯的方法，属于高级动作。

动作要领：在诸要领中，关键是要充分地上提重心，为此必须做到：转弯时将膝部向前和向山侧压，双板用刃同时将谷侧杖尖插向脚尖前部。接着以它为支点，向上提重心，两板变为平刃，再将重心落在两板尾部并使之立刃划弧转向，不要将体重只落在谷侧板上。

（六）左右连续小转弯

与双板平行转弯基本相同，只是转的弯小和频率加快，是连续进行的。

动作要领：与双板平行转弯动作要领基本相同，只是转弯小、速度快。达到转弯小、频率快的关键是靠膝部的屈伸及踝部的变刃。

第四节 滑雪装备器材

一、滑雪板

现代越野滑雪的滑雪板，由木材玻璃钢、硬塑料及金属合成。蕊材为木材，表面及滑行面由硬塑料及玻璃钢合成。滑行面的刃部有的由金属制成。规则规定滑雪板最长不得超过 2.30 m，滑雪板宽度为 4.4~5 cm，厚度最大不超过 3 cm。对重量及外形没有限制。

二、雪杖

滑雪的雪杖，由铝合金或玻璃钢制成，重量轻并坚固不易折。雪杖的上端有握革及革套，下端为金属制尖端。由尖端往上约 6 cm 处，有圆形或半圆形及少半圆等形状的圈档，用以防止雪杖过深插入雪中。规则对雪杖的长度不限。

三、雪鞋及固定器

滑雪的雪鞋由皮革特制，具有轻便、柔软、耐寒及防潮等性能。鞋腰高低适当，鞋底前端特殊，必须与滑雪板固定器配合使用，以便控制滑雪板。固定器必须安装在滑雪板前后平衡线稍后部位，以保持在抬脚时滑雪板紧密附着鞋底。

四、太阳镜

在冬季晴朗的天气条件下，特别是在郊外原野，大气中尘埃少，显得格外阳光灿烂，再加上白色雪地的反射，运动员的眼睛要遭受阳光中紫外线的强烈照射，时间长会引起眼部结膜发炎而导致视力障碍，即雪盲症的发生。特别是高原地区，紫外线照射的强度更大，如在 1 800 m 的高度，则强度可增加 3 倍。因此，必须戴太阳镜，以保护眼睛，防止发生雪盲症。

第八章　户外运动

户外运动是指以自然环境为场地的、带有探险性质或体验探险性质的体育活动项目群。户外运动能够在兴奋和刺激中激发人的潜能，有助于提高参与者克服困难的勇气和决心，在活动中完善人格、培养团队精神，使人既可重塑人际关系，又能尽情享受自然风光。近年来，户外运动已成为全民健身中非常受欢迎的项目，成为人们娱乐、休闲和提升生活质量的一种新的生活方式，各种形式的户外活动和比赛在全世界如火如荼地开展起来。

第一节　爬　山

爬山既可以锻炼身体，又可以陶冶人的情操，达到休闲、娱乐的目的。爬山运动是在特定的地理环境中，从低海拔的平缓地带向高海拔山顶进行攀登的体育运动。爬山是一种较为缓和的运动，不同于挑战极限的登山运动。爬山作为一种户外运动，对身体的有利因素是多方面的。它既是有氧运动，又有力量练习的成分，而且运动量、运动强度可以根据自己的体力、身体素质进行调节，爬山者还可以享受到大自然的风光。可以说，爬山是一项健身作用较全面而危险性相对较小的锻炼方式，所以受到不同年龄人群的喜爱（图3-8-1）。

图 3-8-1　户外运动——爬山

一、爬山运动的相关知识

为了安全有效地开展爬山活动，在准备爬山前，我们应该了解掌握一些基本知识。

（一）高度和温度

爬山运动是从平缓地带逐渐向较高海拔山峰进行攀登的体育活动。随着攀登时高度的增加，山上的气温也会发生变化。一般情况下，山的高度每增加 100 m，温度要下降 0.6 ℃；

风速每增加 1 m,人体体感温度要下降 1 ℃。因此每次爬山前,应根据山的高度,提前掌握温度差,以便准备好服装。

(二) 高度与气压

海拔越高,空气越稀薄,大气压就会降低。大气的压力取决于空气的重量,所以,从低海拔向高海拔过渡时,大气密度变得越小,压力就越低。随着大气压的降低,氧在大气中构成的压力也相应按比例降低。这样会造成人体的血氧饱和度降低,机体将会出现缺氧症状,即低压缺氧,这一现象的出现会对人体产生不良影响(表3-8-1)。

表 3-8-1　高度与气压对照表

高度/m	0	500	1 000	2 000	3 000	4 000	5 000	6 000
气压/mmHg[①]	760	716	674	596	525	462	405	354

在地理学上,海拔 500 m 以上的地区被称为高原。而在医学上,2 000 m 以上地区我们才称之为高原。当人进入到 2 000 m 以上地区时,人体才开始出现低氧性肺动脉升高、心率加快等不良反应。高山病又称为"高山适应不全症"。当进入到海拔更高的地区(3 000 m 以上)时,人会产生一系列临床综合征。因个体差异不同,一般情况下,3～10 天后,高原综合征会减轻或消失。如果症状加重,应及时下山进行治疗。

(三) 高度与氧气

从表 3-8-2 可以看到,随着山的高度增加,大气中的成分会发生相应的变化。其中,氧的浓度随高度的增加而不断下降,当到达 3 000 m 时,氧的浓度下降了 27.6%,这时容易产生使机体老化的氧自由基。氧自由基破坏 DNA,造成机体细胞衰老、死亡。所以,爬山时不要吸烟,最好服用维生素 E 等抗氧化剂来减少氧自由基的生成。

表 3-8-2　高度与氧气对照表

高度/m	二氧化碳/%	氢气/%	氧气/%	氮气/%
0	0.03	0.01	20.96	77.14
500	0.03	0.01	20.95	77.89
1 000	0.03	0.01	20.09	78.02
2 000	0.01	0.04	18.10	81.24
3 000	0.01	0.16	15.18	84.26
4 000	0	0.67	12.61	86.42
5 000	0	2.76	10.17	86.78
6 000	0	10.68	7.69	81.22

(四) 高度与紫外线

空气密度和水汽随着高度的增加而降低,空气中的烟尘等污染减轻,太阳辐射强度加

---

① 1 mmHg≈133.322 368 421 05 Pa

大，紫外线辐射增强。根据有关资料：海拔每升高 100 m，紫外线的辐射量便增加 3%～4%。当到达海拔 5 000 m 的高度时，紫外线的辐射量是平原地区的 300%～400%。为防止紫外线灼伤皮肤，在户外运动时必须做好保护措施，擦防晒霜、戴遮阳帽等。

二、爬山运动前要制订计划

爬山运动能增强体质，提高对疾病的抵抗力。但是，如果方法不对，不仅不能达到上述的目的，反而会影响健康。所以，为了安全有效地开展爬山运动，应制定符合自己身体状况的计划。

（一）了解自己的身体状况

制订爬山计划之前，首先要了解自己的身体状况。目前常用的测试方法，是美国运动专家肯尼斯·库柏博士的 12 min 跑。库柏通过几万例的数据采集和统计分析，对 13～70 岁的人进行科学研究。方式不限，可跑可走，或走跑交替，最好看完成的距离和结束时的心率（表 3-8-3）。

表 3-8-3　12 min 走或跑体能评价表

组别	体能划分	30 岁以下	30～39 岁	40～49 岁	50 岁以上
男子	很　差	1 600 m 以下	1 500 m 以下	1 400 m 以下	1 300 m 以下
	不及格	1 600～1 999 m	1 500～1 799 m	1 400～1 699 m	1 300～1 599 m
	及　格	2 000～2 399 m	1 800～2 199 m	1 700～2 099 m	1 600～1 999 m
	良　好	2 400～2 799 m	2 200～2 599 m	2 100～2 499 m	2 000～2 399 m
	优　秀	2 800 m 以上	2 600 m 以上	2 500 m 以上	2 400 m 以上
女子	很　差	1 500 m 以下	1 400 m 以下	1 200 m 以下	1 000 m 以下
	不及格	1 500～1 799 m	1 400～1 699 m	1 200～1 499 m	1 000～1 399 m
	及　格	1 800～2 199 m	1 700～1 999 m	1 500～1 799 m	1 400～1 699 m
	良　好	2 200～2 599 m	2 000～2 399 m	1 800～2 299 m	1 700～2 199 m
	优　秀	2 600 m 以上	2 400 m 以上	2 300 m 以上	2 200 m 以上

（二）明确爬山的目的

以锻炼身体为目的的爬山运动，是有别于竞技性运动的。明确了目的，才能掌握好锻炼的方法、时间、强度等。

（三）制定爬山路线

根据爬山的目的，爬山者要了解自己的身体状况、身体素质等，以便制订出安全可行的行动路线。大学生以健身为目的的爬山运动，有别于登山、攀岩等运动，因此，不提倡去攀爬鲜有人知的荒山等，应尽量选择离自己居住地较近、交通方便的地方，以确保安全。

（四）注意事项

（1）体质孱弱或病后初愈，以及患有心血管病（如血压较高、冠状动脉有供血障碍而代偿功能较差者)、头晕、胸闷、心悸的老年人，均不宜参加爬山运动。

(2) 爬山运动前，需勘察（或查询）地形、地貌，了解山地结构和高度，探明险要地段，如山岩和草木丛生地区。

(3) 山地如夹杂沙土、碎石、浮石，或生长灌木等野藤植物，攀登时不可乱抓不牢固的草根或树枝。攀爬如不慎摔倒，宜面向草坡趴下作自我保护。

(4) 爬山运动途中出现气喘、缺氧时，不可勉强登进，可在原地停歇，并做 10~12 次深呼吸。直至呼吸恢复均匀后，再慢速前进。

三、爬山运动前的准备

(一) 心理准备

爬山者应该具有清醒的头脑，以及乐观、从容、稳定的心态。争强好胜会导致盲目自信，不能正确估计自身的极限以及周遭环境。特别是在集体活动中，更应该遵从大家的建议，不要脱离集体，否则容易陷入险境。但也不能缺乏自信，没有克服困难的勇气和决心，这样会直接影响锻炼效果，同时影响集体。

(二) 物质准备

爬山运动多数情况下是在野外进行，所以事先必须准备好应急用品。应急用品要实用、便于携带，要根据季节、行程、环境等的不同进行调整（表 3-8-4）。

表 3-8-4 爬山运动需携带的物品

携带物品名称	用　途
双肩背包	装入爬山运动所需物品
毛　巾	擦汗或意外受伤包扎伤口
速干内衣	避免着凉
抓绒外套	山上山下有温差
食　物	补充能量
水　壶	补充体内水分
急救药包	创可贴、绷带等根据个人情况准备
应急用品包	刀、蜡烛、防风火机、绳子、哨子、高锰酸钾（消毒）
手　机	便于与外界联系
垃圾袋	爱护环境

四、爬山的技巧

(一) 准备活动

爬山运动前，先做些简单的热身运动：先慢跑，然后活动关节，拉伸肌肉。虽然是简单的准备活动，但可以促使机体尽快进入活动状态，确保在爬山运动时不会因突然发力而受伤。

(二) 步行方法

爬山运动是以徒步作为行为方式的身体活动。所以，上山时，上体要放松并稍前倾，两膝自然弯曲，用全脚掌或脚掌外侧着地，两臂配合两脚、两腿动作协调有力地摆动，同时根据自己的身体状况，调整步幅及体力。上山时，步幅要小一些，充分利用腿部肌肉的韧性，使肌肉保持持续缓慢的运动，以延缓肌肉疲劳的出现。上坡时，要尽量保持呼吸与运动的协调，可采取呼吸一次，走一步或两步的方法。如果不习惯，也可以强迫自己呼吸，只需大口地吹气即可。呼出的气体越多，吸入的也越多，这样能加强心肺的功能，使全身肌肉中的细胞充分地工作。下山时，上体正直或稍后仰，膝微屈，脚跟先着地，两臂摆动幅度稍小，身体重心下移。要避免踩踏浮动的石头，以免摔倒而引发意外事故。下山时因惯性因素，不要走得太快或奔跑，防止挫伤关节或拉伤肌肉。若坡度较大时，下山可沿"之"字形路来缓解坡度对自己的影响。

(三) 运动量

爬山时的心率计算方法：$(220-年龄) \times (0.6-0.8)$。爬山时，要根据自己的身体状况，合理安排运动量。如果运动量过大，超出身体负荷，血液中的乳酸增多，会造成过度疲劳，引起不良反应，影响健康，也就失去了锻炼身体的初衷。

(四) 补水

爬山运动是一项持续时间较长的全身运动，运动量较大，出汗多，身体中水分消耗也增多。资料显示，在爬山运动中，1 kg/h 约消耗 5 mL 的水分。比如体重 60 kg 的人运动 3 h，身体的脱水量大约是：$5 \times 60 \times 3 = 900$（mL）。这说明爬山运动中对水分的消耗是非常大的。饮用水的种类有矿泉水、茶水、果汁、运动饮料等。

(五) 休息与放松

在爬山运动过程中，要合理安排休息时间，利用短时间来调整准备、补充能量、确认方向以及行走路线。行走一段时间后，要适当地休息片刻。休息时应摄取一些能转化为能量的糖类，补充身体能量，恢复体力。由于每个人的体质不同，所以休息时间长短应根据个人情况决定。

爬山运动结束后，不要马上停止运动，否则会阻碍下肢血液回流，影响血液循环，加深机体疲劳，严重时甚至会导致休克。因此，在运动结束后，应调整呼吸节奏，做放松、调整活动，促使四肢血液回流到心脏，加快体能恢复，消除疲劳。此外，由于运动时大量出汗，内衣被汗弄湿，容易着凉，所以要注意运动后的保暖。不要为了凉快和解渴而贪吃大量冷饮，不要立刻吃饭、吸烟等。

第二节 野外生存

野外生存作为高校体育课的拓展项目，是把传统的学校体育课内容中的跑、跳、投、球类、健美操等基本内容，扩展到社会和大自然，是亲近自然、适应野外活动的一种能力。参加野外生存训练，可以培养学生团结友爱、互帮互助的合作精神，使其认识自我并挖掘自身潜能，树立战胜困难的决心和勇气，培养学生爱护大自然的环保意识（图 3-8-2）。

图 3-8-2　户外运动——野外生存

一、野外生存的锻炼内容

野外生存最早源自美国中西部，是由野战游戏演变而来。在短短的几年里，这种户外活动迅速普及全球世界，也成为现代大学生喜爱的活动。

（一）负重登山

每人一个背包，背包重 10~15 kg，徒步进行山地穿越。要求所有参训人员没有意外情况不许掉队，不许弃包，将每一个肩上的背包视为人生的责任。

（二）徒步穿越

行进在山地、林间、峡谷、溪流、小路、陡坡等地方，难度和强度各不相同，安全可靠，里程 10~40 km。要求参训人员必须共同协作、团结友爱，不要有消极言论及掉队现象。

（三）野外露营

要求大家分工明确，各司其职：修建营地、架设帐篷、寻找干柴、埋锅做饭等。最后离开前收好宿营地周围的垃圾。

以上三种运动安全性高，适合在校大学生组织集体活动。目的在于使学生体验人生的艰辛，不轻言放弃，培养其顽强的意志品质，使学生树立坚持到底的信念。同时，提高参训人员的团队协作意识和友爱的精神。

二、野外生存的基本特点

野外生存都是在露天条件下进行的，环境的变化是野外生存首先应考虑的因素。活动区域所在的位置，如经纬、地形、地貌、交通、通信等条件，以及活动期间的季节、气候等因素，都必须在活动前进行仔细研究。由于野外活动是短暂的、临时性的，这就决定了户外装备具有很强的简易性和目的性。

三、野外生存的计划

在开展野外生存活动之前，必须制订一个详细的活动计划。制订计划一方面可以明确野外生存的目的，另一方面可以确保组织者考虑问题周全。野外生存的计划应包括：活动内容、活动原则、人员组成、分工、活动路线以及日程等。

四、野外生存活动的准备

准备工作包括：针对活动项目的专项技术和体力锻炼、食品及物资装备、经费预算，以及保险等。

（一）活动路线及日程安排

路线的安排要有明确的目标性，不能一味地求偏、求难，要根据参加人员的年龄、性别、身体素质等来设计。日程安排一般为2天，尽可能不超过3天。

（二）专项技术训练

野外生存项目中具有技术成分的内容，应在专业人士的指导下，进行有针对性的学习与训练，包括打包、扎营、生火、做饭等。活动技能则包括走、跑、跳、攀爬、涉水、负重以及急救知识等。

（三）食品及物资装备

根据人数和活动的内容、时间，列出所需物品的清单，分工进行准备。物质装备包括帐篷、背囊、炊具、睡袋、衣物、刀、地图、药品等，食物准备应确保略有富余。

（四）经费预算

出发前应认真考虑经费多少、如何开销；本着够用、节约、略有富余的原则，在组织活动前应向参加人员说明。经费由专人负责，明细记载，据实报账。经费用途主要是：租赁用具、食物、交通、药品、保险、门票、剩余费用。

（五）积极参加保险

组织者事先应给所有参加活动人员办理意外伤害保险，同时根据个人情况选择其他险种。出发前必须拿到所购买的保险单据，避免出现事故后产生纠纷。

五、野外生存的注意事项

（一）注意安全

安全第一是野外生存必须遵循的首要原则，保证参与者的安全是野外活动的前提。组织者必须精心策划，同时加大安全意识的宣传力度。如：交通安全；上下山时，防止因蹬踏松散石头而滑倒，或使石头落下伤到他人；过草地、穿越树林时，应防虫咬，或队员行进时前后距离太近而导致树枝打眼睛；野炊时防止火灾，用完之后应等火完全熄灭后再离开；等等。

（二）健康检查

进行野外生存活动前，必须充分考虑个人的健康状况，进行一些必要的健康检查，如对心血管系统和肺功能的检查，以便决定能否参加野外活动。

（三）结伴而行

进行较远距离的野外生存活动，或带有一定危险性以及陌生地方的野外生存活动，最好结伴而行，这样彼此之间可以互相帮助，避免发生危险。万一发生意外，也可以互相求助或及时报警。

（四）分工合作

各尽其职，做好自己分内的工作，同时尽量使人员搭配合理。

（五）注意着装

着装要宽松舒适，便于活动，鞋子要略大一号，穿合适的棉袜，最好不要穿新鞋。

（六）高原反应

高原反应是海拔高、空气稀薄、气压低、空气中的氧气较少的情况下，人体出现的不适感觉和症状。当人进入高原地区（海拔 2 000 m 以上）时，就会感到气短、呼吸加快。随着海拔的增加，继而出现头晕、胸闷、恶心、四肢无力等症状。一般来说，人的适应能力是很强的，出现高原反应症状后不需要任何治疗，2~3 天后便可自然恢复。

克服高原反应的方法：

（1）食用巧克力、糖等高热能食物，有利于克服缺氧造成的不良反应。

（2）如果出现头晕、恶心等轻微的碱中毒症状，可适当饮用些酸性饮料。

（3）不要饮酒，以免增加氧的消耗量。

（4）注意保暖，避免上呼吸道感染。

六、野外生存求生、求救知识

进行野外活动时，有时候难免遇上意外情况，因此掌握一些基本的求生知识，对于野外活动，特别是单独进行的野外活动尤为重要。

（一）常见的求生知识

1. 被毒蛇咬伤

如被毒蛇咬伤，受伤部位会出现出血、局部红肿和疼痛等症状，如果不及时处理，严重者在短时间内就会死亡。这时应采取以下措施：保持镇静，原地休息，减少运动，防止毒素向全身扩散；将止血带、随身带的绳子在伤口的上方扎紧，以阻断静脉血和淋巴液回流，防止毒素扩散；用生理盐水、凉开水、矿泉水冲洗伤口，有条件可用双氧水或 0.1% 浓度的高锰酸钾冲洗，也可以用肥皂水冲洗；用两手挤压伤口，或利用各种吸引器在伤口吸毒。紧急情况下可用嘴吸吮（注意口腔、牙龈应无破损），边吸边吐，再用清水、淡盐水或酒精漱口。如果毒液吸出困难，可将伤口作十字形切开后再吸出；按说明书口服或外用随身携带的蛇药。

2. 被昆虫叮咬或被蜜蜂蜇伤

一般情况下，涂上风油精、万金油或口水，都能起到消炎止痒的作用。遭遇毒性较大的蝎子或蜘蛛袭击后，按被蛇咬的方法处置。

被蜂蜇伤，首先应检查蜂尾的毒腺及蜇针是否还在伤口上。如在伤口上，应用小镊子或小钳子连根拔除，不要用手掐。用醋酸涂伤口，或将野菊花叶、夏枯草捣烂敷伤口。

3. 骨折或脱臼

用夹板固定后冷敷。从山坡上摔下来伤情较重时，将伤者放在平坦而坚固的担架上固定，不要让身子晃动，然后将伤者快速送往医院。

4. 食物中毒

吃了腐败变质或有毒食物时，除了会有腹痛、腹泻，还会伴随发烧和精神恍惚等症状。应多喝些水，也可采取催吐的方法，让中毒者将食物吐出来。

5. 迷失方向

在穿越森林时若迷失方向，如果没有带指南针的话，只要能够看见太阳，就可利用太阳定方向，再决定行走的方向。万一看不到太阳，可以找一棵树桩观察，年轮宽的一面是南方；观察树叶，枝叶茂盛的是南方，稀疏的是北方；观察蚂蚁的洞穴，洞口大都是朝南的；观察岩石，布满青苔的一面是北侧，干燥光秃的一面是南侧。或者用手表来辨别方向，将时针所处的时间除以 2，把所得的商对准太阳，则表盘上"12"所指的方向是北方。

6. 落入沼泽中

在沼泽地行走，要事先准备好一根较长且较粗的木棍，做探路用。如果陷入沼泽坑内，切记不要乱动，此时将随身带的木棍横放在沼泽坑上面，身体再慢慢卧在木棍上，并沿棍爬动。待双脚拔出坑内后，整个身体横向滚动，离开沼泽坑。

7. 中暑

立即移至阴凉通风处，解开衣服，安静休息。症状轻者，可给予清凉含盐饮料，让其口服人丹、十滴水等。症状重者，要迅速降温，用风扇、冷水、冰水或酒精为其擦身，直至皮肤发红；头、颈、腋下及腹股沟处应放置冰袋。也可将患者头部外浸在 4 ℃的水中，并不断按摩其四肢皮肤；有抽搐者，注意保持呼吸道通畅，直至症状消失为止。

（二）常见的求救信号

1. 烟火信号

烟火信号是最常见的求救方法。

2. 光信号

白天用镜子反射阳光，向可能的居民区或空中的救援飞机反射间断的光信号，光信号最远可传到 16 千米。夜晚用手电筒，采取"三长两短"方式，向求救方向循环发射。

3. 旗语信号

将一面旗或一块色泽艳丽的布系在木棒上，在左侧长划，右侧短划，并加大动作的幅度，做"8"字形运动。

4. 声音信号

利用可发声的物品发出声响，在树林中可以用斧子、木棍等击打树木发出响声，引起他人注意。

5. 国际通用的求救信号 SOS

在相对开阔的区域内摆放石块，在积雪上踩出字样，或在海滩上划出求救信号。

6. 现代求救信号

随着科技的发展，各种现代求救设备逐渐普及，如信标机、无线电通信机、卫星导航等设备。如果条件允许，可以逐步配备这些现代设备。

第三节　攀岩运动

攀岩运动是一项不用攀登工具（攀登工具仅起保护作用）而仅靠手脚和身体平衡来攀

登陡峭岩壁或人造岩墙的竞技性运动项目。攀岩者在各种高度及不同角度的岩壁上，连续完成转身、引体向上、腾挪甚至跳跃等惊险动作，集健身、娱乐、竞技于一身，是一项刺激而不失优美的极限运动，被全球的攀岩迷们称为"峭壁上的芭蕾"（图3-8-3）。

图3-8-3　户外运动——攀岩

一、攀岩运动的起源和发展

最早的攀岩者当然是远古的人类。可以想见的是，他们为了躲避猎食者或敌人，在某个危急的时候纵身一跃，从此成就了攀岩这项运动。而人类最早的攀登记录，是公元1492年法国国王查理三世命令 Domp Julian de Beaupre Captain of Montelimar 去攀登一座名为 Inaccessible 的石灰岩，塔高为304 m。当时他们就带着简单的钩子和梯子，凭着经验和技巧登顶成功。那座山后来被命名为 Mt Aiguille，那次攀登成为历史上第一个有记录并使用装备的攀岩事件。然而之后长达几百年的时间里，历史上一直没有再留下人类新的攀登记录。

一直到了17世纪中期，人们攀登高山的活动开始重新被记载下来。冰河地形以及雪山成为这些早期登山者主动迎接的挑战，而他们的足迹遍布阿尔卑斯山区。在1850年的时候，登山者已经发展出一些简单的攀登工具，以帮助他们通过岩壁和一些冰河地形。比如有爪的鞋子和改良过的斧头和木斧，这些都是现在冰爪和冰斧的前身。

在阿尔卑斯山区，有另外一些人尝试不过多依赖工具，而是运用他们自己的身体来攀登高山。1878年，George Winkler 成功首攀 Vajolet Tower 西面。虽然 George Winkler 使用了钩子且鞋子也经过改良，但他仍算是开创了自由攀岩的先河。

进入20世纪80年代，以难度攀登而闻名的现代竞技攀登比赛开始兴起，并引起人们广泛的兴趣。1985年在意大利举行了第一次难度攀登比赛。1988年6月国际竞技攀登比赛在美国举行。1989年首届世界杯赛分阶段在法国、英国、西班牙、意大利、保加利亚和苏联举行。运动员参加各地比赛，最后累计总成绩，进行排名。世界杯攀登比赛每年举行一次。中国于1987年在北京怀柔登山基地举办了第一届全国攀岩邀请赛，此后每年一届。随着攀岩运动的蓬勃发展，国际攀联在各大洲成立委员会，组织洲内地区性大赛。"亚洲攀委会"1991年1月2日在我国香港成立，第一届亚锦赛1991年12月在香港举行。

二、攀岩装备

攀岩的装备器材是攀岩运动的一部分，是攀岩者的安全保证，尤其是自然岩壁的攀登。

因此，平时要爱护装备并妥善保管。攀岩装备分为个人装备和攀登装备。

（一）个人装备

个人装备指的是安全带、下降器、安全铁锁、绳套、安全头盔、攀岩鞋、镁粉和粉袋等。

1. 安全带

攀岩用安全带与登山用安全带有所不同，属于专用，并不适合登山；但登山用安全带可在攀岩时使用。我国大部分攀岩者多使用登山安全带，这是因为国内没有攀岩用安全带生产厂家，而攀岩爱好者又往往是登山人，于是两种安全带也就混用了。

2. 下降器

8字环下降器是最普遍使用的下降器。

3. 安全铁锁和绳套

安全铁锁和绳套作为攀登过程中休息或进行其他操作时的自我保护之用。

4. 安全头盔

一块小小的石块落下来，砸在头上就可能造成极大的生命危险。因此，头盔是攀岩的必备装备。

5. 攀岩鞋

攀岩鞋是一种摩擦力很大的专用鞋，穿起来可以节省很多体力。

6. 镁粉和粉袋

手出汗时，抹一点粉袋中装着的镁粉，立刻就不滑手了。

（二）攀登装备

攀登装备指绳子、铁锁、绳套、岩石锥、岩石锤、岩石楔（chock），有时还要准备悬挂式帐篷。

1. 绳子

攀岩一般使用 $\phi 9\sim 11$ mm 的主绳，最好是 11 mm 的主绳。

2. 铁锁和绳套

铁锁和绳套是连接保护点、下方保护攀登法必备的器械。

3. 岩石锥

岩石锥是由固定于岩壁上的各种锥状、钉状、板状金属材料做成的保护器械。可根据裂缝的不同，而使用不同形状的岩石锥。

4. 岩石锤

岩石锤是钉岩石锥时使用的工具。轻巧、易掌握，是可以有效节省时间的攀岩装备。

5. 岩石楔

岩石楔与岩石锥的作用相同，但它是可以随时放取的固定保护工具。

6. 悬挂式帐篷

悬挂式帐篷是准备在岩壁上过夜时所使用的夜间休息帐篷，须通过固定点用绳子将其固定保护起来，悬挂于岩壁。

（三）其他装备

其他装备包括背包、睡具、炊具、炉具、小刀、打火机等用具，视活动规模、时间长短和个人需要来携带。

三、攀岩运动基本技术

三点固定法是攀岩的基本方法。

（一）身体姿势

攀登岩石峭壁时身体要自然放松，以 3 个支点稳定身体重心，而重心要随攀登动作的转换移动，这是攀岩能否稳定、平衡、省力的关键。要想身体放松，就要根据岩壁陡缓程度，使身体和岩壁保持一定距离，若靠得太近，会影响观察攀岩路线和选择支点；但在攀登人工岩壁时要贴得很近。在自然岩壁攀登时，上、下肢要协调舒展，攀岩要有节奏，上拉、下登要同时用力，身体重心一定要落在脚上，保持面向岩壁、三点固定支撑、直立于岩壁上的攀登姿势。至于手臂的动作，手在攀登中是抓住支点、维持身体平衡的关键，手臂力量的大小直接影响攀登的质量和效果。因此，一个优秀的攀岩运动员，必须有足够的指力、腕力和臂力。对初学者来说，在不善于充分利用下肢力量的情况下，手臂的动作就显得更为重要。手臂如何用力，在人工岩壁攀登和自然岩壁攀登时情况不同：前者要求第一指关节在用力抠紧支点的同时，手腕要紧张，手掌要贴在岩壁上，小臂也要随手掌紧贴岩壁而下垂；在引体时，手指（握点）有下压抬臂动作，其动作规律是重心活动轨迹变化不大、节奏更为明显。但攀登自然岩壁时，其动作就变化很大，要根据支点不同采用各种用力方法，如抓、握、挂、抠、扒、捏、拉、推压、撑等。

（二）脚的动作

一个优秀攀岩运动员的攀登技术发挥得好坏，关键在于是否能充分利用两腿的力量。只靠手臂力量攀登不可能持久。脚的动作要领是：两腿外旋，大脚趾内侧贴近岩面，两腿微屈，用脚踩支点以维持身体重心，在自然岩壁支点大小不一和方向不同的情况下，要灵活运用。但要切记，膝部不要接触岩石面，否则会影响到脚的支撑和身体平衡，甚至会造成滑脱而使膝部受伤。另外，在用脚踩支点时，切忌用力过猛，并要掌握用力的方向。

（三）手脚配合

凡优秀的攀岩运动员，上、下肢力量定是协调运用的。对初学者或技术还不熟练的运动员来说，上肢力量显得更为重要，攀登时往往是上肢引体，下肢蹬压抬腿而移动身体。如果上肢力量差，攀登时就容易疲劳，表现为手臂无力、酸疼麻木，逐渐失去抓握能力。失去抓握能力后，即使有好的下肢力量，也难以继续维持身体平衡。所以学习攀岩，首先要练好上肢力量，上肢又要以手指和手腕、手臂力量为主，再配合以脚腕、脚趾以及腿部的力量，使身体重心随着用力方向的不同而协调地移动，手脚动作的配合也就自如了。

四、攀岩比赛的种类

攀岩的分类有很多种，主要有以下几种。

（一）按地点分类

1. 自然岩壁攀登

在野外攀爬天然生成的岩壁，一般是经人开发和清理过的难度路线或抱石路线。

优点：可以接近自然，充分体会攀岩的乐趣；岩壁角度、石质的多样性带来攀登路线的千变万化；由于岩壁固定，路线公开且可长期保留，所以自然岩壁的定级可经多人检测对比，成为攀岩定级的主要依据。

缺点：野外岩场地点偏僻，交通不便，时间和金钱花费都较大；路线开发也比较费力；路线开发时间长后会老化。

2. 人工岩壁攀登

在人工制造的攀岩墙上攀登，包括室内攀岩馆和室外人工岩壁。

优点：对攀岩者而言安全性较高；交通方便，省时省力；不可预见因素少，可以定期训练或进行专项训练；人员密集，便于交流切磋；人工岩壁可以对路线进行保密性设置，从而成为攀岩比赛的主要形式。

缺点：缺少特殊地形，创意性小，自由发挥余地小；支点的可调性使得人工岩壁路线常变，定级主观性更强，准确度偏低；相对自然岩壁，线路问题会比较尖锐，人工线路难度越大，对力量要求越高。

（二）按攀登形式分类

1. 自由攀登（free climbing）

不借助保护器械（主绳、快挂、铁锁等）的力量，只靠自身力量攀爬。此种攀登形式在我国占主导地位，较符合体育的含义范畴，考验人体潜能。

自由式按攀登的风格又细分为：

（1）on sight

只在下边看，然后一次没掉下来就上去了，没有尝试或演习，也没从顶上滑绳下来仔细研究路线。这是攀登者能力的最好说明。

（2）red point

允许在练习时多次坠落，但得保证能（至少有一次）做到从底爬到顶一次也没掉下来过。能 red point 一条路线，可说明攀登者的自由先锋攀登能力最高能到多少。

2. 器械攀登（aid climbing）

借助器械的力量攀登。在大岩壁攀登（big wall）中较为常用，对于难度超过攀登者能力范围的路线，有时也借助器械通过。其意义存在于攀登者的项目目标和活动历程中，而不在于攻克难度动作。对器械操作的要求较高。

3. 顶绳攀登（top rope）

在岩壁上端预先设置好保护点，主绳通过保护点进行保护，攀登者在攀登过程中无须进行器械操作。此种攀登形式安全，脱落时无冲坠力，适合初学者；但对岩壁的要求苛刻，岩壁必须高度合适（8~20 m）且路线横向跨度不大。由于需要绕到顶部进行预先操作，架设和回撤保护点的工作都比较烦琐。所以有时为方便初学者，可在先锋攀登的路线上架设顶绳。

4. 先锋攀登（sport climbing）

路线预先打上数个膨胀钉和挂片，攀登过程中，将快挂扣进挂片使其成为保护点，并扣入主绳保护自己，攀登者需要边攀登边操作。先锋攀登在欧洲尤其法国最为盛行，它比传统攀登安全性高，可以降低心理恐惧（fear factor）对攀爬的影响，从而使攀登者全力以赴突破生理极限，挑战最高难度。另外，在角度较大或横向跨度较大的路线中，先锋攀登方式比顶绳保护有更大的便利，可以让攀登者脱落后很容易地重新回到脱落处，对难点进行反复练习。由于这种方式使攀岩由冒险的刺激运动变成安全的体育训练，所以先锋攀登被称为 sport climbing。

（三）按比赛形式分类

1. 难度攀岩

是以攀岩路线的难度来区分选手成绩优劣的攀岩比赛。难度攀岩的比赛结果是以在规定时间里到达的岩壁高度来判定的。在比赛中，队员下方系绳保护，带绳向上攀登，并按照比赛规定，有次序地挂上中间保护挂索；比赛岩壁高度一般为 15 m，线路由定线员根据参赛选手水平设定，通常屋檐类型难度较大。

2. 速度攀岩

速度攀岩如同田径比赛里的百米比赛一样，充满韵律感和跃动感；按照指定的路线，以时间区分优劣。

3. 抱石比赛

线路短小，难度较大，需要较好的爆发力和柔韧性。比赛设置结束点和得分点，抓住得分点并做出一个有效动作使得分，双手抱住结束点 3 s 得分。比赛一般有 4~6 条线路，一条线路 5 min 时间判定名次。首先看结束点的多少，如果结束点同样多，就看得分点数量，最后看攀爬次数。

4. 室内攀岩

室内攀岩是在一个高而大的房间内设置不同角度、不同难度的人工岩壁，岩壁上面装有许多大小不一的岩石点，供人的四肢借助岩点的位置来"手攀脚登"岩壁。室内攀岩也分为人工岩壁和天然岩壁。人工岩壁是人为设置岩点和路线的模拟墙壁，可在室内和室外进行攀岩技术的训练，难易程度可随意控制，训练时间比较机动，但高度和真实感有限。天然岩壁是大自然在地壳运动时自然形成的悬崖峭壁，给人的真实感和挑战性较强，可自行选择攀岩的岩壁和攀岩路线及攀登地点；而且天然岩壁的路线变化丰富，如凸台、凹窝、裂缝、仰角等，让你体会"山到绝处我为峰"的感受。

（四）按照比赛性质分类

1. 完攀（flash）

运动员在比赛之前可以收集路线的有关资料和观察路线，在攀登过程中一旦脱落或犯规即判其失败。

2. 看攀（on-sighting）

运动员在比赛前对路线的信息一无所知，边观察边进行攀登，在攀登过程中一旦脱落或犯规即判其失败。

3. 红点攀登（red-point）

运动员可以对路线进行反复的观察和试攀，只要最终到达终点即可。

4. 速度攀岩

上方系绳保护，运动员按指定路线进行速度攀登比赛。按运动员完成比赛路线所用的时间来决定每轮比赛的名次。

5. 大圆石攀岩

岩石高度不得超过 4 m，每条路线不超过 12 个支点。攀登时运动员不系保护绳，每次比赛需要选择 10 条路线攀登。

第四节　定向越野

一、定向越野的起源和发展

定向越野是借助标有若干检查点和方向线的地图和指北针，在陌生野外选择行进路线并依此寻找各个检查点，用最短时间完成全程来进行比赛的运动；是一项既有利于身心健康，又具有实用价值的综合性体育项目。

19 世纪末的欧洲北部，斯堪的纳维亚半岛仍覆盖着原始森林，道路崎岖、湖泊纵横，当地的居民稀疏散布着。为了便于在如此复杂的地理环境中生活，当地居民常需要地图和指北针的帮助；而那些经常在山林深处执行边防任务的军队，则更需要有在陌生野外辨别方向、选择道路和越野行军的能力。因此，类似定向越野的训练就出现了。

1918 年，瑞典一名叫吉兰特的童子军领袖组织了一次"寻宝"游戏，引起了参加者的极大兴趣，这可算是定向越野的雏形。由于这一项简单易行、有利于提高智力与体力水平、培养勇敢精神和野外生存能力的运动，具有娱乐和实用双重价值，于是便很快在民间流行开来。1961 年以瑞典、挪威、丹麦、芬兰四国为首，在丹麦首都哥本哈根成立了国际定向运动联合会。1962 年举行了第一届世界定向越野锦标赛。目前定向运动已发展成为包括一般定向越野、夜间定向越野、积分定向越野、接力定向越野、5 日定向越野、院园定向越野等多种形式的综合性运动。

学生在这项运动中，为了克服自然障碍和预防不测事件，需要熟悉和适应地理环境和野外行动规模，具有勇敢、顽强的探索精神，掌握必要的生存技能和自我求生的本领，因此这项运动具有很高的实用价值。定向越野在偏僻的野外进行，虽要克服许多困难，但清新的空气、叠翠的山峦，还有那潺潺流动的小溪，都尽显自然美色，往往使人在行进、奔跑、识途和定向过程中，由于自身的身体负荷与精神的专注不断交替进行，而产生强身健体的效果。

二、定向越野对运动区域地形的要求

（1）要有相适应的难度，能使参加者充分发挥自己的定向越野技能。
（2）比赛区域必须是所有选手都不熟悉或不太熟悉的。
（3）比赛区域必须严格保密。

通常情况下，定向越野都选择有适度植被、地形变化多样的地域或人烟稀少的生疏地区。在组织一般的定向越野活动时，城市公园、近郊区以及未耕种或未长成的田地，都是可供选择的地点。

定向越野比赛路线通常按环形设计，距离只是个相对准确的数字。在小型比赛中，路线长度设计可参考下列完成时间：竞争性的，40 min 以上（4~6 km），或 60 min 以上（6~8 km）；活动性的，30 min 以上（2~3 km），或 50 min 以上（4~5 km）。比赛路线应具有可选择性，使参加者能根据自身能力选择前进的方向和路线。检查点间最合适的距离应设计在 500~1 000 m，不宜超过 3 000 m。

三、器材（图 3-8-4）

（一）号码布

一般不超过 24 cm×20 cm，号码数字的高不小于 12 cm；字迹要清晰，字体要端正。正规的比赛还要求将号码布佩戴于前胸及后背两处。

1. 号码布 2. 指北针 3. 检查卡片
4. 地图   5. 点签   6. 检查点

图 3-8-4 定向越野需要的器材

（二）检查卡片

检查卡片主要用于判定参加者的成绩。用厚纸片制成，将每个检查点的点签图案印在空格中，到达终点时交给裁判人员验证。

（三）地图

地图是定向越野最重要的器材，其质量好坏影响着成绩和比赛的公正。国际定联专门为国际比赛制定有《国际定向运动图制图规范》。

（四）检查点标志

检查点用于检验参加者是否按规定跑完全程。检查点标志是由三面标志旗连接组成的，每面正方形小旗沿对角线分开，左上为白色，右下为红色，旗的尺寸为 30 cm×30 cm，可以用硬纸夹、胶合板、布等材料制成。标志旗通常要标上代号，以便选手根据旗上代号判断是否找到了正确的检查点。

（五）点签点

点签是与检查点配合着起作用的，它提供给参加者一个到达位置的凭据。点签的样式很多，最常见的还是印章式和纸式。

（六）指北针

用于辨别和保持方向，国际比赛中多用透明式。

四、定向越野的基本技术

（一）辨别方向

1. 使用指北针辨别方向

（1）辨别方向。当指北针的磁针静止后，其 N 端所指的方向为北方。

（2）标定地图。先使指北针定向箭头朝地图上方，使箭头两侧的平行线与越野图上的磁北线重合或平行；然后转动地图，使磁针北端对正磁北方向。

（3）确定站点。选择图上和现场都有的两个明显地形点，并用指北针分别测出至这两个地形点的磁方位角；将所测磁方位角图解在地图上。图解磁方位角时，要先转动指北针的分度盘，让指标分别对已测的方位角值；再将指北针的直长边分别切于图上被照准的两个地形点符号，并转动指北针；待磁针与定向箭头重合后，分别沿直长边描方向线。两方向线的交点，就是站立点在图上的位置。

2. 引用地物判别方向

（1）房屋一般门朝南开，在我国北方尤其如此。

（2）庙宇通常也向南设门，尤其庙宇群的主要殿堂。

（3）树木朝南的一侧通常枝叶茂盛、色泽鲜艳、树皮光滑；北侧则相反。

（4）凸出地物，如墙、地埂、石块的北侧基部较潮湿，可能生长苔类植物。

（5）凹入地物，如河流、水塘、坑的北侧边缘（岸、边），存在与凸出地物相同的现象。

（二）越野地图

1. 越野图的比例尺

（1）比例尺的概念。

图上某线段的长度与相应实地水平距离之比，叫地图比例尺：

$$地图比例尺=图上长度：相应实地水平距离$$

（2）比例尺的特点。

比例尺是一种没有单位的比值，相比的两个量的单位必须相同，单位不同则不能相比；

比例尺的大小是按比值的大小衡量的。比值的大小，可按比例尺分母来确定，分母小则比值大，比例尺就大；分母大则比值小，比例尺就小。如 1∶1 万大于 1∶1.5 万，1∶25 万小于 1∶1 万；一幅地图，当图幅面积一定时，比例尺越大，其包括的实地范围就越小，图上显示的内容就越详细；比例尺越小，图幅包括的实地范围就越大，图上显示的内容就越简略；比例尺越大，图上量测的精度越高；比例尺越小，图上量测的精度也就越低。

2. 符号分类

（1）依比例尺表示的符号。实地面积较大的地物，如城镇、森林、湖泊、江河等，其符号图形的外部轮廓是按比例尺缩绘的。可供运动途中确定方向和站立点。

（2）半依比例尺表示的符号。实地的线状地物，如道路、沟渠、电线、围墙等，这类地物符号的长度是按比例尺缩绘的，但其宽度不是。也可供确定运动方向和立点用。

（3）不依比例尺表示的符号。实际面积小但对运动有影响或有方位意义的独立地物，如窨、独立坟、独立树等。在越野图上，它们的长与宽都不能依比例尺表示，只能用规定的符号表示。

（4）定向越野图采用不同颜色来表示不同地形，清晰易读。一般是蓝色表示水系，棕色表示地面起伏，绿色表示植被；其他内容则用黑色表示。

（三）体育课中开展的小型定向越野

1. 路线与设点

（1）路线的设计。当起点、终点同设一处时，路线可设计成闭合形；起点、终点各设一处时，路线可设计成"一"字形或"弓"字形。设计时，应本着既适合学生运动技能的发挥、又具有路线可选择性的原则。

（2）设置检查点。在体育课中设置检查点的原则是：根据路段需要确定检查点，必须将其设置在图上有明显地物（地貌）符号的地方；前一名参加者在该点作业时，不被后续向该点运动的参加者发现。

2. 起点与终点

（1）起点。设在地形平坦、面积较大、地势较低之处，应使之与第一检查点之间有足够的遮蔽物，保证参与者在离开出发位置之后很快消失。

（2）终点。终点与起点可设在同一场地内，也可单独设置。最后一个检查点至终点间的路段应比较简单，以便让所有参加者从同一方向跑回终点。

3. 出发与比赛

（1）出发。国际定向越野联合会规定出发时间间隔为 3 min。小型的低级别的定向越野活动，可适当缩短时间间隔，但原则上是要保证前一名参加者出发消失后，后一名参加者方可出发。

（2）比赛。可按考核性、娱乐性和竞赛性定向越野 3 种形式进行比赛。

（四）校园定向越野

校园定向越野，是利用校园的地形条件开展的定向越野，它是徒步定向越野的一个新兴的运动项目，也是一种偏重于娱乐的群众性体育活动。

1. 路线的选择

校园定向越野的地形条件，只要有一定的地貌起伏，有一定的植被覆盖，有一定数量的明显地物即可。器材准备要坚持因陋就简的原则。

2. 练习

校园定向越野的练习主要包括识别越野图、使用越野图、比赛方法等。在练习时要突出重点，重在实用，要注意以下问题：

（1）在识别越野图练习中，主要针对越野图突出讲清地物，利用地物定向是校园定向越野的特点。

（2）使用越野图的练习要注意尽量不用指北针，先抓准站立点，着重利用地物标定地图的方法。

3. 比赛

（1）比赛的规模应根据校园面积大小、可利用路线长短、路线的条数以及可设检查点的个数来决定，每次参加者应控制在合理的数量内。

（2）路线长短要根据各组参赛人员多少来决定。

（3）比赛起点与终点应设在同一处，通常选择在球场或操场为宜。

（4）在进行具体路线设计时，检查点（包括起、终点）之间应有多条道路可供参赛者选择，以增加比赛的难度。

第五节 徒 步

徒步，并不是通常意义上的散步，也不是体育竞赛中的竞走项目，而是指有目的地在城市的郊区、农村或者山野间进行中长距离的走路锻炼，徒步也是户外运动中最为典型和最为普遍的一种。由于短距离徒步活动比较简单，不需要太讲究技巧和装备，经常也被认为是一种休闲的活动（图3-8-5）。

图3-8-5 户外运动——徒步

一、徒步的分类

（1）根据穿越区域的不同，可以分为城郊、乡村、山地、丛林、沙漠荒原、雪原冰川、峡谷、平原、山岭、长城、古道、草地、环湖、江河等多种分类徒步。但是徒步在大多数情况下是在城郊和乡村间进行的。

（2）根据距离的不同，通常15 km内的称为短距离徒步，15~30 km的称为中距离徒步，30 km以上的称为长距离徒步。

二、徒步的用品

（一）必备用品

背包；快干衣裤（注意防晒）；徒步鞋；防晒品、帽子或墨镜；个人药品，如药油、跌打药、止血贴、胃药或个别特效药物，以及防蚊药。

（二）食品、饮用水

（1）出发时每人自备水，以备旅途适当补充。

（2）食品：自带零食，半路可充饥。

（三）推荐用品

登山杖；毛巾；塑料袋；后备衣物；照相机；头灯；防水袋；GPS全球定位设备。

三、徒步的技巧

- 健康的体魄与良好的体能储备是徒步穿越最重要的条件之一。必须制订一个适合自己的体能训练计划，在耐力、力量、负重行走等方面渐渐增进。体能耐力训练可以通过游泳、爬山、长跑、骑自行车去获得，力量训练可以通过每天坚持做俯卧撑、举哑铃、仰卧起坐、引体向上去获得。

- 徒步行走的基本原理及要领。徒步行走不单是腿部运动，而且是全身运动，注意通过摆臂来平衡身体、调整步伐。控制节奏，最好的行走速度是走而不喘，脉搏尽量不要超过120次/min，背部肩沉背挺，用腹部深呼吸，全脚掌触地，从脚跟到脚尖位移；无论什么时候都要按自己的行走节奏去走，不要时快时慢、时跑时停，尽量保持匀速。

- 刚开始徒步可以放缓一点，让身体每个部分都先预热，有个适应的过程，5~10 min 后再加快步伐。行走中从安全角度出发，队员之间应该保持一个合理的距离，一般为 2~3 m。这样可以避免有人因各种原因暂停时（如系鞋带、脱衣服、喝水等）暂停队员与前进队员互相影响。一般情况下，暂停队员靠右边停留，前进队员从左边跨过。与迎面而来的其他队伍相遇时，也是按"我右他左"原则，礼貌相让通过。暂停人员与队伍的安全距离一般在白天不能超过 10 min 或者 200 m，夜晚必须在 5 min 或者 20 m 以内。在行走中，要养成良好习惯，集中精力行走，不要边走边笑、打闹嬉戏，更不能大声歌唱，这样不但分散其他队员的注意力，而且还会无谓消耗自己的体能。

- 在上坡时，行走重心应在脚掌前部，身体稍向前倾。下坡时，重心放在后脚掌，同时降低重心，身体稍微下垂。无论上坡下坡，如果坡度较大，应走"之"字形，尽量避免直线上下，这是一种相对安全的走法。上下坡时，手部攀拉的石块、树枝、藤条，一定要用手试拉，看看是否能够受力，再去做其他攀爬上下动作。经常有队员因为拉的是枯萎腐烂的树枝、藤条，跌倒受伤，导致意外。

- 行走中的休息原则也要讲究方法，一般是长短结合，短多长少。一般途中短暂休息尽量控制在 5 min 以内，并且不卸掉背包等装备，以站着休息为主，调整呼吸。长时间休息以每 60~90 min 一次为好，休息时间为 15~20 min。长时间的休息应卸下背包等所有负重装备，先站着调整呼吸 2~3 min，才能坐下，不要一停下来就坐下休息，这样会加重心脏负担。自己或者队员之间可以互相按摩腿部、腰部、肩部等肌肉；也可以躺下，抬高腿部，让充血的腿部血液尽量回流心脏。

- 徒步行走时，应带足饮用水，每人每天约 3 L 的量，根据天气情况去增减，宁多毋少。如果途中遇到溪流、湖塘、沟河有水补给，一定要先观察水源污染情况，看是否有人畜活动、是否有动物尸体倒于水旁，有无粪便、毛虫污染，水是否发黑发臭。根据观察到的情况，采取沉淀、过滤、离析等方法处理后方可饮用。一般情况下，最好先用少量水珠涂擦嘴唇，等过 3~5 min 后，嘴唇若不发麻发痒、水无臭无味，再饮用。野外补充的水，有条件的话最好煮沸

5 min 再饮用。喝水要以量少次多为原则，喝水也是主动的，不要等口渴了才被动喝水。每次喝两三小口为好，太口渴了可以缩短喝水的时间，增加几次喝水次数。可以通过观察排解的尿液颜色，了解自己体内水分脱失症状。尿液呈深黄色，微感口渴，脉搏速度正常，为轻微脱水症状；尿液呈暗黄色，口内黏膜干燥，口渴，脉搏速度加快但弱，为中度脱水症状；重度脱水症状为：无尿液，脸色皮肤苍白，呼吸急促，口渴昏睡，脉搏快而无力。

四、徒步的注意事项

- 徒步最好是结伴而行，至少是三个人以上，途中可以互相帮助、互相照顾。但又人最好不要太多，否则互相干扰，行动不便。行李带得少而轻，但一定要带一些常用药。
- 出发前就应对所需要经过的地区各方面的情况、自己的身体状况（例如有下肢血管病、皮肤溃疡及扁平足症者不宜徒步），以及当时的气候条件有所了解。
- 在天气较温暖地区徒步旅游时，要避开 12:00—14:00，这段是最热的时间。而且要戴草帽，水袋灌满水，并备有少量糖水，以避免中暑。解渴要适可而止。最好准备一壶清茶水，适当加些盐。清茶能生津止渴，盐可防止流汗过多而引起体内盐分不足。
- 要掌握步行速度，一般是两头稍慢，中间稍快；开始行走要慢行，参加过几天活动后再加快速度和路程。热天每次途中应大休息一次，一般在中午。休息地点应避免烈日直晒和低洼、潮湿处。
- 要保证足够的睡眠时间和营养的补充，不要长时间仅仅食用干粮，要尽量多吃新鲜的水果、蔬菜。
- 徒步时较为理想的，是穿专用的户外徒步鞋或防滑旅游鞋。选鞋不对或步姿不正，行走中感到脚的某个部位有疼痛或摩擦感，可在该处贴上一块医用胶布，或在鞋的相应部位贴一块单面胶，在一般情况下，这就可以防止起水泡。
- 每天徒步步行结束后要用温水洗脚，以解除疲劳。晚上睡觉的时候，尽量把脚垫高（2 个枕头的高度），可以有效缓解腿部疲劳。脚掌有水泡时，可用针（先用酒精棉球擦一下或将针在火上烧一下）穿孔引出水，再涂上红药水，防止感染。切记不要将皮撕下，这样既容易感染，又会加重脚部的疼痛。
- 徒步个人行装必备的四件日常装备是：穿着舒适而便于远行的户外专用鞋、适合自己的护膝、针对不同路线的登山包、长短轻重合适的登山杖。

第六节 拓展训练

一、运动的起源

拓展训练英文为 outward development，又称外展训练（outward bound），原意为一艘小船驶离平静的港湾，义无反顾地投向未知的旅程，去迎接一次次挑战，去战胜一个个困难。拓展训练通常利用崇山峻岭、瀚海大川等自然环境，通过精心设计的活动达到"磨炼意志、陶冶情操、完善人格、熔炼团队"的培训目的。

拓展训练起源于第二次世界大战。当时，盟军在大西洋的船队屡遭德国纳粹潜艇的袭击。在船只被击沉后，大部分水手葬身海底，只有极少数人得以生还。英国的救生专家对生还者进行了统计和分析研究，他们惊奇地发现，这些生还者并不是他们想象中的那些年轻力壮的水手，而是意志坚定、懂得互相支持的中年人。经过一段时间的调查研究、了解情况，专家们终于找到了这个问题的答案：这些人之所以能活下来，关键在于他们有良好的心理素质。于是，专家们提出了"成功并非依靠充沛的体能，而是强大的意志力"这一理念。第二次世界大战以后，在英国出现了一种叫作Outward-Bound的管理培训，这种训练利用户外活动的形式，模拟真实管理情境，对管理者和企业家进行心理和管理两方面的培训。由于拓展训练这种非常新颖的培训形式和良好的培训效果，它很快就风靡了整个欧洲的教育培训领域，并在其后的半个世纪中发展到全世界。训练对象也由最初的海员扩大到军人、学生、工商业人员等各类群体。训练目标也由单纯的体能、生存训练扩展到心理训练、人格训练、管理训练等。

拓展训练的项目对人的体能的要求并不高，更多的则是对心理的挑战。因此有人形象地称它是"小游戏、大道理"。更确切地说，拓展是一种感悟、一种体验，它能让每个人在心灵和精神上都有新的超越——重新认识自我、认识生命的活动。在拓展运动中，你会发觉人的潜能真的是巨大的（图3-8-6）。

图3-8-6 户外运动——拓展训练

二、拓展训练的目的和意义

（一）拓展训练的目的

（1）认识自身潜能，增强自信心，改善自身形象。

（2）克服心理惰性，磨炼战胜困难的毅力。

（3）启发想象力与创造力，增强解决问题的能力。

（4）认识群体的作用，增强对集体的参与意识与责任心。

（5）改善人际关系，学会关心他人，更为融洽地与群体合作；学习欣赏、关注和爱护大自然。

良好的团队精神和积极进取的人生态度，是当代大学生应有的基本素质，也是当代大学生人格特质的两大核心内涵。在现代社会，人类的智慧和技能只有在这种人格力量的驾驭下，才会迸发出耀眼的光芒，拓展训练应运而生。通过训练，可以使大学生们增强以下心理素质：

【积极主动】积极的学习态度和人生态度是拓展精神的核心。乐观自信，从我做起，环境因我而变；坐言起行，言必行，行必果；从内心关照同学。

【开拓创新】以开放的心态，应对变化，积极进取。

【认真负责】人和事因认真而完美，注重细节是专业化的表现。坚守承诺，积累信用。

【独立协作】独立自主，各司其职，独当一面。个人的竞争力来自你不可替代的价值。高水平的独立，才有可能带来高水平的协作。局部利益服从整体利益；以双赢的心态创造最大动力。

【共享成功】成功来自每个人的努力和贡献，成功是协作的结晶；共享成功的经验，共享成功的好处。但共享不是平均分配、"吃大锅饭"。

（二）拓展训练的意义

1. 个人心理意义

拓展训练是一项旨在提升训练者核心价值的训练过程，通过训练能够有效地拓展训练者的潜能，提升和强化个人心理素质，帮助训练者建立高尚而尊严的人格；同时让团队成员能更深刻地体验个人与个人之间、个人与群体之间、个人与社会之间唇齿相依的关系，从而激发出团队更高昂的工作热诚和拼搏创新的动力，使团队更富凝聚力。

2. 团队合作意义

拓展训练是一套塑造团队活力、推动组织成长的不断增值的训练过程。训练内容丰富生动、寓意深刻，以体验启发作为教育手段，训练者参与的训练将成为他们终生难忘的经历，从而让每一系列活动中所蕴含的深刻的道理和观念，能牢牢地扎根在团队和每个成员的潜意识中，并且能在日后的工作合作中发挥应有的效用。

3. 现实社会意义

现代社会是一个高度人际互动的社会，是一个团队英雄主义的时代。如何实现团队的整体优势和优势互补？在这个生活节奏越来越快、工作分工越来越细、工作压力越来越大、人与人的情感交流越来越困难的竞争环境中，企业、组织和个人更需要团队。拓展训练融合了高挑战及低挑战的元素，学员在个人和团队的层面，都可从中通过危机感、领导、沟通、面对逆境和辅导的培训而得到提升。

三、拓展训练特点和分类

（一）拓展训练的特点

（1）综合活动性。拓展训练的所有项目都以体能活动为引导，引发出认知活动、情感活动、意志活动和交往活动，有明确的操作过程，要求学员全身心地投入。

（2）挑战极限。拓展训练的项目都具有一定的难度，表现在心理考验上，需要学员向自己的能力极限挑战，跨越"极限"。

（3）集体中的个性。拓展训练实行分组活动，强调集体合作。力图使每一名学员竭尽全力为集体争取荣誉，同时从集体中吸取巨大的力量和信心，在集体中显示个性拓展训练。

（4）高峰体验。在克服困难、顺利完成课程要求以后，学员能够体会到发自内心的胜利感和自豪感，获得人生难得的高峰体验。

（5）自我教育。教员只是在课前把课程的内容、目的、要求以及必要的安全注意事项向学员讲清楚，活动中一般不再讲述，也不参与讨论，充分尊重学员的主体地位和主观能动性。即使在课后的总结中，教员也只是点到为止，主要让学员自己来讲。这样就达到了自我教育的目的。

（二）拓展训练的分类

拓展训练主要由陆、海、空三类组成。

（1）水上拓展训练包括：游泳、跳水、扎筏、划艇等。

（2）野外拓展训练包括：远足露营、登山攀岩、野外定向、伞翼滑翔、野外生存技能等。

（3）场地拓展训练包括：在专门的训练场地上，利用各种训练设施（如高架绳网等），开展各种团队组合课程及攀岩、跳越等心理训练活动。

附表一

男生身高标准体重

身高/cm	体重/kg				
	营养不良	较低体重	正常体重	超重	肥胖
	50分	60分	100分	60分	50分
144.0~144.9	<41.5	41.5~46.3	46.4~51.9	52.0~53.7	≥53.8
145.0~145.9	<41.8	41.8~46.7	46.8~52.6	52.7~54.5	≥54.6
146.0~146.9	<42.1	42.1~47.1	47.2~53.1	53.2~55.1	≥55.2
147.0~147.9	<42.4	42.4~47.5	47.6~53.7	53.8~55.7	≥55.8
148.0~148.9	<42.6	42.6~47.9	48.0~54.2	54.3~56.3	≥56.4
149.0~149.9	<42.9	42.9~8.3	48.4~54.8	54.9~56.6	≥56.7
150.0~150.9	<43.2	43.2~48.8	48.9~55.4	55.5~57.6	≥57.7
151.0~151.9	<43.5	43.5~49.2	49.3~56.0	56.1~58.2	≥58.3
152.0~152.9	<43.9	43.9~49.7	49.8~56.5	56.6~58.7	≥58.8
153.0~153.9	<44.2	44.2~50.1	50.2~57.0	57.1~59.3	≥59.4
154.0~154.9	<44.7	44.7~50.6	50.7~57.5	57.6~59.8	≥59.9
155.0~155.9	<45.2	45.2~51.1	51.2~58.0	58.1~60.7	≥60.8
156.0~156.9	<45.6	45.6~51.6	51.7~58.7	58.8~61.0	≥61.1
157.0~157.9	<46.1	46.1~52.1	52.2~59.2	59.3~61.5	≥61.6
158.0~158.9	<46.6	46.6~52.6	52.7~59.8	59.9~62.2	≥62.3
159.0~159.9	<46.9	46.9~53.1	53.2~60.3	60.4~62.7	≥62.8
160.0~160.9	<47.4	47.4~53.6	53.7~60.9	61.0~63.4	≥63.5
161.0~161.9	<48.1	48.1~54.3	54.4~61.6	61.7~64.1	≥64.2
162.0~162.9	<48.5	48.5~54.8	54.9~62.2	62.3~64.8	≥64.9
163.0~163.9	<49.0	49.0~55.3	55.4~62.8	62.9~65.3	≥65.4
164.0~164.9	<49.5	49.5~55.9	56.0~63.4	63.5~65.9	≥66.0
165.0~165.9	<49.9	49.9~56.4	56.5~64.1	64.2~66.6	≥66.7

续表

身高/cm	体重/kg				
	营养不良	较低体重	正常体重	超重	肥胖
	50 分	60 分	100 分	60 分	50 分
166.0~166.9	<50.4	50.4~56.9	57.0~64.6	64.7~67.0	≥67.1
167.0~167.9	<50.8	50.8~57.3	57.4~65.0	65.1~67.5	≥67.6
168.0~168.9	<51.1	51.1~57.7	57.8~65.5	65.6~68.1	≥68.2
169.0~169.9	<51.6	51.6~58.2	58.3~66.0	66.1~68.6	≥68.7
170.0~170.9	<52.1	52.1~58.7	58.8~66.5	66.6~69.1	≥69.2
171.0~171.9	<52.5	52.5~59.2	59.3~67.2	67.3~69.8	≥69.9
172.0~172.9	<53.0	53.0~59.8	59.9~67.8	67.9~70.4	≥70.5
173.0~173.9	<53.5	53.5~60.3	60.4~68.4	68.5~71.1	≥71.2
174.0~174.9	<53.8	53.8~61.0	61.1~69.3	69.4~72.0	≥72.1
175.0~175.9	<54.5	54.5~61.5	61.6~69.9	70.0~72.7	≥72.8
176.0~176.9	<55.3	55.3~62.2	62.3~70.9	71.0~73.8	≥73.9
177.0~177.9	<55.8	55.8~62.7	62.8~71.6	71.7~74.5	≥74.6
178.0~178.9	<56.2	56.2~63.3	63.4~72.3	72.4~75.3	≥75.4
179.0~179.9	<56.7	56.7~63.8	63.9~72.8	72.9~75.8	≥75.9
180.0~180.9	<57.1	57.1~64.3	64.4~73.5	73.6~76.5	≥76.6
181.0~181.9	<57.7	57.7~64.9	65.0~74.2	74.3~77.3	≥77.4
182.0~182.9	<58.2	58.2~65.6	65.7~74.9	75.0~77.8	≥77.9
183.0~183.9	<58.8	58.8~56.2	66.3~75.7	75.8~78.8	≥78.9
184.0~184.9	<59.3	59.3~66.8	66.9~76.3	76.4~79.4	≥79.5
185.0~185.9	<59.9	59.9~67.4	67.5~77.0	77.1~80.2	≥80.3
186.0~186.9	<60.4	60.4~68.1	68.2~77.8	77.9~81.1	≥81.2
187.0~187.9	<60.9	60.9~68.7	68.8~78.6	78.7~81.9	≥82.0
188.0~188.9	<61.4	61.4~69.2	69.3~79.3	79.4~82.6	≥82.7
189.0~189.9	<61.8	61.8~69.8	69.9~79.9	80.0~83.2	≥83.3
190.0~190.9	<62.4	62.4~70.4	70.5~80.5	80.6~83.6	≥83.7

注：身高低于表中所列出的最低身高段的下限值时，身高每低 1 cm，实测体重需加上 0.5 kg，实测身高需加上 1 cm，再查表确定分值。身高高于表中所列出的最高身高段时，身高每高 1 cm，其实测体重需减去 0.9 kg，实测身高需减去 1 cm，再查表确定分值。

附表二

女生身高标准体重

身高/cm	体重/kg				
	营养不良 50分	较低体重 60分	正常体重 100分	超重 60分	肥胖 50分
140.0~140.9	<36.5	36.5~42.4	42.5~50.6	50.7~53.3	≥53.4
141.0~141.9	<36.6	36.6~42.9	43.0~51.3	51.4~54.1	≥54.2
142.0~142.9	<36.8	36.8~43.2	43.3~51.9	52.0~54.7	≥54.8
143.0~143.9	<37.0	37.0~43.5	43.6~52.3	52.4~55.2	≥55.3
144.0~144.9	<37.2	37.2~43.7	43.8~52.7	52.8~55.6	≥55.7
145.0~145.9	<37.5	37.5~44.0	44.1~53.1	53.2~56.1	≥56.2
146.0~146.9	<37.9	37.9~44.4	44.5~53.7	53.8~56.7	≥56.8
147.0~147.9	<38.5	38.5~45.0	45.1~54.3	54.4~57.3	≥57.4
148.0~148.9	<39.1	39.1~45.7	45.8~55.0	55.1~58.0	≥58.1
149.0~149.9	<39.5	39.5~46.2	46.3~55.6	55.7~58.7	≥58.8
150.0~150.9	<39.9	39.9~46.6	46.7~56.2	56.3~59.3	≥59.4
151.0~151.9	<40.3	40.3~47.1	47.2~56.7	56.8~59.8	≥59.9
152.0~152.9	<40.8	40.8~47.6	47.7~57.4	57.5~60.5	≥60.6
153.0~153.9	<41.4	41.4~48.2	48.3~57.9	58.0~61.1	≥61.2
154.0~154.9	<41.9	41.9~48.8	48.9~58.6	58.7~61.9	≥62.0
155.0~155.9	<42.3	42.3~49.1	49.2~59.1	59.2~62.4	≥62.5
156.0~156.9	<42.9	42.9~49.7	49.8~59.7	59.8~63.0	≥63.1
157.0~157.9	<43.5	43.5~50.3	50.4~60.4	60.5~63.6	≥63.7
158.0~158.9	<44.0	44.0~50.8	50.9~61.2	61.3~64.5	≥64.6
159.0~159.9	<44.5	44.5~51.4	51.5~61.7	61.8~65.1	≥65.2
160.0~160.9	<45.0	45.0~52.1	52.2~62.3	62.4~65.6	≥65.7
161.0~161.9	<45.4	45.4~52.5	52.6~62.8	62.9~66.2	≥66.3
162.0~162.9	<45.9	45.9~53.1	53.2~63.4	63.5~66.8	≥66.9

续表

身高/cm	体重/kg				
	营养不良 50 分	较低体重 60 分	正常体重 100 分	超重 60 分	肥胖 50 分
163.0~163.9	<46.4	46.4~53.6	53.7~63.9	64.0~67.3	≥67.4
164.0~164.9	<46.8	46.8~54.2	54.3~64.5	64.6~67.9	≥68.0
165.0~165.9	<47.4	47.4~54.8	54.9~65.0	65.1~68.3	≥68.4
166.0~166.9	<48.0	48.0~55.4	55.5~65.5	65.6~68.9	≥69.0
167.0~167.9	<48.5	48.5~56.0	56.1~66.2	66.3~69.5	≥69.6
168.0~168.9	<49.0	49.0~56.4	56.5~66.7	66.8~70.1	≥70.2
169.0~169.9	<49.4	49.4~56.8	56.9~67.3	67.4~70.7	≥70.8
170.0~170.9	<49.9	49.9~57.3	57.4~67.9	68.0~71.4	≥71.5
171.0~171.9	<50.2	50.2~57.8	57.9~68.5	68.6~72.1	≥72.2
172.0~172.9	<50.7	50.7~58.4	58.5~69.1	69.2~72.7	≥72.8
173.0~173.9	<51.0	51.0~58.8	58.9~69.6	69.7~73.1	≥73.2
174.0~174.9	<51.3	51.3~59.3	59.4~70.2	70.3~73.6	≥73.7
175.0~175.9	<51.9	51.9~59.9	60.0~70.8	70.9~74.4	≥74.5
176.0~176.9	<52.4	52.4~60.4	60.5~71.5	71.6~75.1	≥75.2
177.0~177.9	<52.8	52.8~61.0	61.1~72.1	72.2~75.7	≥75.8
178.0~178.9	<53.2	53.2~61.5	61.6~72.6	72.7~76.2	≥76.3
179.0~179.9	<53.6	53.6~62.0	62.1~73.2	73.3~76.7	≥76.8
180.0~180.9	<54.1	54.1~62.5	62.6~73.7	73.8~77.0	≥77.1
181.0~181.9	<54.5	54.5~63.1	63.2~74.3	74.4~77.8	≥77.9
182.0~182.9	<55.1	55.1~63.8	63.9~75.0	75.1~79.4	≥79.5
183.0~183.9	<55.6	55.6~64.5	64.6~75.7	75.8~80.4	≥80.5
184.0~184.9	<56.1	56.1~65.3	65.4~76.6	76.7~81.2	≥81.3
185.0~185.9	<56.8	56.8~66.1	66.2~77.5	77.6~82.4	≥82.5
186.0~186.9	<57.3	57.3~66.9	67.0~78.6	78.7~83.3	≥83.4

注：身高低于表中所列出的最低身高段的下限值时，身高每低 1 cm，实测体重需加上 0.5 kg，实测身高需加上 1 cm，再查表确定分值。身高高于表中所列出的最高身高段时，身高每高 1 cm，其实测体重需减去 0.9 kg，实侧身高需减去 1 cm，再查表确定分值。

附表三

大学男生体质评分标准

等级	单项得分	肺活量体重指数	1 000 m长跑	台阶试验	50 m跑/s	立定跳远/m	掷实心球/m	握力体重指数	引体向上/次	坐位体前屈/cm	跳绳/(次·min⁻¹)	篮球运球/s	足球运球/s	排球垫球/次
优秀	100	84	3′27″	82	6	2.66	15.7	92	26	23	198	8.6	6.3	50
	98	83	3′28″	80	6.1	2.65	15.2	91	25	22.6	193	9	6.5	49
	96	82	3′31″	77	6.2	2.63	14.4	90	24	22	186	9.6	6.9	46
	94	81	3′33″	74	6.3	2.62	13.6	89	23	21.4	178	10.3	7.3	44
	92	80	3′35″	71	6.4	2.6	12.5	87	22	20.6	168	11.1	7.7	41
	90	78	3′39″	67	6.5	2.58	11.5	86	21	19.8	158	12	8.2	38
良好	87	77	3′42″	65	6.6	2.56	11.3	84	20	18.9	152	12.4	8.5	37
	84	75	3′45″	63	6.8	2.52	10.9	81	19	17.5	144	12.9	8.9	34
	81	73	3′49″	60	7	2.48	10.5	79	18	16.2	136	13.5	9.3	32
	78	71	3′53″	57	7.3	2.43	10	75	17	14.3	124	14.3	9.9	29
	75	68	3′58″	53	7.5	2.38	9.5	72	16	12.5	113	15	10.4	26
及格	72	66	4′05″	52	7.6	2.35	9.3	70	15	11.3	108	15.6	10.7	25
	69	64	4′12″	51	7.7	2.31	8.9	66	14	9.5	101	16.6	11.2	23
	66	61	4′19″	50	7.8	2.26	8.5	63	13	7.8	94	17.5	11.7	21
	63	58	4′26″	48	8	2.2	8	59	12	5.4	85	18.8	12.3	18
	60	55	4′33″	46	8.1	2.14	7.5	54	11	3	75	20	12.9	15
不及格	50	54	4′40″	45	8.2	2.12	7.3	53	9	2.4	71	20.6	13.3	14
	40	52	4′47″	44	8.3	2.09	7	51	8	1.4	64	21.6	13.8	12
	30	51	4′54″	43	8.5	2.06	6.7	49	7	0.5	58	22.5	14.3	10
	20	49	5′01″	42	8.6	2.03	6.2	47	6	-0.8	49	23.8	15	8
	10	47	5′08″	40	8.8	1.99	5.8	44	5	-2	40	25	15.7	5

附表四

大学女生体质评分标准

等级	单项得分	肺活量体重指数	1 000 m 长跑	台阶试验	50 m 跑/s	立定跳远/m	掷实心球/m	握力体重指数	引体向上/次	坐位体前屈/cm	跳绳/(次·min^{-1})	篮球运球/s	足球运球/s	排球垫球/次
优秀	100	70	3′24″	78	7.2	2.07	8.6	74	52	21.1	190	11.2	7.3	46
	98	69	3′27″	75	7.3	2.06	8.5	73	51	20.8	184	11.5	7.8	44
	96	68	3′29″	72	7.4	2.05	8.4	72	50	20.3	175	12	8.6	41
	94	67	3′32″	69	7.5	2.03	8.2	71	49	19.8	166	12.6	9.4	38
	92	65	3′35″	64	7.7	2.01	8	69	47	19.2	154	13.3	10.5	34
	90	64	3′38″	60	7.8	1.99	7.8	67	45	18.6	142	14	11.5	30
良好	87	63	3′42″	59	7.9	1.97	7.7	66	44	17.7	137	14.6	11.9	29
	84	61	3′46″	57	8	1.93	7.6	63	43	16.3	130	15.6	12.5	27
	81	59	3′50″	55	8.2	1.89	7.5	61	42	15	122	16.5	13.2	25
	78	57	3′54″	52	8.3	1.84	7.4	58	40	13.1	112	17.8	14	23
	75	54	3′58″	49	8.5	1.79	7.2	55	38	11.3	102	19	14.9	20
及格	72	53	4′03″	48	8.6	1.76	7.1	53	37	10.1	98	19.8	15.6	19
	69	51	4′08″	47	8.7	1.72	7	50	35	8.3	92	20.9	16.7	17
	66	49	4′13″	46	8.8	1.69	6.8	48	33	6.5	86	22	17.8	15
	63	46	4′18″	44	8.9	1.63	6.6	44	31	4.1	78	23.5	19.3	13
	60	43	4′23″	42	9	1.58	6.4	40	28	1.7	70	25	20.8	10
不及格	50	42	4′30″	41	9.1	1.56	6.2	39	27	1.5	66	25.8	21.2	9
	40	41	4′37″	40	9.3	1.53	6	38	26	1.3	59	26.9	21.9	8
	30	39	4′44″	39	9.5	1.5	5.7	36	25	1	53	28	22.5	7
	20	37	4′51″	38	9.8	1.46	5.4	34	23	0.6	44	29.5	23.4	6
	10	35	5′00″	36	10	1.42	5	32	21	0.2	35	31	24.3	4

附件

《国家学生体质健康标准（2014年修订）》大学部分

一、说明

（1）《国家学生体质健康标准（2014年修订）》（以下简称《标准》）是国家学校教育工作的基础性指导文件和教育质量基本标准，是评价学生综合素质、评估学校工作和衡量各地教育发展的重要依据，是《国家体育锻炼标准》在学校的具体实施，适用于全日制普通小学、初中、普通高中、中等职业学校、普通高等学校的学生。

（2）本标准的修订坚持健康第一，落实《国家中长期教育改革和发展规划纲要（2010—2020年）》《国务院办公厅转发教育部等部门关于进一步加强学校体育工作若干意见的通知》（国办发〔2012〕53号）和《教育部关于印发〈学生体质健康监测评价办法〉等三个文件的通知》（教体艺〔2014〕3号）有关要求，着重提高《标准》应用的信度、效度和区分度，着重强化其教育激励、反馈调整和引导锻炼的功能，着重提高其教育监测和绩效评价的支撑能力。

（3）本标准从身体形态、身体机能和身体素质等方面综合评定学生的体质健康水平，是促进学生体质健康发展、激励学生积极进行身体锻炼的教育手段，是国家学生发展核心素养体系和学业质量标准的重要组成部分，是学生体质健康的个体评价标准。

（4）本标准将适用对象划分为以下组别：小学、初中、高中按每个年级为一组，其中小学为6组、初中为3组、高中为3组。大学一、二年级为一组，三、四年级为一组。

（5）小学、初中、高中、大学各组别的测试指标均为必测指标。其中，身体形态类中的身高、体重，身体机能类中的肺活量，以及身体素质类中的50 m跑、坐位体前屈为各年级学生共性指标。

（6）本标准的学年总分由标准分与附加分之和构成，满分为120分。标准分由各单项指标得分与权重乘积之和组成，满分为100分。附加分根据实测成绩确定，即对成绩超过100分的加分指标进行加分，满分为20分；小学的加分指标为1分钟跳绳，加分幅度为20分；初中、高中和大学的加分指标为男生引体向上和1 000 m跑，女生1分钟仰卧起坐和800 m跑，各指标加分幅度均为10分。

（7）根据学生学年总分评定等级：90.0分及以上为优秀，80.0~89.9分为良好，60.0~79.9分为及格，59.9分及以下为不及格。

（8）每个学生每学年评定一次，记入《〈国家学生体质健康标准〉登记卡》。特殊学制的学校，在填写登记卡时可以按规定和需求相应地增减栏目。学生毕业时的成绩和等级，按毕业当年学年总分的 50% 与其他学年总分平均得分的 50% 之和进行评定。

（9）学生测试成绩评定达到良好及以上者，方可参加评优与评奖；成绩达到优秀者，方可获体育奖学分。测试成绩评定不及格者，在本学年度准予补测一次，补测仍不及格，则学年成绩评定为不及格。普通高中、中等职业学校和普通高等学校学生毕业时，《标准》测试的成绩达不到 50 分者按结业或肄业处理。

（10）学生因病或残疾可向学校提交暂缓或免予执行《标准》的申请，经医疗单位证明，体育教学部门核准，可暂缓或免予执行《标准》，并填写《免予执行〈国家学生体质健康标准〉申请表》，存入学生档案。确实丧失运动能力、被免予执行《标准》的残疾学生，仍可参加评优与评奖，毕业时《标准》成绩需注明免测。

（11）各学校每学年开展覆盖本校各年级学生的《标准》测试工作，《标准》测试数据经当地教育行政部门按要求审核后，通过"中国学生体质健康网"上传至"国家学生体质健康标准数据管理系统"。测试和数据上传时间由教育行政部门确定。

（12）本标准由教育部负责解释。

二、单项指标与权重

单项指标	权重/%
体重指数（BMI）	15
肺活量	15
50 m 跑	20
立定跳远	10
坐位体前屈	10
引体向上/仰卧起坐	10
800/1 000 m	20

注：体重指数（BMI）= 体重（kg）/身高（m）的平方

三、评分表

等级	得分	男生	女生
正常	100	17.9~23.9	17.2~23.9
低体重	80	≤17.8	≤17.1
超重	80	24.0~27.9	24.0~27.9
肥胖	60	≥28.0	≥28.0

附件　《国家学生体质健康标准（2014年修订）》大学部分

《国家学生体质健康标准（2014年修订）》大学评分表

单项等级	得分	肺活量/mL				50 m 跑/s				坐位体前屈/cm			
		大一 大二 （男）	大三 大四 （男）	大一 大二 （女）	大三 大四 （女）	大一 大二 （男）	大三 大四 （男）	大一 大二 （女）	大三 大四 （女）	大一 大二 （男）	大三 大四 （男）	大一 大二 （女）	大三 大四 （女）
优秀	100	5 040	5 140	3 400	3 450	6.7	6.6	7.5	7.4	24.9	25.1	25.8	263
	95	4 920	5 020	3 350	3 400	6.8	6.7	7.6	7.5	23.1	23.3	24	24.4
	90	4 800	4 900	3 300	3 350	6.9	6.8	7.7	7.6	213	215	222	22.4
良好	85	4 550	4 650	3150	3 200	7	6.9	8	7.9	19.5	19.9	20.6	21
	80	4 300	4 400	3 000	3 050	7.1	1	83	82	17.7	18.2	19	19.5
及格	78	4 180	4 280	2 900	2 950	7.3	7.2	8.5	8.4	16.3	16.8	17.7	18.2
	76	4 060	4 160	2 800	2 850	7.5	7., 4	8.7	8.6	14.9	15.4	16.4	16.9
	74	3 940	4 040	2 700	2 750	7.7	7.6	8.9	8.8	13.5	14	15.1	15.6
	72	3 820	3 920	2 600	2 650	7.9	7.8	9.1	9	12.1	12.6	13.8	14.3
	70	3 700	3 800	2 500	2 550	8.1	8	9.3	9.2	10.7	11.2	12.5	13
	68	3 580	3 680	2 400	2 450	8.3	8.2	9.5	9.4	9.3	9.8	11.2	11.7
	66	3 460	3 560	2 300	2 350	8.5	8.4	9.7	9.6	7.9	8.4	9.9	10.4
	64	3 340	3 440	2 200	2 250	8.7	8.6	9.9	9.8	6.5	7	8.6	9.1
	62	3 220	3 320	2 100	2 150	8.9	8.8	10.1	100	5.1	5.6	7.3	7.8
	60	3 100	3 200	2 000	2 050	9.1	9	10.3	10.2	337	42	6	65
不及格	50	2 940	3 030	1 960	2 010	9.3	9.2	10.5	10.4	2.7	3.2	5.2	5.7
	40	2 780	2 860	1 920	1 970	9.5	9.4	10.7	10.6	1.7	2.2	4.4	4.9
	30	2 620	2 690	1 880	1 930	9.7	9.6	10.9	10.8	0.7	1.2	3.6	4.1
	20	2 460	2 520	1 840	1 890	9.9	9.8	11.1	1	-0.3	0.2	2.8	3.3
	10	2 300	2 350	1 800	1 850	10.1	10	11.3	11.2	-1.3	-0.8	2	2.5

单项		立定跳远/cm				引体向上/次		仰卧起坐/次		1 000 m 跑/(min·s)		800 m 跑/(min·s)	
等级	得分	大一大二（男）	大三大四（男）	大一大二（女）	大三大四（女）	大一大二（男）	大三大四（男）	大一大二（女）	大三大四（女）	大一大二（男）	大三大四（男）	大一大二（女）	大三大四（女）
优秀	100	273	275	207	208	19	20	56	57	3′17″	3′15″	3′18″	3′16″
	95	268	270	201	202	18	19	54	55	3′22″	3′20″	3′24″	3′22″
	90	263	265	195	196	17	18	52	53	3′27″	3′25″	3′30″	3′28
良好	85	256	258	188	189	16	17	49	50	3′34″	3′32″	3′37″	3′35″
	80	248	250	181	182	15	16	46	47	3′42″	3′40″	3′44″	3′42″
及格	78	244	246	178	179			44	45	3′47″	3′45″	3′49″	3′47″
	76	240	242	175	176	14	15	42	43	3′52″	3′50″	3′54″	3′52″
	74	236	238	172	173			40	41	3′57″	3′55″	3′59″	3′57″
	72	232	234	169	170	13	14	38	39	4′02″	4′00″	4′04″	4′02″
	70	228	230	166	167			36	37	4′07″	4′05″	4′09″	4′07″
	68	224	226	163	164	12	13	34	35	4′12″	4′10″	4′14″	4′12″
	66	220	222	160	161			32	33	4′17″	4′15″	4′19″	4′17″
	64	216	218	157	158	11	12	30	31	4′22″	4′20″	4′24″	4′22″
	62	212	214	154	155			28	29	4′27″	4′25″	4′29″	4′27″
	60	208	210	151	152	10	11	26	27	4′32″	4′30″	4′34″	4′32″
不及格	50	203	205	146	147	9	10	24	25	4′52″	4′50″	4′44″	4′42″
	40	198	200	141	142	8	9	22	23	5′12″	5′10″	4′54″	4′52″
	30	193	195	136	137	7	8	20	21	5′32″	5′30″	5′04″	5′02″
	20	188	1900	131	132	6	7	18	19	5′52″	5′50″	5′14″	5′12″
	10	183	185	126	127	5	6	16	17	6′12″	6′10″	5′24″	5′22″

附件 《国家学生体质健康标准（2014年修订）》大学部分

加分表

单项	引体向上/次		仰卧起坐/次		1 000 m 跑/(min·s) >800 m 跑		800 m 跑/(min·s)
加分	大一大二（男）	大三大四（男）	大一大二（女）	大三大四（女）	大一大二（男）	大三大四（男）	大一大二（女）
10	10	10	13	13	−35″	−35″	−50″
9	9	9	12	12	−32″	−32″	−45″
8	8	8	11	11	−29″	−29″	−40″
7	7	7	10	10	−26″	−26″	−35″
6	6	6	9	9	−23″	−23″	−30″
5	5	5	8	8	−20″	−20″	−25″
4	4	4	7	7	−16″	−16″	−20″
3	3	3	6	6	−12″	−12″	−15″
2	2	2	4	4	−8″	−8″	−10″
1	1	1	2	2	−4″	−4″	−5″

注：引体向上、一分钟仰卧起坐均为高优指标，学生成绩超过单项评分100分后，以超过的次数所对应的分数进行加分；

1 000 m 跑、800 m 跑均为低优指标，学生成绩低于单项评分100分后，以减少的秒数所对应的分数进行加分。